Lehrplan Deutscher Turner-Bund

Breitensport

4 Sportspiele

BLV Verlagsgesellschaft
München Wien Zürich

CIP-Kurztitelaufnahme der Deutschen Bibliothek

Deutscher Turner-Bund:
Lehrplan / Deutscher Turner-Bund. – München; Wien; Zürich: BLV Verlagsgesellschaft
(Breitensport)
4. Sportspiele. – 1964

Sportspiele / [Grafik: Hellmut Hoffmann. Fachred.: Herbert Hartmann, Gesamtred.: Herbert Hartmann; Claudius Kreiter]. – München; Wien; Zürich: BLV Verlagsgesellschaft, 1984.
(Lehrplan / Deutscher Turner-Bund; 4)
(Breitensport)
ISBN 3-405-12873-0

NE: Hoffmann, Hellmut [Ill.]

Titelfoto: Albrecht Gaebele
Grafik: Hellmut Hoffmann

Fachredaktion:
Heinz Müller

Gesamtredaktion:
Herbert Hartmann, Claudius Kreiter

Gesamtherstellung: Ludwig Auer, Donauwörth
Printed in Germany · ISBN 3-405-12873-0

Bildnachweis:
Reinhard Ellermann S. 35(4), 36, 37(2), 38(2), 39(4), 41(4), 42(2)
Walter Flügge S. 98, 99(2), 101(2), 102(4), 106, 107(2), 108, 109(2), 110(2)
Albrecht Gaebele S. 2, 8, 22, 30, 44, 66, 80
Hans Helms S. 122, 123(2)
Heinz Hilf/Horst Vöge/Karl Wittstadt S. 49(5), 50(2), 52(2), 53(3), 54, 55(3), 57(12), 61, 62, 63, 64, 65
Rainer Jahnke S. 82, 83, 84(4), 85(5), 86(2), 87(5), 88(3), 89
Egon Jolig S. 97
Herbert und Jutta Mehrens S. 79
Wolfgang Müller-Karch S. 95, 96
Joachim Tüns S. 69(3), 70(3), 71(3), 73(12), 75(3)
Hans Wilkens S. 118

Inhalt

Geleitwort

Der Deutsche Turner-Bund (DTB) ist sowohl »Verband für das vielseitige Turnen im Sinne des Breiten- und Freizeitsports« als auch »Verband für die von ihm national und international vertretenen Sportarten«.
In 13 000 Turnvereinen und Turnabteilungen bekommen weit über 3 Millionen »Aktive« ein breitgefächertes fachliches und geselliges Angebot. Die Palette reicht vom Kleinkindbereich über das Kinder- und Jugendturnen, das Frauen- und Männerturnen, bis hin zum Seniorenbereich. Lebensbegleitende, aktive und zugleich vielseitige Freizeitgestaltung im Turnverein also, mit betont familienfreundlichem Charakter.
Sicher können der DTB, seine Mitgliedsverbände und Vereine stolz sein auf die geleistete sportliche und sozialwirksame Arbeit. Doch noch immer betreiben 20 Millionen Frauen in der Bundesrepublik Deutschland keinen Sport, bieten viele tausend Vereine noch keine regelmäßigen Programme z. B. für Kinder im Vorschulbereich und für die Senioren an. Dies zu ändern, bedarf neben einer gezielten Öffentlichkeitsarbeit vor allem der qualifizierten Ausbildung und Fortbildung der Übungsleiter, Fachübungsleiter, Trainer, Jugendleiter und Organisationsleiter. Die ehrenamtlichen oder nebenberuflichen Mitarbeiter benötigen für den praktischen Gebrauch (vor Ort im Verein) gut lesbare, verständlich aufbereitete Fachliteratur.
Zug um Zug, verteilt auf mehrere Jahre, entsteht deshalb im engen Zusammenwirken mit dem BLV Verlag ein Lehrplan, der wichtige Schwerpunktbereiche des Turnens abdecken und zugleich verbindlicher Bestandteil des »DTB-Ausbildungsplans« sowie des Aktionsprogramms »Sport und Gesundheit im Turnverein« sein soll.

Willi Greite
Präsident des Deutschen Turner-Bundes

Vorwort:

Lehrplanreihe zum Breiten- und Freizeitsport im Deutschen Turner-Bund

Der Deutsche Turner-Bund (DTB) nimmt im organisierten Sport der Bundesrepublik Deutschland eine Sonderstellung ein. Neben seiner leistungssportlichen Zielsetzung in den von ihm international vertretenen Fachgebieten arbeitet er überwiegend auf dem Feld des Breiten- und Freizeitsports. In dieser Hinsicht wird Turnen als vielfältige, lebensbegleitende Leibesübung für jedermann verstanden. Es umfaßt einerseits eine Vielzahl von Wettkampfformen in verschiedenen Disziplinen; andererseits gibt es eine große Anzahl von nicht wettkampforientierten, mehr spielerisch-sportlichen Bewegungsangeboten. Turnen wendet sich an Menschen jeden Alters, von der frühen Kindheit bis ins hohe Alter, und an beide Geschlechter.

Bei der Bedeutung des Breiten- und Freizeitsports im DTB ist es naheliegend, daß auch der Lehrarbeit in diesem Bereich eine hohe Priorität zukommen muß.

Das Bedürfnis nach Lehrhilfen und Arbeitsmaterialien für die verschiedenen Fachgebiete des Breiten- und Freizeitsports wurde immer wieder zum Ausdruck gebracht. Mit der nun begonnenen Lehrplanreihe hofft der DTB, diesen Wünschen entgegenkommen zu können. Der Begriff »Lehrplan« darf dabei nicht allzu eng ausgelegt werden im Sinn von allseits verbindlichen Lernziel- und Inhaltsbeschreibungen. »Lehrplan« bedeutet hier eine geordnete, halbwegs vereinheitlichte Zusammenfassung von Lehrinhalten und Arbeitshilfen, wie sie besonders im Rahmen von Aus- und Fortbildungslehrgängen angeboten werden. Die Pläne erhalten insofern aber eine gewisse Verbindlichkeit, als sie zum einen auf die formalen Vorgaben des DTB-Ausbildungsplanes und der Rahmenrichtlinien des Deutschen Sportbundes (DSB) zur Übungsleiterausbildung abgestimmt sind; zum anderen sind die Beiträge weitgehend von solchen Autoren verfaßt, die die von ihnen bearbeiteten Inhalte auch in der Lehrarbeit des DTB oder seiner Landesturnverbände vermitteln.

Die thematische Aufgliederung der Lehrplanreihe orientiert sich im wesentlichen an der Aufgabenstellung in den einzelnen Fachgebieten.

Die thematische Breite der einzelnen Lehrplanbände macht zumeist die Bearbeitung durch mehrere Autoren notwendig. Das birgt zwar die Gefahr eines nicht immer einheitlichen Darstellungsstils und auch nicht immer gleicher Auffassungen über einen Gegenstand. Wir nehmen diese »Schwäche« hin, entspricht sie doch auch der Lehrgangspraxis, wenn die Inhalte dort durch mehrere Referenten dargeboten werden. Ein aus lediglich einer Feder geschriebener Lehrplanband würde bei der Vielfalt und Unterschiedlichkeit der Lehrmeinungen im DTB eher auf Ablehnung stoßen, als daß er Verbindlichkeit herstellen könnte.

Die Lehrplanreihe des DTB umfaßt folgende Themen:

Band 1: Gymnastik und Tanz
Band 2: Seniorenturnen
Band 3: Freizeitspiele
Band 4: Sportspiele
Band 5: Jugendturnen
Band 6: Kinderturnen
Band 7: Allgemeines Gerätturnen
Band 8: Spitzensport

Dr. Herbert Hartmann
Bundesoberturnwart

Sportspiele im DTB

Weshalb ein Lehrplanband »Sportspiele«?

Um Mißverständnissen vorzubeugen: Der Leser wird in diesem Lehrplanband nur einen Teil der Sportspiele abgehandelt finden, die heute das Bild des Vereinssports wie auch des Schulsports prägen. Er wird die populärsten Sportspiele, wie etwa Fußball, Handball oder Volleyball vermissen. In den hier vorgelegten Lehrplanband finden nur die Sportspiele Eingang, die vom DTB betreut werden und für die der DTB Fachverband ist. Dazu gehören: Faustball-, Korbball-, Korfball-, Prellball-, Ringtennis- und Schleuderballspiel.
Obwohl Einführung und Verbreitung bei den einzelnen Spielen einen unterschiedlichen Verlauf nahmen, gibt es sehr viele Gemeinsamkeiten. Alle Spiele werden auf dem Feld und in der Halle, im Sommer und im Winter, von Jung und Alt, von Mädchen und Jungen, Frauen und Männern, als Breiten- und Leistungssport ausgeübt.
Laufen, Springen und Werfen – Grundelemente der Leichtathletik – bestimmen zusammen mit dem Fangen die Bewegungsabläufe. Bei manchen Spielen wird angenommen statt gefangen, und das Schlagen oder Schleudern tritt an die Stelle des Werfens. Der grundlegende Spielgedanke ist aber in allen Fällen gleich. Es gilt, das Spielgerät im gegnerischen Feld auf dem Boden, im Korb oder hinter der Linie zu plazieren. Um dieses Ziel zu erreichen, werden Anforderungen hinsichtlich Ausdauer, Schnelligkeit, Sprungkraft und Reaktionsfähigkeit an den Spieler gestellt.
Im Hinblick auf die große Verbreitung der Sportspiele zählen die im DTB betreuten sicherlich (noch) nicht zu den attraktivsten und populärsten, obgleich Faustball mit über 100 000 aktiven Spielern hinter Fußball, Handball und Volleyball an 4. Stelle der Beliebtheitsskala der Mannschaftsspiele steht. Innerhalb der Turnbewegung aber hat sich ein lebhafter, durchorganisierter Spielbetrieb entwickelt; die DTB-Sportspiele gehören sozusagen zum Standardangebot der Turnvereine und haben sich dort zumeist in selbständigen Abteilungen organisiert. Darüber hinaus werden diese Spiele aber auch oft als Teil einer allgemeinen, auf vielseitige Bewegung abzielenden Turnstunde angeboten. Und schließlich bieten alle diese Spiele in ihren vereinfachten Formen auch die Möglichkeit, in sportlich-spielerische Freizeitangebote einbezogen zu werden, sei es z. B. bei Spielfesten und Spieltreffs oder auch beim Sonntagsausflug mit der Familie, Freunden und Bekannten, oder im Urlaub. Ein Ball läßt sich leicht im Rucksack oder in der Tasche verstauen und kann dann unterwegs für allerlei Kurzweil sorgen. Möglichkeiten zum freien Spielen – auch über ein im Verein fest organisiertes Angebot hinaus – werden heute immer häufiger gesucht. Wer einmal am Wochenende auf Wiesen, Plätze in Parkanlagen oder Gärten, in Badeanstalten und auf Strände schaut, wird von federballspielenden Ehepartnern über das Bolzen eines Vaters mit seinen Söhnen bis zum Volleyballspiel zweier »Thekenmannschaften« eine bunte Palette von Spielformen finden. Es ist unverkennbar, daß das Interesse am Spiel in letzter Zeit merklich gewachsen ist, nicht zuletzt sicherlich auch durch die »Spiel-mit-Aktionen« des DSB.

Dabei ist auch zu beobachten, daß sich neben einem allgemein gewachsenen Interesse am Spiel eine ungeheuere Vielzahl von Spielformen entwickelt hat. Eine Reihe neuer Spiele ist entdeckt worden (u. a. Tschouk-Ball, Speed-Play, Frisbee, Skoop), aber auch viele ältere, vergessene Spiele wurden wieder entdeckt oder neu belebt. Im Zuge eines wachsenden Spielinteresses und einer Belebung und Öffnung der »Spielwelt« bieten sich sicherlich auch für die im DTB betreuten Sportspiele neue Möglichkeiten für eine weitere Verbreitung.
Diese Chance kann auch im Hinblick auf den Schulsport gesehen werden. Spiele gehören zweifellos seit jeher zu den beliebtesten Schulsportarten. Das Spielangebot der Schule war aber bislang weitgehend auf die großen Sportspiele Handball, Fußball, Basketball und Volleyball eingeschränkt. Unter Bezug auf die spätere Freizeitsituation der Schüler und das Ziel eines lebenslangen Sporttreibens ist aber die Bereitschaft zur Öffnung des Lehrangebotes auch für andere Spiele gewachsen.
Den im DTB betriebenen Sportspielen eröffnen sich mehr denn je gute Chancen, eine weitere Verbreitung zu finden, sei es im organisierten Wettkampfsport oder in der allgemeinen Übungsstunde des Vereins, in der Schule oder in der ungebundenen Freizeitaktivität.
Wenn dann aber angesichts dieser günstigen Ausgangsbedingungen festgestellt werden muß, daß es für die hier zu behandelnden Sportspiele des DTB bislang nur wenige Lehrmaterialien gibt – lediglich für Faustball ist die Situation etwas günstiger – dann erscheint die Veröffentlichung dieses Lehrplanbandes um so dringlicher und notwendiger. Somit verfolgt dieses Buch im wesentlichen folgende Ziele:

- Die Sportspiele des DTB in ihren Grundzügen vorzustellen und damit zu ihrer Popularisierung beizutragen.
- Zum eigenen Spielen anzuregen, die Spielfähigkeit zu entwickeln.
- Übungsleitern und Lehrern Hilfestellung für die Vermittlung dieser Spiele zu geben.
- Eine qualifizierte, spielspezifische ÜL-Ausbildung durch Vorgabe eines konzeptionellen und inhaltlichen Rahmens anzuregen.

Inhalte und Gliederung des Lehrplanbandes

Spiele gehören zu den hauptsächlichen Aktivitäten in den Übungsstunden der Turn- und Sportvereine, aber auch im Schulsport. Die Vielfalt und Fülle des Materials, das unter dieser Thematik im Rahmen der DTB-Lehrplanreihe darzustellen ist, macht eine Aufgliederung in zwei Bände notwendig.
Lehrplanband 3 stellt unter dem Sammelbegriff »Freizeitspiele« vor allem solche Spielformen dar, die das Miteinander-Spielen betonen und nicht so sehr wettkampforientiert sind, die nur ein geringes Maß an technischem und taktischem Können erfordern, und bei denen nur wenige Regeln notwendig sind, die auch Veränderungen und Variationen leicht möglich machen. Die Darstellung orientiert sich dabei an typischen Situationen des Vereinsübungsbetriebes, in denen Spiele als sinnvolle Inhalte ausgewählt werden, z. B. um sich kennenzulernen und Kontakte zu knüpfen, um die Kondition zu verbessern, um Leistungserlebnisse zu vermitteln oder um Außenstehende an sportliche Aktivität heranzuführen. Neben der Beschreibung von Spielformen wird jeweils eine eingehende didaktisch-methodische Anleitung für die betreffenden Spielsituationen gegeben.
Im Mittelpunkt des hier vorliegenden Bandes 4 der Lehrplanreihe stehen die im DTB betriebenen Sportspiele. Ihnen ist gemeinsam, daß Erfolg und Leistung im wesentlichen das Spielgeschehen bestimmen, mithin auch der Vermittlungs- und Lernprozeß darauf abgestimmt ist, d. h. daß möglichst schnell ein möglichst hohes Maß an technischem und taktischem Können erreicht werden soll. Auf dieses Ziel hin wird dann auch die Darstellung der einzelnen Sportspiele ausgerichtet, indem die Ausführungen zur Technik und Taktik des Spiels in den Mittelpunkt rücken. Dabei ist jedes DTB-Sportspiel für sich zu betrachten, denn jedes hat ein ihm eigenes Regelwerk, seine spezifischen, amtlichen Wettkampfbestimmungen. Darüber hinaus bildet jedes der Spiele im Gesamtverband eine eigene organisatorische Einheit mit einem eigenen Fachgebiet, eigenen Spielregeln, einem eigenständigen Wettkampfsystem von Liga- und Rundenspielen und einer ausgefeilten Spielordnung.
Diese Struktur macht eine deutliche Trennung zwischen den Spielen notwendig und legt eine entsprechende Gliederung nahe. Darüber hinaus werden in gesonderten

Kapiteln die Gemeinsamkeiten in der Spielstruktur herausgestellt und Anregungen für eine gemeinsame Grundschule der Sportspiele gegeben. Schließlich stellt auch das Kapitel über die allgemeinen spieldidaktischen und -methodischen Grundlagen ein Stück Gemeinsamkeit her, die bei aller Unterschiedlichkeit nicht verlorengehen sollte, um Spielverständnis und Spielfähigkeit im allgemeinen und umfassenden Sinn als Beitrag zum turnerischen Ideal der Vielseitigkeit zu entwickeln.

Sportspiele im Rahmen der Übungsleiter- und Fachübungsleiterausbildung

Spiele allgemein, und darin auch die verschiedenen Formen der Sportspiele, gehören zu den unverzichtbaren Inhalten jeder Turn- und Sportstunde, sei es am Anfang zum Aufwärmen, Auflockern oder Kennenlernen, am Ende zum gemeinschaftlichen Ausklang oder als Hauptteil der Stunde. So ist es eigentlich zwangsläufig, daß Spiele auch bei der Ausbildung der ÜL einen wichtigen Platz einnehmen.
Der Ausbildungsplan des DTB sieht daher auch in verschiedenen Ausbildungsgängen die Vermittlung von Spielen vor. Im Rahmen der allgemeinen, auf vielseitige Einsatzmöglichkeiten hin angelegten ÜL-Ausbildung gibt es allerdings keine konkreten Festlegungen, in welchem Umfang der Bereich des Spiels berücksichtigt werden soll.
Es bleibt den jeweiligen Trägern der Ausbildung überlassen, welchen Raum sie den Spielen im Rahmen des 72 Unterrichtseinheiten (UE) umfassenden Lernbereiches »Bewegungserfahrung« geben. Im Lehrplanband 3 (Freizeitspiele) wurde ein Minimum von 8–10 UE gefordert, wobei das Hauptgewicht auf den Freizeitspielen liegen sollte und Sportspiele nur in ihren vereinfachten Grundformen sowie einer begrenzten Auswahl vorgestellt werden können. Die von den Landesturnverbänden getragenen ÜL-Ausbildungen werden dabei natürlich im wesentlichen die im DTB betriebenen Sportspiele berücksichtigen (Möglichkeiten für eine Schwerpunktausbildung Spiele s. Lehrplan 3, Freizeitspiele, S. 16–18).
Können im Rahmen der ÜL-Ausbildung die Sportspiele nur oberflächlich berücksichtigt werden, so bietet die Fach-(F)-ÜL-Ausbildung die Möglichkeit zu einer vertieften, sportspielspezifischen Ausbildung. Hierbei geht es um die Qualifizierung von Mitarbeitern, die in den speziellen Spielabteilungen der Vereine den Übungs- und Trainingsbetrieb leiten können. Die Ausbildungsbereiche 1–4 (insgesamt 42 UE) sind identisch mit denen der ÜL-Ausbildung. Für die je fachspezifische Ausbildung sieht der DTB-Ausbildungsplan 58 UE vor, die von den einzelnen Fachbereichen nach den jeweiligen, spezifischen Bedingungen inhaltlich ausgefüllt werden. Darüber hinaus sollen durch einen sportspielübergreifenden Block von 20 UE zum einen die gemeinsamen strukturellen und didaktisch-methodischen Grundlagen der Sportspiele und zum anderen grundlegende Spielfähigkeiten in vereinfachten Formen der Sportspiele entwickelt werden.
Der DTB-Ausbildungsplan regelt bislang die F-ÜL-Ausbildung für die Spiele Faustball, Korbball, Prellball, Ringtennis. Wegen der noch eng begrenzten Verbreitung des Korfball- und Schleuderballspiels wurde für diese Sportspiele noch keine eigenständige F-ÜL-Ausbildung vorgesehen. Tendenziell ist sie jedoch nach dem gleichen Modell wie für die anderen DTB-Sportspiele möglich; und auf eine entsprechende Qualifizierung von Mitarbeitern sollte auch bei diesen Spielen nicht verzichtet werden, selbst wenn eine solche Ausbildung (noch) nicht zu einer anerkannten Lizenz führt.
Ebenfalls noch nicht vorgesehen, grundsätzlich aber durchaus möglich und bei entsprechendem Bedarf sinnvoll, ist eine Weiterqualifizierung des F-ÜL zum B-Trainer und weiter zum A-Trainer (eine Ausnahme macht hier Faustball mit einer B-Trainer-Ausbildung).
Die Inhalte dieses Lehrplanbandes orientieren sich an den Zielen und Inhalten der F-ÜL-Ausbildungen in den betreffenden Spielen. Diese Verbindung kommt schon allein dadurch zustande, daß die Autoren der einzelnen Beiträge zugleich Lehr- und Ausbildungsaufgaben in den betreffenden Spiel-Fachgebieten wahrnehmen.
In den allgemeinen spielübergreifenden Kapiteln dieses Lehrplanbandes wird versucht, Anregungen und Hilfen für die Gestaltung der Lehrinhalte des integrierten Ausbildungsabschnittes der Sportspiel- und F-ÜL-Ausbildungen zu liefern.

Übersicht: Sportspiele des DTB in der Übungsleiterausbildung (laut DTB-Ausbildungsplan)

Ausbildungsgang	Ausbildungsumfang im Bereich Spiele	Inhalte
ÜL–normal/allgemein ÜL–Schwerpunkt/Spiele	8–10 UE bis 36 UE	Freizeitspiele und Sportspiele Freizeitspiele und Sportspiele
F-ÜL je spezifisch Faustball Korbball Prellball Ringtennis Korfball* Schleuderball* * derzeit noch nicht vorgesehen	spielübergreifend 20 UE spielspezifisch 58 UE	– spieldidaktische und -methodische Grundlagen – Methoden zur Entwicklung spielrelevanter konditioneller Grundlagen – Einführung in einfache Formen der Sportspiele u. a. – technische und taktische Grundlagen – spezielle Methodik – Wettkampfsystem – Regelkunde/Schiedsrichterwesen – Lehrmaterialien
B-Trainer Faustball	spielspezifisch 34 UE	u. a. – Leistungstraining der technisch-taktischen Komponenten – pädagogisch-psychologische Aspekte des Leistungstrainings – biologisch-medizinische Aspekte des Leistungstrainings

Struktur der Sportspiele

Gemeinsamkeiten und Unterschiede

In diesem Lehrplanband werden sechs Sportspiele vorgestellt, die im DTB eine lange Tradition haben. Trotz der gemeinsamen Wurzeln in der Turnbewegung ist die Spiel- und Regelentwicklung isoliert voneinander verlaufen. Schaut man sich die von Vereinsmannschaften betriebenen Spiele an, so kann man nur sehr wenige Gemeinsamkeiten erkennen. Beispielsweise ist das Spielgerät im Faustball dem des Korbballs ähnlich oder das Schlagen des Balles im Faust- und Prellball erscheint identisch. Schwieriger ist es schon, Parallelen zwischen dem Fangen und Werfen eines Ringes im Ringtennis und dem Fangen und Werfen des »Schlaufenballes« im Schleuderball festzustellen. Teilweise erscheinen dem Beobachter die Spiele völlig andersartig.
Verschiedene Menschen an unterschiedlichen Orten haben Spiele entwickelt, weil sie ihren Bewegungs- und Spieldrang befriedigen wollten. Einerseits durch die verschiedenartigen Umweltbedingungen, z. B. viel oder wenig Raum, Wind, Hindernisse, Materialien, verfügbare Zeit usw. und andererseits bedingt durch die individuellen Voraussetzungen der Menschen, wie Bewegungsfähigkeit, Einstellung, Konstitution usw., sind vom äußeren Anschein her sehr unterschiedliche Spiele entstanden. *Trotzdem gibt es grundlegende Gemeinsamkeiten in den Spielstrukturen* (vgl. DIETRICH 1980; KRÖNER 1982).
In diesem Kapitel werden die Sportspiele des DTB in die gängigen Strukturen eingeordnet, gleichzeitig wird aber auch die enge Verbindung all dieser »Turnspiele« aufgezeigt und damit auf gemeinsame Vermittlungsmöglichkeiten aufmerksam gemacht. Zum Verständnis der folgenden Ausführungen ist eine gewisse Kenntnis von Spielidee und Grundregeln der im DTB betriebenen Sportspiele nötig. (Um eine entsprechende Übersicht zu erhalten, empfiehlt es sich, zunächst jeweils das erste Kapitel der Beiträge zu den Sportspielen in diesem Lehrplanband zu lesen.)
Betrachtet man die Sportspiele und Kleine Spiele, die ähnliche Elemente wie diese Spiele enthalten, dann kann man bei allen, wenn man sie auf ihre Spielidee reduziert, von **Bewegungsspielen** sprechen, denn ihnen liegen die Tätigkeiten »sich bewegen« und »spielen« zugrunde.
Bewegen heißt: ein räumliches Verändern von Körperteilen oder des gesamten Körpers zur Umwelt in einer bestimmten Zeit. Das kann durch unterschiedliche Bewegungsarten, wie Laufen, Springen, Werfen, Fangen, Schlagen, Heben u. a. m. geschehen, wobei sich die Aktionen auf die Veränderung des eigenen Körpers oder eines Gegenstandes beziehen können.
Spielen ist eine nicht unbedingt zielgerichtete Tätigkeit, der eine individuelle oder kollektive Idee zugrunde liegt, die Antrieb und Ausrichtung des Spielens bestimmt.
Bewegungsspiele zeichnen sich durch ihre einfache Struktur aus und sind nicht auf bestimmte Regeln beschränkt. Sie können spontan und problemlos von Kindern in Gang gesetzt, kontrolliert und variiert werden. Das so verstandene Bewegungsspiel ist mehr, aber nicht ausschließlich, den Kindern zuzuordnen und wird mit fortschreitender Entwicklung zum im-

mer stärker eingeschränkten Regelspiel, in dem die einzelnen Spielhandlungen definiert und reglementiert sind.

Faustball als Bewegungsspiel bedeutet, daß ein Ball durch Schlagbewegungen mit Arm oder Hand fortbewegt wird, wobei weder Spielraum, Mit- oder Gegenspieler, Regeln oder Ziele vorgegeben sind. Leicht kann sich daraus ein **Treibballspiel** entwickeln, in dem durch Schlagen des Balles Räume überbrückt, Gegner oder Gegenstände überspielt werden (1).

Schleuderball, bei dem das Werfen des Spielgerätes durch Drehbewegungen eingeleitet wird, entwickelt sich ebenfalls meist zu einem Treibballspiel.

Prellball ist ein Bewegungsspiel, bei dem zur Schlagbewegung die Orientierung in Richtung Boden hinzukommt. Häufig entwickelt sich dieses Spiel in Städten, z. B. in Höfen, an Garagentoren oder Häuserwänden, zum Wandprellball, bei dem der selbst oder vom Mitspieler geschlagene Aufsetzer wieder als Preller an die Wand zurückgespielt werden muß (2).

Ringtennis ist ein Bewegungsspiel, bei dem es um das Fangen und Werfen eines Ringes geht. Auf Wiesen beim Sonntagsausflug oder im Urlaub am Strand entwickelt es sich oft zum »Kommunikationsspiel«, da man sich, bedingt durch die ungewohnten Flugeigenschaften, bemühen muß, kontrolliert zu werfen, um dem Partner das Fangen zu ermöglichen (3).

Korbball und **Korfball** sind Bewegungsspiele, bei denen das Werfen eines Spielgerätes durch einen Gegenstand im Mittelpunkt steht. Ziel- und Treffgenauigkeit werden in den

1 Durch Fausten oder Schleudern kann der Ball über weite Strecken getrieben werden.

2 Den Ball auf den Boden und an die Wand prellen, kann einen und mehrere Spieler beschäftigen.

3 Einen Ring kann man sich auch am bevölkerten Strand leicht zuspielen.

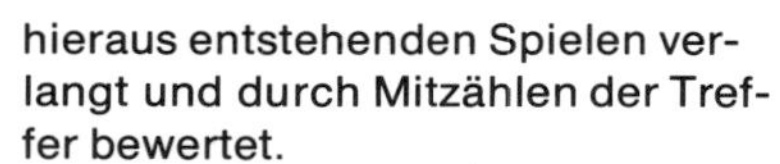

hieraus entstehenden Spielen verlangt und durch Mitzählen der Treffer bewertet.

In allen diesen einfachen Bewegungsspielen, die die Spielidee der Sportspiele bereits enthalten, sind drei grundlegende Elemente enthalten, die als **Grundsituationen** bezeichnet werden können (4):

- Der Spieler oder die Mannschaft muß das Spielgerät in seinen/ihren Besitz bringen – **Annahme** (2. Grundsituation).
- Das Spielgerät wird zielgerichtet aus dem Besitz der Mannschaft oder des Spielers herausgelassen – **Abspiel** (1. Grundsituation).
- Da die Besitznahme und das Herausgeben des Spielgerätes nicht räumlich und zeitlich identisch sein können, gibt es als Verbin-

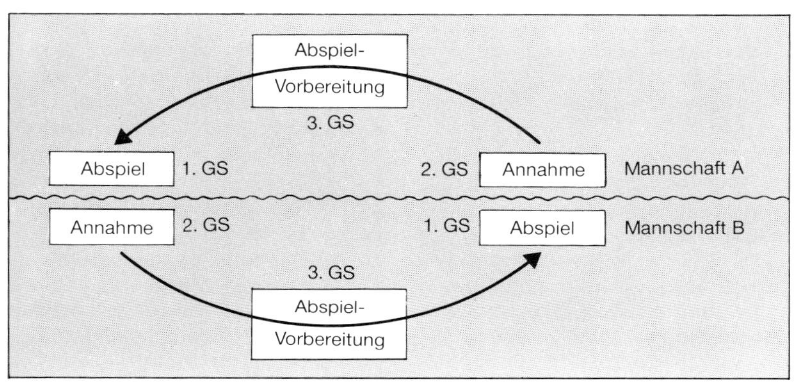

4 Alle Sportspiele des DTB beinhalten die drei Grundsituationen (GS).

dungsglied ein drittes Element – **Abspielvorbereitung** (3. Grundsituation).

In den wettkampfmäßig betriebenen Sportspielen ist das nicht anders. Dort hat jede der beteiligten und konkurrierenden Mannschaften diese Grundsituationen zur Spielgestaltung zur Verfügung und kann sie, sofern nicht ein Spielfehler erfolgt, im Wechsel mit der Gegenmannschaft einsetzen. Neben diesen Strukturelementen stehen sich beide Mannschaften in gleichen Feldern, durch Seitenwechsel im wesentlichen auch unter gleichen Umweltbedingungen und mit gleicher Spielerzahl gegenüber. Ebenso gelten die Regeln in gleichem Maße für beide Parteien.

Alle Sportspiele bestehen ihrer Funktion nach aus drei Grundsituationen: Annahme, Abspielvorbereitung und Abspiel.

Im **Faustball** und **Prellball** sind mindestens zwei Mitspieler notwendig, da die drei grundlegenden Spielhandlungen unterschiedliche Akteure verlangen. Die Annahme des von der Gegenmannschaft herübergespielten Balles soll die Bewegungsrichtung des Spielgerätes umkehren, die Wucht des Schlages nehmen und eine kontrollierte 2. Grundsituation ermöglichen. Das Zuspiel soll den Ball im Raum so plazieren, daß die 3. Grundsituation, das Abspiel, möglichst variabel und problemlos erfolgen kann (5).

5 Spielverlauf im Faustball.

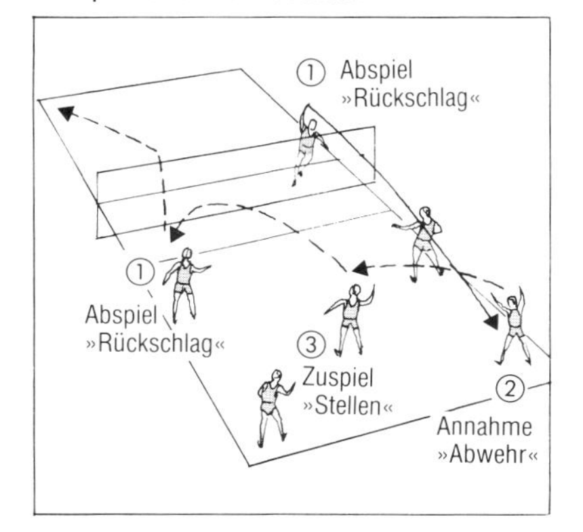

Der mannschaftliche Aspekt besteht einerseits darin, daß eine effektive Spielhandlung in der Regel diese drei Grundsituationen erfordert, wobei aber mehr als die mindestens notwendigen zwei Mitspieler (nämlich vier im Prellball und fünf im Faustball) erforderlich sind, um den großen Spielraum abzudecken. Andererseits zeigt sich die Mannschaftsleistung darin, inwieweit die Mitspieler nicht erbrachte Leistungen eines Spielers in einer der Grundsituationen durch eigenes Können ausgleichen und zudem noch die nächste Grundsituation erfüllen bzw. inwieweit alle Spieler in der Lage sind, die drei Grundsituationen auszuführen.

Wird beispielsweise ein hervorragender Rückschläger angespielt, der die Funktion Annahme insofern nicht in allen Belangen erfüllt, als der Ball weit in den hinteren Teil des Feldes springt, dann muß ein Hinterspieler durch seinen Ballkontakt die Bewegungsrichtung umkehren, und den Ball kontrolliert vorspielen, so daß die 1. Grundsituation (Abspiel) ermöglicht wird. Der Hinterspieler muß zusätzlich zu seinen Aufgaben des Zuspiels die fehlenden Elemente der Annahme ergänzen.

Der Wettkampfcharakter des Faustballspiels zielt darauf, solche Situationen zu erspielen, in denen der Spielfluß, d. h. die Aufeinanderfolge der Grundsituationen unterbrochen wird oder vom Gegner Fehler in denselben gemacht werden.

Im **Ringtennis** ist im Doppel und im Mixed bei der unmittelbaren Fang-Wurf-Situation in einer Mannschaft nur ein Spieler notwendig. Ringtennis bildet als Wettkampfspiel eine gewisse Ausnahme, da es auch als

Individualspiel (einer gegen einen) gespielt wird. Ebenso wie im Faust- oder Prellball wird im Doppel und Mixed der zweite Spieler notwendig, um den großen Spielraum abzudecken. Die drei Grundsituationen, die aus Verständnisgründen treffender benannt werden (Annehmen = Fangen, Abspielvorbereitung = Führen, Abspielen = Werfen), werden von einer Person in einem Bewegungsablauf ausgeführt. Das Fangen (2. Grundsituation) des von der gegnerischen Mannschaft geworfenen Ringes soll die Bewegung des Spielgerätes umkehren, die Wucht des Wurfes nehmen und eine kontrollierte 3. Grundsituation ermöglichen. Das Führen hat die Funktion, den Ring im Raum so zu plazieren, daß die 1. Grundsituation, das Werfen, möglichst variabel und problemlos erfolgen kann (6).
Ein noch stärkeres Zusammenrücken der drei Grundsituationen erfolgt bei den Rückschlagspielen Tennis, Tischtennis, Badminton und Indiaca, die für den Laien nur

6 Spielverlauf im Ringtennis.

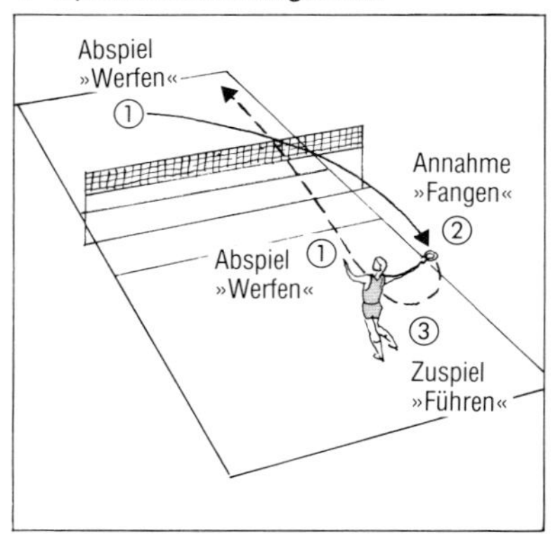

aus der Schlagbewegung (1. Grundsituation) zu bestehen scheinen, in der aber die anderen beiden Situationen ebenfalls erfüllt werden müssen.
Die Mannschaftsleistung zeigt sich im Ringtennis darin, daß vor der eigentlichen Fangaktion beide Spieler durch Stellungsspiel und schnelles Reagieren einen »flüssigen« Bewegungsablauf von Fangen-Führen-Werfen (direkter Bewegungsablauf) ermöglichen müssen, um überhaupt erlaubte Angriffsaktionen starten zu können. Begeht beispielsweise der eine Spieler einen Stellungsfehler, den der Mitspieler nur durch einen Sprung ausgleichen kann, dann muß der Fänger aus dieser erschwerten Fangsituation heraus die folgenden beiden Grundsituationen mit größerem Handicap ausführen, z. B. wenn er sehr weit vom Netz entfernt steht oder noch nicht die Körperkontrolle erlangt hat.
Die Wettkampfidee des Ringtennis zielt demnach darauf ab, beim Gegner die Ausführung der Grundsituationen zu erschweren oder sogar zu verhindern, so daß Fehler im Bewegungsfluß entstehen, die unmittelbar zu einem Punktgewinn führen oder eine verbesserte eigene Angriffsmöglichkeit schaffen, aus der ein Punktgewinn erfolgen kann.
Im **Schleuderball** sind für die Hauptaktion, wenn der vom Gegner geschleuderte Ball gefangen wurde, mindestens zwei Spieler notwendig, um den Ball nach vorn zu treiben und auf den Boden hinter der Auslinie zu plazieren.
Die Spielstruktur (Annahme = Fangen; Abspielvorbereitung = Zuspiel; Abspiel = Werfen) verläuft ähnlich wie beim Faustball und Prellball über mehrere Personen verteilt. Das Fangen des vom Gegner geschleuderten Balles ist Voraussetzung für den offensiven mannschaftlichen Teil des Spieles und hat spieltechnisch dieselbe Funktion wie in den anderen Spielen. An der Annahmeaktion selbst ist, wie im Ringtennis, immer nur ein Spieler beteiligt, die anderen erhalten defensive Aufgaben, nämlich den für einen Spieler zu großen Raum abzudecken bzw. für die Zuspielaktion bereit zu sein. Die offensive mannschaftliche Leistung im Sinne eines Zusammenspiels erfolgt in der 3. Grundsituation Zuspiel (Balltransport), in der der weite Drehwurf des Gegners durch zweimaliges Vorspielen (ins Mittel- oder ins Vorderfeld) mit Schockwurf und Fangaktion des Partners wettgemacht wird. Der Spieler im Vorderfeld führt nun die 1. Grundsituation aus, das Werfen, welches die gleiche Funktion hat wie das Abspiel in den anderen Spielen (7).
Im **Korbball** und **Korfball** sind wegen der räumlichen Ausdehnung und der Feldaufteilung (Angriffs- und Abwehrraum) ebenfalls mindestens zwei Spieler notwendig, in der Regel natürlich alle Mitspieler; denn die Bemühungen der Gegenmannschaft, die im Unterschied zu den anderen Sportspielen hier direkt in den Spielverlauf eines Teams eingreifen kann, stehen einem schnellen Punkterfolg entgegen. Der 1. Grundsituation Abspiel – Paß oder Zielwurf – folgt von der Gegenmannschaft die Annahme (2. Grundsituation), d. h., der Ball wird gefangen und somit unter Kontrolle gebracht. Die 3. Grundsituation, das Zuspiel (= Balltransport), hat die Funktion, den Ball

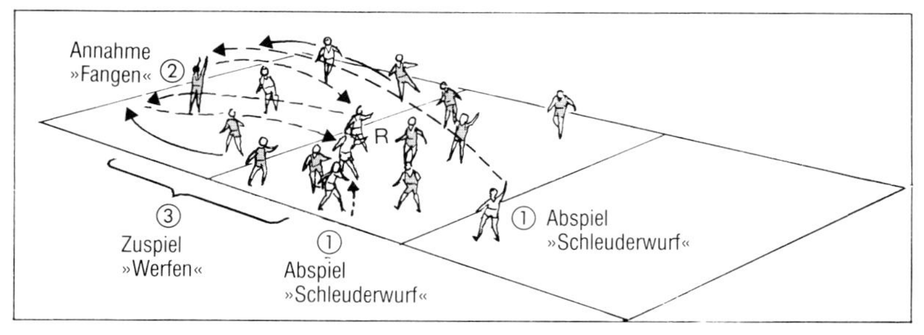

7 Spielverlauf im Schleuderball. Das Zuspiel ist mit einer Rückwurfchance (R) der offensiven Partei durchsetzt.

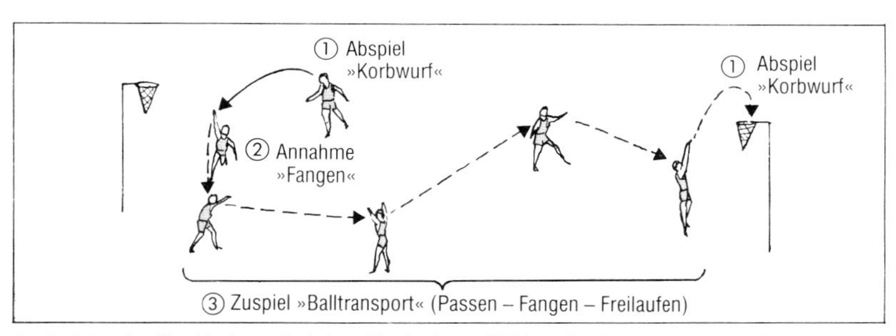

8 Spielverlauf im Korbwurfspielen. Nach einem Fehlwurf spielt »schwarz« offensiv.

durch Passen und Fangen aus dem Abwehrraum in den Angriffsraum zu transportieren, um ihn in eine günstige Position zu bringen, aus der ein Korbwurf (Abspiel) erfolgen kann.
Diese, mit dem Basketball verwandten Spiele, entfernen sich von den reinen Rückschlagspielen Faust- und Prellball noch weiter als Ringtennis und Schleuderball. Die Grundsituation Zuspiel ist beim Korb- und Korfball stark erweitert. Hierin wird deren mannschaftlicher Charakter besonders deutlich, denn der Ball kann über viele Stationen durch Passen und Fangen von der Annahme zum Abspiel transportiert werden. Aus diesem Grund kann man, ähnlich wie bei den Großen Sportspielen Fußball, Handball, Basketball und Hockey, von einem »Transportspiel« sprechen (8).
Wird beispielsweise von einem Spieler ein Abspielfehler begangen, dann haben die Mitspieler die Möglichkeit, durch intensive Laufarbeit (indem sie z. B. Manndeckung ausführen) diesen Fehler durch mannschaftliche Leistung wieder gutzumachen.
Der Struktur entsprechend zielt die Wettkampfidee der Korbwurfspiele darauf, der gegnerischen Mannschaft in der 3. Grundsituation, dem Zuspiel oder Balltransport, entgegenzuwirken, um das Erreichen oder problemlose Ausführen der punkteträchtigen und damit spielentscheidenden 1. Grundsituation Korbwurf zu unterbinden. Hier liegt der entscheidende Unterschied zu den Wettkampfspielen, die den Rückschlagspielen zuzuordnen sind. Es liegt ein gemeinsamer Spielraum vor, in dem der Spielaufbau (Zuspiel) behindert oder verhindert werden kann, was bei Rückschlagspielen durch die räumliche Trennung und die entsprechenden Regeln nicht möglich ist. Dadurch verlagert sich das Wettkampfgeschehen von der Abspiel-Annahme-Situation zum Zusammenspielen und Stören in der Zuspiel-Situation.
In allen Sportspielen lassen sich die drei Grundsituationen im Ablauf der Spielhandlungen erkennen. Die einzelnen Spiele unterscheiden sich jedoch in der Gewichtung dieser Grundsituationen:
Steht die Annahme-Abspiel-Situation im Vordergrund, handelt es sich um Rückschlagspiele (Faust-, Prellball, Ringtennis). Tritt die Zuspiel-Situation in den Vordergrund, spricht man von einem Transportspiel (Schleuder-, Korb-, Korfball) (9).
Das Spielfeld bei den großen Sportspielen Fußball, Handball, Basketball und Hockey kann durch die Spieler beider Mannschaften benutzt werden. Für die Darstellung der dadurch möglichen direkten Einflußnahme auf die gegnerische Mannschaft hat sich das in Abbildung 10 dargestellte Spielschema (vgl. DIETRICH 1977, 12) bewährt. Es

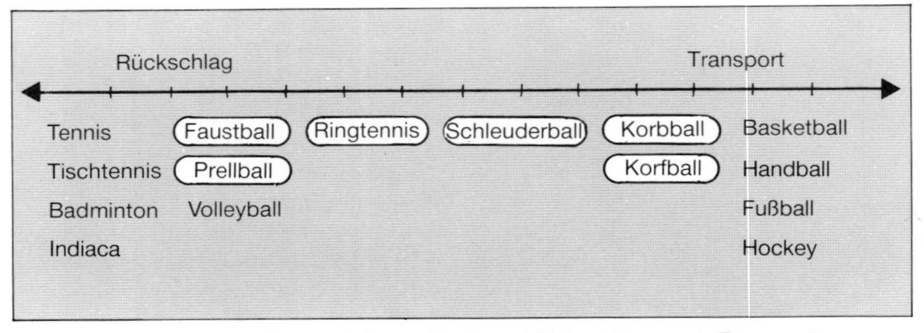

9 Die Zugehörigkeit der Sportspiele zur Struktur »Rückschlag« und »Transport«.

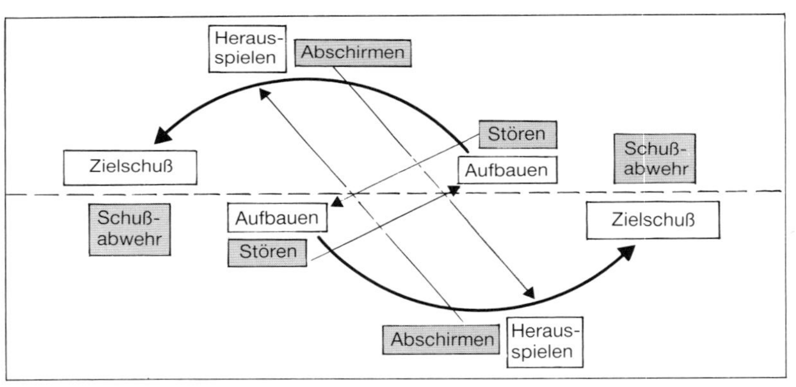

10 Die Grundsituationen (nach DIETRICH) zu den »Großen Sportspielen« werden durch entgegengesetzte Grundsituationen der Gegenmannschaft in ihrer kontinuierlichen Abfolge (Aufbau – Herausspielen – Zielschuß) gestört.

läßt sich teilweise gut auf die Sportspiele Korb-, Korf- und Schleuderball anwenden, die nach dieser Betrachtungsweise zu den »Zielwurfspielen« bzw. »Zielschußspielen« gezählt werden.
In dem Modell von DIETRICH wirkt die eine Mannschaft der jeweiligen Grundsituation der anderen Mannschaft durch eine entsprechende Grundsituation entgegen: *Dem Spielaufbau wird das Stören entgegengesetzt; dem Herausspielen von Zielschußgelegenheiten wird das Abschirmen des Zieles entgegengesetzt; dem Zielschuß wird die Schußabwehr entgegengesetzt.*
Durch diese permanente Einflußmöglichkeit des Gegners kann die Aufeinanderfolge der drei Grundsituationen zerstört werden, die deshalb kaum noch zu erkennen ist. So kommt es, daß beispielsweise bei entsprechender taktischer Einstellung zweier Fußballmannschaften die Spielstruktur auf ein Herausspielen-Abschirmen und Aufbauen-Stören beschränkt sein kann.

Grundschule der Sportspiele

Im letzten Kapitel konnten neben Unterschieden auch viele Gemeinsamkeiten der Sportspiele aufgezeigt werden. Es gibt demnach eine gemeinsame Basis, von der aus sich alle Sportspiele vermitteln lassen. Dementsprechend werden ähnliche oder gleiche Fähigkeiten und Fertigkeiten von den Spielern verlangt, um ein Spiel zu betreiben. Diese gemeinsame Wurzel der Spiele können sich ÜL zu Nutze machen, indem sie in einer Grundschule Spiele für Anfänger und Kinder die Elemente vermitteln, die zum Ausführen der Sportspiele befähigen. *Dieser Gedanke einer Grundschule in den Sportspielen wendet sich gegen eine zu frühe Spezialisierung und damit Einengung der spielerischen Vielfalt im Sport, somit gegen eine zu frühzeitige Beschränkung der Bewegungsfreiheit.*
Dieses Kapitel zeigt einige Möglichkeiten einer spielerischen Grundschule, die der sportspielspezifischen Ausbildung vorangestellt werden sollten.
Gleiche Strukturen der Sportspiele haben ähnliche Bewegungsformen entstehen lassen, die in einer Grundschule der Sportspiele gefördert werden können.
Sportspiele haben ein sehr komplexes Spielgeschehen: Ein Spieler bewegt sich im Raum, um ein

Spielgerät einer bestimmten Zielsetzung entsprechend zu bewegen, wobei er von anderen Spielern unterstützt wird, die das gleiche Ziel haben. Andere Spieler, die ein entgegengesetztes Ziel verfolgen, sind dabei zu berücksichtigen.
Betrachtet man den komplexen Vorgang beim Erlernen eines Sportspiels, so sind folgende grundlegende Bewegungsprobleme zu lösen:

- Bewegen des **eigenen Körpers**, um in bestimmte Spielpositionen oder Körperhaltungen zu gelangen.
- Ausrichten der eigenen Bewegung auf ein **Spielgerät**, das kontrolliert angenommen oder abgespielt werden soll.
- Anpassen der Körper- und Spielgerätbewegungen an **Mitspieler** (Kooperation).
- Orientieren der Bewegung an **Gegenspielern** (11).

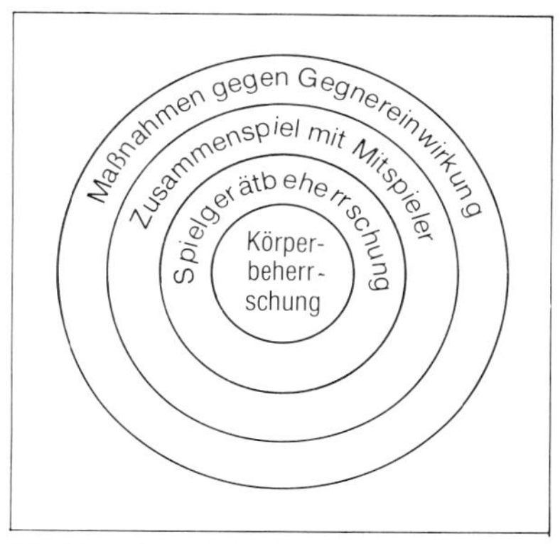

11 Komplexe Anforderungen eines Sportspiels.

Daraus ergeben sich Elemente für eine Grundschulung, die entsprechend der jeweils gewählten didaktisch-methodischen Position vermittelt werden können. Die allgemeine Bewegungsschulung umfaßt die motorischen Grundeigenschaften und die Körperwahrnehmung. Da diese Elemente Voraussetzung für alle sportlichen Bewegungen sind, und der Grundschule des Sports zuzuordnen sind, soll hier nicht näher darauf eingegangen werden.
Durch die Ausrichtung der Eigenbewegung auf ein Spielgerät tritt der Umgang und die Beherrschung eines körperfremden Gegenstandes, der kontrolliert bewegt werden soll, in den Mittelpunkt. Die Behandlung des Spielgerätes wird schwieriger, je weiter es sich vom Körpermittelpunkt entfernt und je mehr ein ständiger, direkter Kontakt mit ihm verlorengeht (12).
Der Umgang mit dem Spielgerät wird weiter erschwert, je kürzer der Kontakt zu ihm ist, d. h., je weniger Zeit zur Beeinflussung besteht (13).
Die Anforderungen an den Spieler steigen weiter, je zielgenauer man spielen muß und je weiter ein Ziel

(12)	Ball im Stand von Hand zu Hand übergeben	Ball auf dem Boden zwischen Beinen kreisen lassen	Ball auf dem Boden rollen	Ball prellen und auffangen	Ball an die Wand werfen und auffangen

Anforderungsgrad erhöht sich:
Spielgerät entfernt sich vom Körpermittelpunkt

(13)	Ring im Armkreis führen und abwerfen	Ball fangen, hochwerfen und wieder fangen . . .	Ball mit den Händen hoch in die Luft prellen	Ball mit dem Unterarm hochspielen	Ball mit der Handfläche an Wand prellen	Ball mit der Faust schlagen

Anforderungsgrad erhöht sich:
Kontakt mit dem Spielgerät wird kürzer

(14)	Ball an die Wand werfen	Ball in ein Tor werfen	Ring in einen großen Kasten werfen	Ball durch einen Reifen werfen	Ball durch einen Korb werfen	Ring auf ein Hütchen werfen

Anforderungsgrad erhöht sich:
Trefffläche des Zieles wird kleiner (bzw. Abstand vergrößert sich)

(15)	Ball zu einem stehenden Spieler werfen	Ball zu einem im Kreis laufenden Spieler werfen	Ball zu einem unkontrolliert herauslaufenden Spieler werfen	Ball zu einem weiter entfernten Spieler werfen

Anforderungsgrad erhöht sich:
Mitspieler ist aktiver oder weiter entfernt

(16)	Ring durch einen beweg-ten Reifen zum Partner werfen	von mehreren (3) Spielern dem den Ball zuwerfen, der sich umdreht	Anspielen des sich als be-reit meldenden Spielers in der Gruppe (5)	Anspiel eines sich freilau-fenden Spielers im Ver-band (8)

Anforderungsgrad erhöht sich:
Anzahl der mitwirkenden Spieler

(17)	Ring über-geben	Ball von unten einem vorbei-laufenden Spieler zuheben	Ball durch Bo-denpreller zuwerfen	Ball direkt zuwerfen	Ball im Gehen zuwerfen	Ball im Laufen zuwerfen	Ball zu-schlagen

Anforderungsgrad erhöht sich:
Die Abspielart wird schneller und direkter

(18)	4 : 1	4 : 2	4 : 3	3 : 2	3 : 3	3 : 4

Anforderungsgrad erhöht sich:
Das Zahlenverhältnis wird ungünstiger

(19)	zu Zweit einen Gegner im Reifen mit einem Ring überwerfen	zu Zweit einen Gegner auf Matte mit einem Ring über-werfen	frei, doch nur mit einer Hand	frei, mit beiden Händen

Anforderungsgrad erhöht sich:
Bewegunsfreiheit des Gegenspielers vergrößert sich

(20)	zu Zweit mit einem Ring einen Gegner überwerfen, freies Bewegen	zu Zweit mit einem Ring einen Gegner überwerfen, auf zwei parallelen Linien	zu Zweit einen Ball zuspie-len, einen Gegner umspie-len, Faustschlag – Fangen	zu Zweit einen Ball zuspie-len, Faustschlag – Faust-schlag

Anforderungsgrad erhöht sich:
Eigene Bewegungsfreiheit

vom Spieler entfernt ist oder je kleiner das Ziel ist (14).
Die Ausrichtung auf einen oder mehrere Mitspieler verlangt nicht nur ein gekonntes Spielen des Gerätes, sondern auch ein Einstellen auf die möglichen Aktionen der Mitspieler (Bewegungsvorwegnahme). Je weiter ein Spieler entfernt ist und je aktiver er ist, desto schwieriger gestaltet sich ein Zusammenspiel (15).
Je mehr Spieler an einem Spielgeschehen in einem bestimmten Raum beteiligt sind und je ungewisser es ist, welchen man anspielen kann, desto größere Anforderungen werden an den Spieler gestellt (16).
Das Anforderungsniveau wird besonders durch die Regelung des Zusammenspiels bestimmt; je präziser und einschränkender die Regeln sind, desto schwieriger ist das Zusammenspiel (17).
Das Einbeziehen der Störaktionen der Gegenspieler verlangt eine gute Bewältigung der anderen Spielelemente (Körper, Spielgerät, Mitspieler). Die Anforderungen an den

Spieler steigen, je ungünstiger sich das Zahlenverhältnis gestaltet (18). Die Bewegungsfreiheit der Gegenspieler beeinflußt in hohem Maße die Lösbarkeit der Aufgabe »Zusammenspiel« (19).
Durch die Regelungen der eigenen Bewegungsfreiheit zum Spielgerät und zum Gegenspieler treten weitere Schwierigkeiten auf (20).
Eine allgemeine Grundschule der Sportspiele steigt im Grad der Anforderung, je mehr Spielelemente (Körperbeherrschung, Spielgerätbeherrschung, Zusammenspiel, Gegnereinwirkung) enthalten sind.

Literatur

CZWALINA, C.: Spielidee und Grundsituation von Sportspielen. In: Sportpädagogik 8 (1984) 1, 22–25.

DIETRICH, K.: Zur Methodik der Sportspiele. In: DIETRICH, K./G. LANDAU (Hrsg.): Beiträge zur Didaktik der Sportspiele, Teil 1. Schorndorf 1976, 74–82.

DIETRICH, K.: Die Kontroverse über die Lehrweise der Sportspiele. In: DIETRICH, K./G. LANDAU (Hrsg.): Beiträge zur Didaktik der Sportspiele, Teil 1. Schorndorf 1976, 89–97.

DIETRICH, K. u. a.: Die Großen Spiele. Wuppertal 1976.

DIETRICH, K.: Fußball spielgemäß lernen – spielgemäß üben. Schorndorf 1977[5].

DIETRICH, K.: Spielen. In: Sportpädagogik 4 (1980) 1, 13–19.

KRÖNER, S.: Im Abseits der Spieldidaktik: Freizeitrelevante Rückschlagspiele. In: Zeitschrift für Sportpädagogik 2 (1978) 2, 148–161.

KRÖNER, S.: Rückschlagspiele. In: Sportpädagogik 6 (1982) 1, 7–14.

9

Allgemeine didaktisch-methodische Grundlagen der Sportspiele

Ziele des Spielens

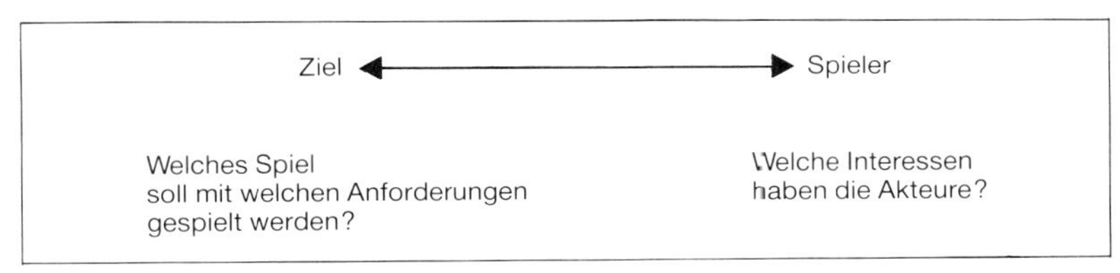

1 Erste didaktische Überlegung eines Übungsleiters, an denen auch die Spieler beteiligt werden sollen.

Wenn nachfolgend in einem mehrere Sportspiele übergreifenden Kapitel Möglichkeiten angedeutet werden, welche Wege man einschlagen kann, um die später einzeln vorgestellten Sportspiele zu erlernen, so sei von Anfang an deutlich gemacht, daß es *den* richtigen und einzigen Weg nicht gibt. Die Auswahl der Methode ist immer von bestimmten Voraussetzungen und Vorgaben abhängig. Der ÜL muß stets selbst aufgrund seiner spezifischen Bedingungen das Vermittlungsverfahren bestimmen, das seiner Übungsgruppe angemessen ist. Dazu soll dieses Kapitel Hilfestellung geben.
Bevor sich der ÜL Gedanken darüber macht, wie er etwas vermitteln will, muß geklärt werden, was erreicht werden soll. Es geht um die Frage der **Zielsetzung**.
In jedem Fall ist das Ziel abhängig von den Spielern, d. h. von den am Spiel beteiligten Personen, wobei jedoch in der Regel zwei Ausgangspositionen vorliegen, wenn es um die Wahl des Spieles geht:

- Ein Spielangebot wird von einer Abteilung eines Vereins für Interessierte bekanntgegeben.
- Die Auswahl eines Spiels wird von einer bestehenden Freizeitgruppe eines Vereins vorgenommen.

Der Unterschied besteht darin, daß für ein Spielangebot, das aufgrund der Nachfrage oder anderer Vereinsinteressen eröffnet wird, sich erst eine Gruppe bilden muß, während bei der Spielwahl die Gruppe bereits vorhanden ist. In jedem Fall liegt aber eine positive Einstellung der Teilnehmer zum Spiel vor, da sie aus ihren Interessen heraus gewählt haben. Das ist eine wichtige Voraussetzung für die spätere Spielvermittlung.
Zielsetzungen, wie die Wahl des Spieles und die Form des Ausführens, sind in Abhängigkeit von den Spielern zu bestimmen. Beide gemeinsam nehmen Einfluß auf Inhalt und Methode des Sportspiels (1).
Finden sich beispielsweise erwachsene Nichtsportler zusammen, so ist häufig ein Motiv für ihr Sporttreiben, etwas für die Gesundheit, das Wohlbefinden oder gegen den Bauch zu tun. Sie wünschen sich das gewählte Spiel vorwiegend als Bewegungsspiel, in dem Bewegung als ›Medizin‹ – spielerisch verkleidet – über Hemmnisse, Barrieren und ›tote Punkte‹ hinweghilft. Als entscheidendes Merkmal tritt hier der Effekt, das Ergebnis der Bewegung, in den Vordergrund. Wird diesen Erwartungen der Teilnehmer in der Zielsetzung entsprochen, dann hat das Auswirkungen

auf die Inhalte und Durchführung der Übungsstunden. Technische und taktische Elemente sind nur insofern notwendig, wie sie eine ausdauernde, intensive Aktivität der Spieler unterstützen.
Sehr schnell wächst in solchen »Freizeitteams« oder »Gesundheitsteams« die spielerische Fertigkeit durch wiederholte Teilnahme. Damit entwickelt sich der Wille, besser zu spielen, und der Wunsch, längere und komplexere Spielhandlungen zu vollbringen. Nun verändert sich das Sportspiel zu einem **Mannschaftsspiel**, das eine andere Zielsetzung hat. Der Mitspieler bekommt eine besondere Bedeutung, denn nur in Zusammenarbeit mit ihm ist es möglich, ein spannenderes Spielgeschehen zu gestalten.
Das Ziel »Mannschaftsspiel« findet seinen besonderen Stellenwert in der Schule, da im Schulsport nicht nur motorische, sondern auch soziale Erfahrungen vermittelt werden sollen. Aber auch für ›gesellige Typen‹ ist das Mannschaftsspiel Motiv und Anreiz. Die entscheidende inhaltliche und methodische Konsequenz für die Übungsstunden ist die Anwendung körperlicher und spieltechnischer Fertigkeiten in Kooperation mit dem oder den Mitspielern, mit der eigenen Mannschaft.
Der Schritt vom Miteinander zum Gegeneinander kommt zumeist sehr schnell, so daß das Sportspiel den Charakter des **Wettkampfspiels** erhält. Hier geht es darum, die gemeinsame Spielstärke in der Mannschaft mit anderen Mannschaften zu messen. Der Ehrgeiz, der Teamgeist, die soziale Anerkennung, aber auch das in den Medien erzeugte Bild vom Sportspiel lassen diese Zielsetzung zu oft in den Mittelpunkt treten, manchmal bevor es die Fähigkeiten der Spieler überhaupt erlauben. Hier liegt die Gefahr, daß die mehr bewegungs- oder geselligkeitsorientierten Spieler durch Mißerfolge oder übertriebenen Ehrgeiz von Mitspielern, ÜL oder Betreuern das Interesse am Sportspiel verlieren. *Spielen heißt nicht unbedingt Wettstreit und Konkurrenz, dies ist nur eine mögliche Zielsetzung!* Das entscheidende Merkmal im Wettkampfspiel ist der Vergleich der Leistungsfähigkeit und die entsprechende Rückmeldung über den Leistungsstand, die körperlichen und spieltechnischen Fertigkeiten der Mannschaft.
Die gewählten Sportspiele können unter verschiedenen Zielsetzungen betrieben werden: als Bewegungs-, Mannschafts- oder Wettkampfspiel (2).
Der beschriebene Weg vom Bewegungs- über Mannschafts- bis hin zum Wettkampfspiel wird zumeist von Anfängergruppen im Spielwahlsystem erfolgen. Alle Anbieter von Spielstunden sollten sich darüber im klaren sein, daß, je mehr sich ein Spiel dem Leistungsvergleich – der Zielsetzung Wettkampfspiel – nähert, die Anzahl der Spielfähigen und -willigen abnimmt. Die EMNID-Studien des DSB ermittelten ein großes Interesse an Sportspielen in der Bevölkerung, jedoch nur wenige Menschen werden wirklich aktiv. Das liegt u. a. an fehlenden Einstiegsmöglichkeiten für »Gesundheits«- und »Geselligkeitsspieler« und insbesondere am Fehlen der Zielsetzungen »Mannschafts-« und »Bewegungsspiel« als eigenständige Angebote der Vereine.

2 Spielergruppen können Sportspiele unter verschiedenen Zielsetzungen betreiben, die sich leicht verändern können.

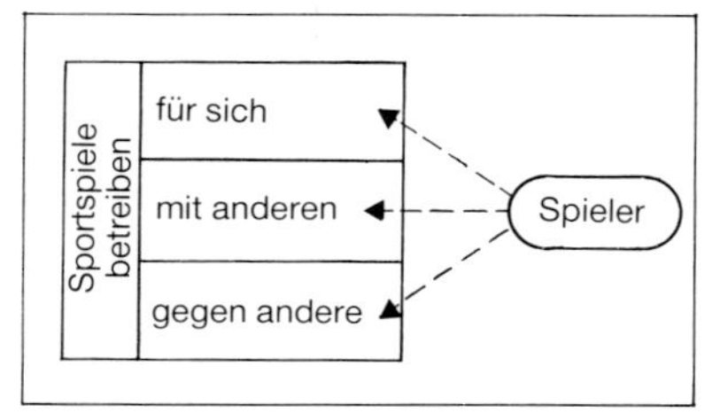

Vermitteln von Spielinhalten

Im letzten Abschnitt wurde die Festlegung der Zielsetzungen in Abhängigkeit von den Spielern angesprochen. Sind die Ziele gefunden, dann erhebt sich die Frage nach den Inhalten, d. h. nach den Elementen des Sportspiels, die gelernt werden müssen, um das gewählte Ziel zu erreichen.
Die Methode, d. h. wie das Spiel vermittelt bzw. gelernt wird, soll die Anforderungen des Sportspiels und die Voraussetzungen der Spieler berücksichtigen (3, 4).
Die Anforderungen eines Sportspiels unter der jeweiligen Zielsetzung sind vielfältig: Man muß über grundlegende motorische Fähigkeiten verfügen, so daß man Gegenstände oder sich selbst der Situation angemessen steuert (sensorische Fähigkeiten), daß man Handlungs- und Bewegungspläne entwickeln (kognitive Fähigkeiten), Situationen gefühlsmäßig bewältigen (affektive Fähigkeiten) und mit

3 Methode: Wie gehe ich vor, um das gewünschte Ziel zu erreichen? Wie komme ich vom heutigen Können zum erhofften Ziel?

anderen gemeinsam handeln kann (soziale Fähigkeiten).
Das Sportspiel verlangt affektive, kognitive, sensorische, soziale und motorische Fähigkeiten.
Für die sportliche Praxis bedeutet das: Bei der Annahme eines Balles muß der Körper in eine Position gebracht werden (Körpertechnik), in der das Spielgerät kontrolliert gespielt werden kann. Dazu sind bestimmte Fähigkeiten zur Handhabung des Balles (Spielgerättechnik) notwendig. Die Anforderungen an die Körper- und Spielgerättechnik sind in verschiedenen Spielsituationen sehr unterschiedlich, d. h. ein Spiel fordert die Anwendung der Technik in bestimmten Situationen (Taktik), wobei der Spieler den Ball und sich selber berücksichtigen muß (Individualtaktik), dieses mit dem Mitspielerverhalten in Verbindung bringen muß (Partner-, Gruppen- oder Mannschaftstaktik) sowie Aktionen des oder der Gegner nicht außer acht lassen darf.
Für diese technischen und taktischen Fähigkeiten bilden körperliche und konditionelle Grundlagen, wie z. B. Bewegungsmöglichkeiten (Gelenks- oder Muskelbeweglichkeit) und motorische Grundeigenschaften (Ausdauer, Kraft, Schnelligkeit und Koordination), eine wichtige Voraussetzung (5). Jedes Spiel stellt an den einzelnen Spieler eine Vielzahl von Anforderungen, die zudem in jedem Sportspiel sehr unterschiedlich ausgeprägt sind. Viele der genannten Anforderungen beherrscht der Spieler schnell aufgrund seiner Bewegungstätigkeiten im Alltagsleben, die eine Grundlage für die Spieltätigkeit darstellen.
Damit kommt die zweite zu berücksichtigende Größe im Vermittlungsprozeß ins Blickfeld, der Spieler und dessen Voraussetzungen. Die Personen, die ein Sportspiel erlernen möchten, können völlig unterschiedliche Voraussetzungen durch ihre Alltags- und bisherige Bewegungstätigkeit mitbringen (Bewegungsbiographie). Sie können kräftig oder schwach, schnell oder langsam, geschickt oder un-

4 Die richtige Methode findet man, indem Spiel und Spieler zusammengetan werden.

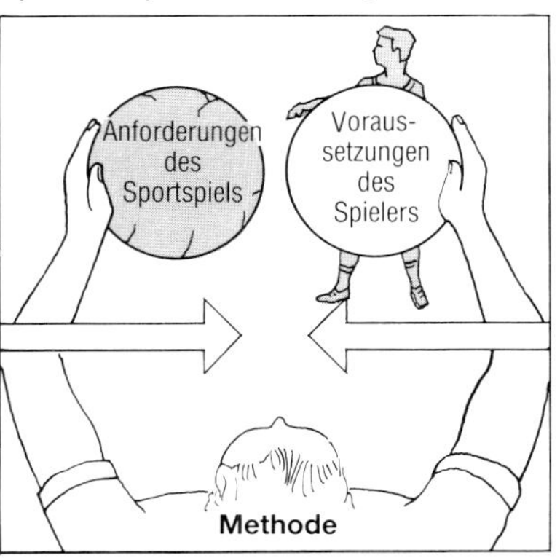

5 Technik, Taktik und Kondition sind die leicht erkennbaren Voraussetzungen für ein Sportspiel.

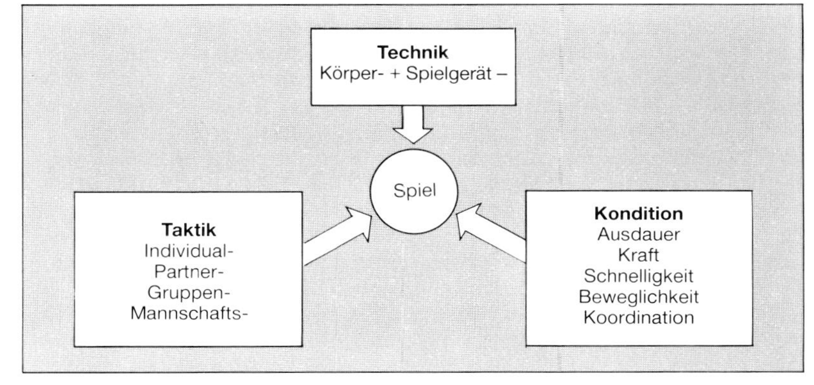

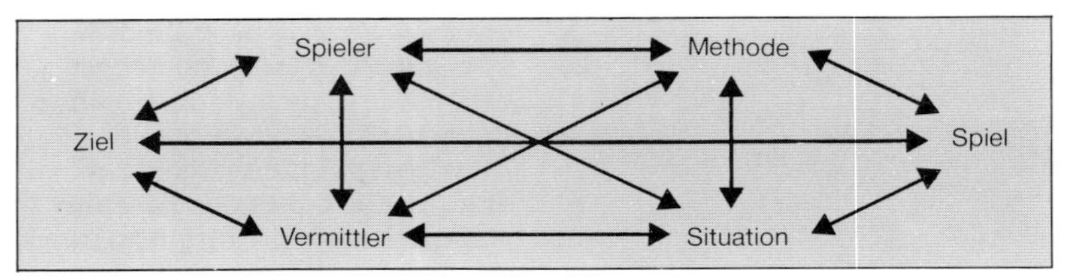

6 Alle 6 Faktoren beeinflussen das Erlernen des Sportspiels.

geschickt, bereitwillig oder uneinsichtig, sportlich oder unsportlich sein. Durch entsprechende Methodenwahl soll all diesen Personen das Spiel vermittelt und eine Lerngruppe gebildet und/oder erhalten werden. Aus diesen Überlegungen heraus wird deutlich, daß es nicht *die* Methode geben kann, sondern daß man den vielen Faktoren nur durch unterschiedliche Methoden bzw. Elemente entgegenkommen, jedoch nie für alle Faktoren einer Sportspielgruppe eine völlig ideale Methode finden kann.
Jeder Spieler bringt, aufgrund unterschiedlicher Bewegungsbiographien, andere Voraussetzungen mit, die wesentlichen Einfluß auf seinen Lernprozeß nehmen.
Der Vollständigkeit halber soll an dieser Stelle kurz auf weitere Faktoren im Vermittlungsprozeß hingewiesen werden. Neben den genannten Variablen (Zielsetzung, Anforderungen des Spiels, Voraussetzungen der Spieler und Methode) sind noch zu nennen: Die Voraussetzungen des *Vermittlers* (Lehrer, ÜL, Trainer) und die jeweilige *Spielsituation*, die durch Umweltbedingungen maßgeblich beeinflußt ist (Raum, Geräte, Witterung). Die möglichen Medien (z. B. Bilder, Filme, Video) sollen in diesem Zusammenhang eng mit der Methodenwahl verknüpft gesehen werden. Aus Platzgründen wird in diesem Kapitel lediglich auf die methodischen Überlegungen näher eingegangen, wodurch der Stellenwert der anderen Faktoren jedoch nicht unterschätzt werden darf (6).

Methodische Maßnahmen

Die Anwendung der verschiedenen methodischen Maßnahmen ist von der jeweiligen Lernsituation abhängig, die von den fünf anderen Variablen beeinflußt wird. Bezüglich der Komplexität der Maßnahmen lassen sich drei Ebenen unterscheiden.
In einer Lernsituation können **Hinweise** gegeben werden, beispielsweise, daß es beim Wurf auf den Korb besser ist, den gesamten Körper, somit auch die kräftige Beinmuskulatur und nicht nur die Arme, einzusetzen. Dieser isolierte Lehr-Lern-Vorgang vermittelt ein wesentliches Spielelement, das zur Erfüllung der Spielanforderungen beherrscht werden soll, da sonst der Korb nicht sicher getroffen wird bzw. diese Würfe aus konditionellen Gründen nicht häufig ausgeführt werden können. Da ein reines Erklären der vom ÜL gewünschten Ausführung den Übenden nicht befähigt, dieses Spielelement zu beherrschen, kleidet der ÜL diese Hinweise in Spiel- oder Übungsformen. Man spricht von **methodischen Formen,** der ersten Ebene methodischer Maßnahmen zur Spielvermittlung.
Die methodische Form reicht nicht aus, wenn es (wie beim genannten Korbwurf) um das Erlernen einer komplexen Bewegung geht. Es können nicht alle gleichzeitig oder zeitlich nah beieinander ablaufenden Teilaktionen gelernt werden bzw. bei Hinzunahme einer auszuführenden Teilbewegung geht leicht ein vorhergehendes Element verloren, so z. B. die Handgelenksbewegung, die eine letzte Feinkoordination übernimmt und somit die Treffsicherheit erhöht. Hier werden **Methodische Reihen** notwendig, die gezielt durch Kopplung mehrerer methodischer Formen solchen Lernschwierigkeiten entgegentreten.
Wenn es sich um einen geplanten, langfristigen Lernprozeß handelt, kann man von **methodischen Konzeptionen** sprechen. Soll beispielsweise ein Anfänger im Faustball zum Wettkampfspiel hingeführt werden, d. h. er wird sich voraussichtlich eine längere Zeit mit diesem Spiel beschäftigen, dann ist es effektiver, einen Weg zu planen, der über bestimmte Stationen geht, die das Lernen unterstützen.
Methodische Maßnahmen können entsprechend ihrer Komplexität als Formen, Reihen oder Konzeptionen bezeichnet werden (7).
An dieser Stelle muß kurz auf die Gefahr jedes methodischen Vorgehens eingegangen werden. Es verliert seine Funktion – Zusammenführung von Spiel und Spielern –,

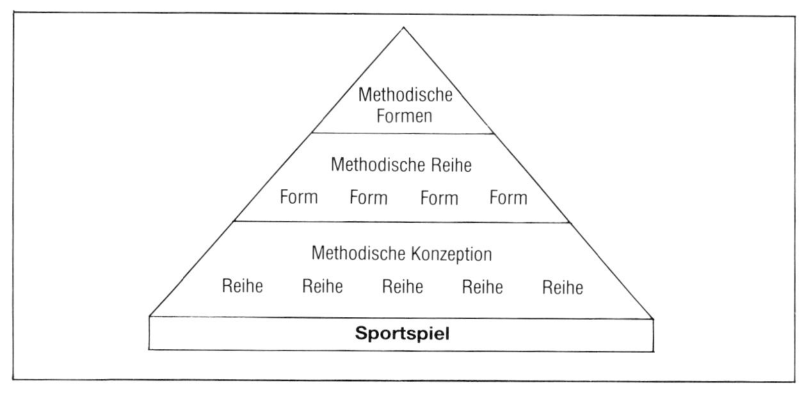

7 Es gibt drei Ebenen der methodischen Maßnahmen.

wenn es zum Selbstzweck wird, d. h. wenn der Bezug zum Spieler verlorengeht, wenn dieser mit dem vorgegebenen methodischen Weg nicht zurecht kommt. Die größte Gefahr liegt in einer zu starren Orientierung des ÜL an der Idealform des Zielspiels.

Methodische Formen: Übungsformen – Spielformen

Die Bausteine für methodische Maßnahmen auf allen Ebenen sind die »Übung« und das »Spiel«, die auf der Ebene der methodischen Reihen zu »Übungs-« und »Spielreihen« kombiniert werden können. Der Übergang von der Vermittlungsform Spiel zur Vermittlungsform Übung ist fließend. Sie lassen sich nach der Offenheit der Aufgabenstellung grob unterscheiden. Die Maßnahme Spiel eröffnet in der Bewegungsausführung mehrere Möglichkeiten. Es wird nicht nur eine in Raum und Zeit genau festzumachende Bewegung ausgeführt, sondern sie kann in einem vorgegebenen Ausführungsrahmen variieren. Es ist eine vereinfachte Lernsituation gegenüber dem Sportspiel, wobei aber motorische Erfahrungen in spieltypischen Situationen gesammelt werden.
Die Maßnahme **»Übung«** dagegen ist einseitig zielgerichtet. Sie läßt dem Lernenden keine andere Möglichkeit, als das technische oder taktische Spielelement wiederholend zu realisieren. Die Ausführung ist präzise vorgegeben, Abweichungen gefährden den erwünschten Lernerfolg.
Spiel- und Übungsformen können durch Vorzeigen oder Erklären des ÜL oder von Spielern oder von beiden im Gespräch initiiert werden. Die Offenheit der Bewegungsausführung ist auch hier, ähnlich wie bei Spiel und Übung, unterschiedlich weit: *Von der Bewegungsaufgabe, die häufig bei Spielformen angewandt wird, über die Anweisung bis zur strikten Vorschrift, die alle Bewegungshandlungen exakt vorschreibt, wird die Bewegungsfreiheit zunehmend eingeschränkt.*
Soll im Ringtennis ein flacher Ringwurf erlernt werden, kann man im Sinne einer Spielform die Aufgabe stellen: »Versuche deinem Partner den Ring durch den flachen Wurfspalt zwischen Schnur und Netz zuzuwerfen!« Eine Anweisung an einen Spieler, der neben einem großen Kasten stehend einen flachen Ringwurf ausführen soll, könnte lauten: »Wirf den Ring durch den Spalt, indem du die Wurfhand mit dem Handrücken auf dem Kastenleder vom hinteren zum vorderen Kastenrand bewegst und so den Ring abwirfst«! Die spielerische Form wird durch die Anweisung eingeengt und wird zur Übungsform, da ein zielgerichtetes Lernen so erfolgt, daß Hand- und Armführung in ihrer Bewegungsfreiheit auf die Idealform der Ausführung beschränkt werden. Beherrscht ein Spieler, der die Wurfaufgabe ausführt, die Technik so gut, daß er immer trifft und exakt die Idealbewegung ausführt, dann nähert sich die Spielform für ihn ebenfalls einer Übungsform an. In diesem Fall vollzieht der Spieler den Übergang von der Spiel- zur Übungsform selbst, indem er eine bestimmte Stufe der Fertigkeit erreicht, auf der er eine Technik bereits automatisch ausführt. Der Spieler hat selbständig die beste, d. h. ökonomischste und effektivste Bewegungsform gefunden.
Der Übergang von der Übungs- zur Spielform ist fließend, grob kann man sie an der Offenheit der Bewegungssituation unterscheiden.

Methodische Reihen: Übungsreihen – Spielreihen

Bei den methodischen Reihen unterscheidet man »Übungsreihen« und »Spielreihen«.
Man spricht von einer **Übungsreihe,** wenn verschiedene Übungen nach bestimmten Gesichtspunkten aneinandergereiht sind. Im Prellball wäre das z. B.:

1. Einen Ball mit einem Unterarmschlag auf einen bestimmten Bodenpunkt vor der Wand schlagen, den zurückspringenden Ball auffangen und erneut schlagen.
2. Zusätzlich einen bestimmten Punkt an der Wand treffen.
3. Den zurückspringenden Ball ohne Veränderung der eigenen Körperposition und -haltung fangen.
4. Den zurückspringenden Ball, sofern er die Anforderungen von 1 bis 3 erfüllt, sofort wieder schlagen.

Der entscheidende Gesichtspunkt für die Aneinanderreihung ist die methodische Steigerung im Sinne eines Ansteigens des Schwierigkeitsgrades, des Bekanntheitsgrades bzw. der Komplexität der Ausführung (methodische Grundsätze). Die Übungsreihe baut darauf auf, daß das Üben vorgeordneter, leichter Bewegungen das Lernen nachgeordneter, ähnlicher, aber schwererer Bewegungen erleichtert. Die Ähnlichkeit von Bewegungen zu erkennen, stellt ein schwer zu klärendes Problem für den ÜL dar. Selbst zu beurteilen, ob Bewegungen leichter oder schwerer zu erlernen sind, ist problematisch, da das bei den Übenden, aufgrund unterschiedlicher Voraussetzungen, sehr verschieden sein kann.
Eine **Spielreihe** ist eine nach methodischen Grundsätzen geordnete Folge von Spielformen, die zu einem Zielspiel führt, wobei die Spielidee schon in den ersten Spielformen vorhanden ist.
Bezogen auf das Schleuderballspiel wäre das eine Reihung von Treibballspielen, beispielsweise begonnen mit einem Schlag- oder Handball (gerader Wurf) über die Hinzunahme von Fang- und Abspielregeln, bis zum Schleuderwurf mit dem Schleuderball nach festgelegten Regeln im vorgegebenen Feld.
Die »Übungs-« und die »Spielreihe« sind spielmethodische Maßnahmen, in denen »Übungs-« bzw. »Spielformen« so aufeinanderfolgen, daß die jeweils nächste Form komplexere und schwerere Elemente, bzw. auch neue Elemente, enthält (8).

8 Methodische Übungsreihen setzen sich aus Übungen und methodische Spielreihen aus Spielen mit steigender Komplexität zusammen.

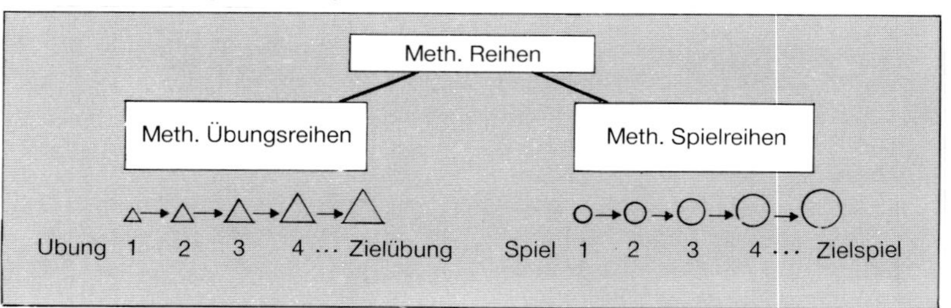

Methodische Konzeptionen

Für kein Sportspiel läßt sich ein einheitlicher und verbindlicher Bestand an Übungs- und Spielreihen festlegen. Die verschiedenen Anforderungen beim Vermitteln eines Spiels können zumeist nur durch Mischformen von methodischen Maßnahmen erfüllt werden. Folglich werden »Übungs-« und »Spielreihen« sowie »Übungs-« und »Spielformen« kombiniert, wodurch komplexe methodische Konzeptionen entstehen. Diese methodischen Konzeptionen treten in der Praxis nie in reiner Form auf. Sie stellen lediglich Pole der methodischen Verfahrensweisen dar, die im Vermittlungsprozeß zwischen den Anforderungen eines Sportspiels und den Lernenden verwendet werden können. Bei einer groben Einteilung lassen sich ganzheitliche von elementhaften Konzeptionen unterscheiden.
Die Ganzheitsmethode und die elementhaft-synthetische Methode sind ein Gegensatzpaar, das unter dem Aspekt der methodischen Aufbereitung des Sportspiels entstanden ist. Es geht um die Frage, ob ein vorheriges Zergliedern des Spieles in Teile, die isoliert bis zum Können geübt und anschließend zusammengesetzt werden (elementhaft-synthetische Methode), ein Spiel besser erlernen läßt, als wenn

das Spiel mit seinen vielen Elementen als Ganzes geübt und dann gespielt wird (Ganzheitsmethode). Die Annahme, daß sich einzeln gelernte Teile eines Spieles zusammensetzen lassen und dann das Gesamtspiel beherrscht wird, steht der Annahme gegenüber, daß ein von Anfang an komplex betriebenes Spiel zur Beherrschung des Spieles und damit auch der einzelnen Spielelemente führt.
Für eine methodische Konzeption des Korb- oder Korfballspiels könnte das z. B. bedeuten, daß man nach der **Ganzheitsmethode** von Anfang an mit das Ziel verfolgt, möglichst viele Korbtreffer beim Gegner zu erzielen und beim eigenen Korb zu verhindern. Es wird davon ausgegangen, daß man in der spielnahen Komplexsituation das Spielen lernt. Treten dann Mängel auf, z. B. beim Passen-Fangen, dann kann dieses Element geübt werden. Dabei steht allerdings nie die Technik allein im Mittelpunkt, sondern es wird z. B. eine isolierte Zusammenspielsituation angeboten, in der die mangelhafte Technik schwerpunktmäßig geübt wird (Schwerpunktspiel). Ziel eines solchen Schwerpunktspieles könnte z. B. sein, bei geringerer Gegenspielerzahl zehn Ballkontakte zu erreichen.
Die **elementhaft-synthetische Methode** geht umgekehrt vor. Die zu erwartenden Schwierigkeiten sollen dadurch beseitigt werden, daß von Anfang an Spielelemente wie das Passen-Fangen, die Fortbewegung mit dem Ball und der Korbwurf isoliert geübt werden. Erst wenn die Techniken beherrscht werden, sollen sie im Spiel eingesetzt werden. Die Gefahren dieses

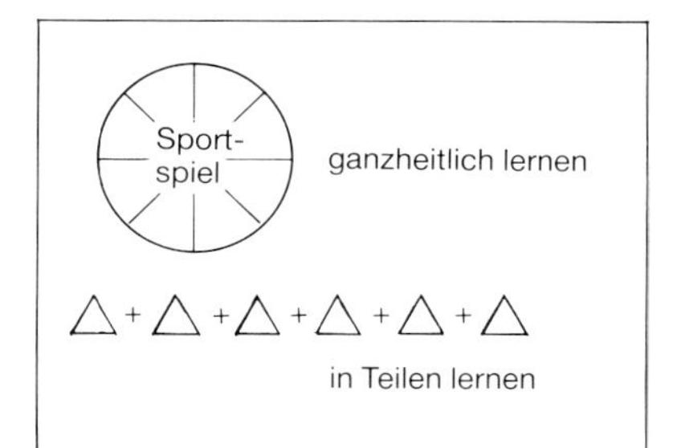

9 Das Sportspiel kann durch die Ganzheitsmethode oder durch die elementhaft-synthetische Methode vermittelt werden.

Vorgehens liegen darin, daß bei weitgehender Zerlegung des Spieles die Einzelelemente ohne Zusammenhang gelernt werden, wodurch unnatürliche dynamische oder spieltaktische Komponenten verinnerlicht werden könnten, die dann bei der Synthese (dem Zusammenfügen im Gesamtspiel) nicht oder nur schwer wieder auszuschalten sind. Bei der Ganzheitsmethode tritt das Problem auf, beim Erproben eines schwierigen Spielkomplexes zu reduzieren, ohne den ganzheitlichen Charakter zu zerstören.
Wenn man die inhaltliche Durchführung einer Sportspielkonzeption plant, kann man sich für ein mehr ganzheitliches Vorgehen, für ein Lernen von Teilelementen oder für eine Kombination aus beiden entscheiden (9).

Literatur

CZWALINA, C.: Spielidee und Grundsituation von Sportspielen. In: Sportpädagogik 8 (1984) 1, 22–25.

DIETRICH, K.: Die Kontroverse über die Lehrweise der Sportspiele. In: DIETRICH, K./G. LANDAU (Hrsg.): Beiträge zur Didaktik der Sportspiele, Teil 1. Schorndorf 1976, 89–97.

DIETRICH, K.: Zur Methodik der Sportspiele. In: DIETRICH, K./G. LANDAU (Hrsg.): Beiträge zur Didaktik der Sportspiele, Teil 1. Schorndorf 1976, 74–82.

DIETRICH, K.: Spielen. In: Sportpädagogik 4 (1980) 1, 13–19.

FETZ, F.: Allgemeine Methodik. Frankfurt 1977[7].

GRÖSSING, St.: Einführung in die Sportdidaktik. Frankfurt 1975.

JOST, E.: Methodenprobleme des Sportunterrichts. In: Sportpädagogik 3 (1979) 5, 12–17.

JOST, E.: Die Formen des Bewegungsspiels, ihre Entwicklung im Schulalter und ihre Vermittlung. In: Sportpädagogik 7 (1983) 1, 14–22.

KRÖNER, S.: Im Abseits der Spieldidaktik: Freizeitrelevante Rückschlagspiele. In: Zeitschrift für Sportpädagogik 2 (1978) 2, 148–161.

KRÖNER, S.: Rückschlagspiele. In: Sportpädagogik 6 (1982) 1, 7–14.

LANDAU, G.: Zum Begriff der Spielreihe. In: DIETRICH, K./G. LANDAU (Hrsg.): Beiträge zur Didaktik der Sportspiele, Teil 1. Schorndorf 1976, 68–73.

RIEDER, H./I. SCHMIDT: Grundlagen der Sportmethodik. In: GRUPE, O. (Hrsg.): Einführung in die Theorie der Leibeserziehung und des Sports. Schorndorf 1980[5], 267–314.

RÖTHIG, P. (Red.): Sportwissenschaftliches Lexikon. Schorndorf 1976[3].

SCHALLER, H.-J.: Vermittlungsmodelle großer Spiele. In: DIETRICH, K./G. LANDAU (Hrsg.): Beiträge zur Didaktik der Sportspiele, Teil 1. Schorndorf 1976, 83–88.

SCHALLER, H.-J.: Zur Systematik der Lehrverfahren im Bereich der Sportspiele. In: ANDRESEN, R./G. HAGEDORN (Hrsg.): Zur Sportspiel-Forschung. Theorie und Praxis der Sportspiele, Band 1. Berlin 1976, 151–166.

STIEHLER, G. u. a.: Methodik des Sportunterrichts. Berlin 1976[3].

Faustball

Spielgedanke und Grundregeln

Zentraler Spielgedanke beim Faustball ist es, den Ball in der gegnerischen Hälfte so unterzubringen, daß er vom Gegner nicht erreicht werden kann.

Spielen des Balles

Nach den Spielregeln kann der Ball mit der Faust oder mit dem Arm geschlagen werden. Beim Spiel mit dem Arm darf die Faust geöffnet sein. Eine Mannschaft besteht aus 5 Spielern, hinzu kommen 2 Auswechselspieler. Normalerweise spielen in der Abwehr 2, im Angriff 2 und in der Mitte 1 Spieler.
Der Ball darf innerhalb einer Mannschaft von höchstens 3 Spielern gespielt werden und darf jeweils einmal den Boden berühren, kann aber auch ohne Bodenberührung gespielt werden.

Spielfeld und Geräte

Faustball ist sowohl ein Hallen- wie ein Feldsport.
Im Freien ist das Feld 50 × 20 m (Halle 40 × 20 m) groß und wird durch eine Mittellinie getrennt.
Über der Mittellinie ist in 2 m Höhe eine Leine gespannt. (Seit 1982 ist auch ein bis zu 6 cm breites Band zugelassen.) 3 m entfernt von der Mittellinie ist eine Angabelinie eingezeichnet (1).
Der Spielball ist ein Hohlball mit einem Gewicht von 320 bis 380 g und einem Umfang von 62–68 cm. Die Spieldauer beträgt 2 × 15 Minuten.

Spielablauf

Der Spielzyklus beginnt mit der Angabe, ausgeführt von der 3 m-Linie. Er endet mit einem Fehler einer der beiden Mannschaften. Angabe hat jeweils die Mannschaft, die zuvor den Fehler begangen hat. Schon bei der Angabe (1. Grundsituation) versuchen die Spieler, den Ball möglichst unerreichbar oder zumindest schwer erreichbar für den Gegner zu placieren. Der Gegner versucht, den Ball abzuwehren (2. Grundsituation), anschließend zuzuspielen (3. Grundsituation) und dann durch einen gekonnten Angriff (1. Grundsituation) für den Gegner unerreichbar zu machen.
Als Fehler gelten insbesondere:

1

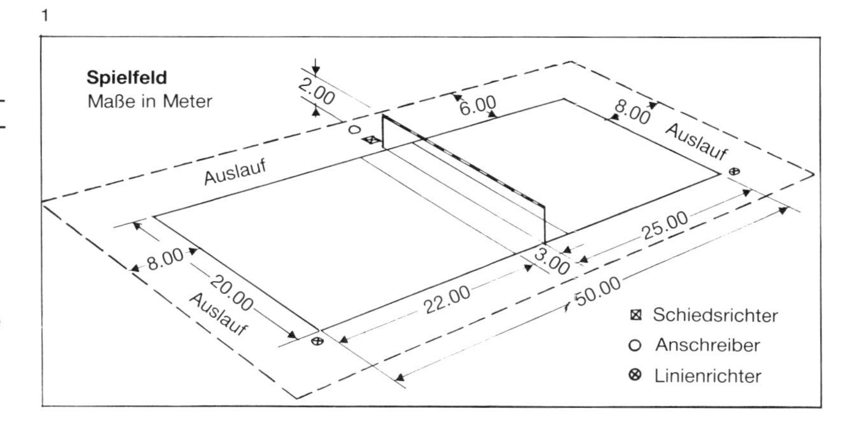

Berühren der Leine oder Pfosten durch Ball oder Spieler, zweimaliges Aufspringen des Balles, Aufspringen außerhalb des Spielfeldes, mehr als drei Ballberührungen innerhalb einer Mannschaft, Spiel mit einem anderen Körperteil als Arm oder Faust.
In der Halle sind zusätzlich als Fehler zu werten: Berühren der Seitenwand durch den Ball, Berühren der Decke beim Überspielen ins andere Feld.

Spielleitung

Das Spiel wird geleitet von einem Schiedsrichter. Ihm zur Seite stehen zwei Linienrichter und ein Anschreiber.

Zählweise und Wertung

In der Halle wird nach Sätzen gespielt. Sieger ist, wer zuerst 2 Sätze für sich entscheiden kann. Ein Satz geht bis 15, jedoch muß mindestens eine Differenz von 2 Punkten bestehen. Bei 20 Gutpunkten ist der Satz auf alle Fälle zu Ende.

Entstehung und Entwicklung

Faustball gehört zu den ältesten uns bekannten Spielen. Bei dem Dichter Plautus (3. Jahrhundert v. Chr.) lesen wir über einen »Follis pugliatorius«, das ist ein mit der Faust geschlagener Ball. Auf einer Gedenkmünze des Kaiser Gordinaus III., um 240 n. Chr., sehen wir drei Männer mit wuchtig geschlagenen Faustbällen.
Im Mittelalter entwickelte sich in Italien der direkte Vorläufer des heutigen Faustballspiels. Der italienische Humanist Antonio Scaino (1524–1612) beschreibt dieses Spiel in seinem 1555 erschienenen Ballspielbuch ›Trattato del guico della palla‹. Obwohl Italien als Ursprungsland des Faustballs bezeichnet werden kann, entwickelte sich dieses Spiel erst im deutschsprachigen Raum zu einem der schönsten und interessantesten Ballspiele überhaupt, und ist heute bei uns neben Fußball, Handball und Volleyball das am meisten ausgeübte Mannschaftsspiel.
International wird Faustball vorwiegend in Ländern mit deutschsprachigen Gebieten betrieben, d. h. in Europa neben der Bundesrepublik und der DDR auch in Italien, Schweiz, Österreich, teilweise auch in Polen, Rumänien und der Sowjetunion.
Auf dem amerikanischen Kontinent wird Faustball in Brasilien, Argentinien, Chile, Paraguay, Mexiko, USA und Kanada betrieben. Südwestafrika (Namibia) ist das einzige afrikanische Land, in dem Faustball gespielt wird.

Faustball in Deutschland

100 000 aktive Faustballspieler sind in der Bundesrepublik Deutschland registriert. Sie spielen in ca. 10 000 Mannschaften in den verschiedenen Leistungs- und Altersklassen um Punkte, um Auf- oder Abstieg.
Die Bundesrepublik wurde bei allen fünf bisher ausgetragenen Weltmeisterschaften seit 1968 Weltmeister; ebenso errang sie alle bisher ausgespielten Titel eines Europameisters.
Entscheidendes Kriterium jedoch für die Lebendigkeit dieser Sportart ist der enorme Zuwachs an Jugendspielern in den letzten Jahren. Dies ist in erster Linie dadurch bedingt, daß sich engagierte Fachkenner intensiv um den Jugendfaustball kümmern. Auf allen Ebenen werden inzwischen Leistungslehrgänge für talentierte, sportliche Jugendliche durchgeführt. Kaderbildungen vom F bis zum A-Kader wecken in den jungen Spielern das Interesse am Leistungssport. Durch die Einführung von Deutschen Schülermeisterschaften 1971 wurde in den Vereinen das Bewußtsein für eine intensive Nachwuchsarbeit geweckt.
Nachdem Faustball bis Ende der 60er Jahre ein fester Bestandteil im Schulsport war, wurde dieses Spiel in den folgenden Jahren immer mehr vom Volleyball verdrängt, dies nicht zuletzt deshalb, weil versäumt wurde, Lehrmaterial zu erarbeiten bzw. erstellen zu lassen. So konnte das wesentlich besser organisierte Volleyballspiel dem Faustballspiel den Rang ablaufen. Inzwischen sind aber im Hinblick auf den Schulsport große Anstrengungen gemacht worden, so z. B. Faustball sowohl in der Lehrerausbildung wie auch in der -fortbildung anzubieten; Schulmeisterschaften vervollständigen das Angebot.
Ein Sport, der auf breiter Basis anerkannt sein will, muß über die physischen und motorischen Aspekte hinaus weitere Bedingungen erfüllen. Sportarten, die von 8 bis 80 Jahre betrieben werden können, sog. life-time-Sportarten, sind in dieser Hinsicht höher einzustufen als Sportarten, die nur von 8–18 oder von 10–35 Jahren betrieben werden können.

Aufgrund seiner Struktur erfüllt das Faustballspiel diese Bedingungen. Mit 12 Jahren Deutscher Meister bei den Schülern zu werden, ist ebenso möglich, wie 40 Jahre später den Titel eines Deutschen Seniorenmeisters in der Klasse der über 50jährigen zu erringen. Leistungssport und Breitensport liegen in dieser Sportart eng beieinander, zu eng manchmal für die Interessen des Leistungssports, der sich deshalb noch nicht richtig in Szene setzen konnte. Faustball ist Leistungssport; Faustball ist aber auch Breitensport!

Technische Grundlagen und ihre Vermittlung

Struktur der Spielhandlungen

Das Spielgeschehen beim Faustballspiel läßt sich in die folgenden drei grundlegende Teilhandlungen gliedern:
Abwehr, Zuspiel, Angriff.
Im Regelfall tritt nach der Angabe ein Zyklus ein, der sich zwischen den beiden gegnerischen Mannschaften ständig wiederholt (2). Erst durch einen Fehler wird der Zyklus unterbrochen.
Während das 1. Element, die Angabe, nur nach einer Spielunterbrechung auftritt, bestimmen die folgenden Teilhandlungen den Erfolg des Spielganges. Ein harmonischer Ablauf dieses Dreierzyklus ist Voraussetzung für einen gekonnten Abschluß.

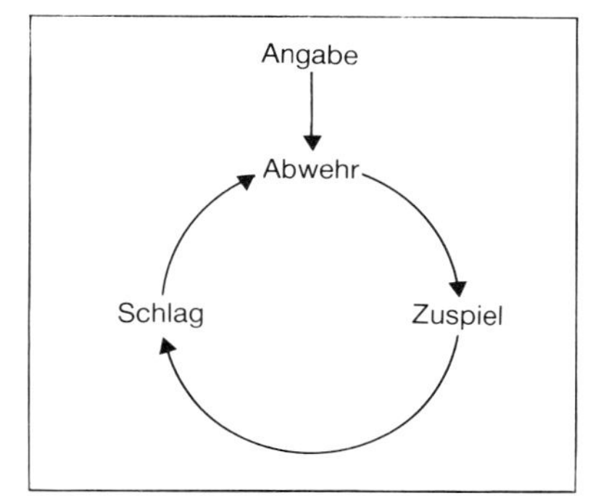

2

Faustball ist eine der wenigen Sportarten, die innerhalb einer Mannschaft unterschiedliches Können und unterschiedliche Fertigkeiten verlangen; anders als beim Volleyball, bei dem ein Positionswechsel zwingend vorgeschrieben ist, spielt der Faustballer im Regelfall fest auf seiner Position.
Der Spielaufbau beim Faustball verlangt drei verschiedene Spezialisten, und zwar je für die Abwehr, den Aufbau und den Schlag. Abb. 3a, b zeigt die allgemein übliche Aufstellung der Mannschaft. Die beiden Abwehrspieler hinten links und rechts werden in den meisten Fällen die erste Ballberührung haben. Der Mittelspieler versucht, den abgewehrten Ball möglichst hoch und nahe an die Leine zu bringen, während einer der beiden Angriffsspieler links oder rechts den Ball ins gegnerische Feld schlägt. Abwehr und Zuspiel werden meist mit dem Arm, der Angriffsschlag wird mit der Faust durchgeführt.

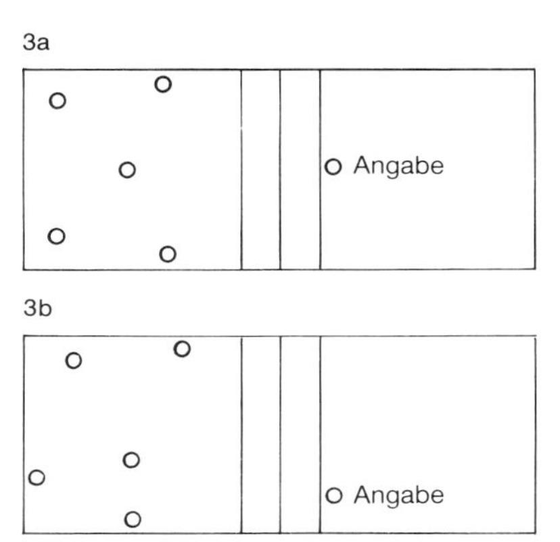

3a

3b

Anforderungen an die Spieler

Durch die spezialisierten Positionen ergeben sich für das Training und die körperlichen Voraussetzungen verschiedene Forderungen an das Können der einzelnen Spieler. Ein **Hinterspieler** (Abwehrspieler) muß besonders antrittsschnell und wendig sein. Um Bälle, die seitwärts an ihm vorbeigeschlagen werden, noch zu erreichen, muß er oft akrobatisches Können beweisen. Das bedeutet, daß er sehr oft versuchen muß, im Hechten den Ball zu erreichen. Eine große Bereitschaft und Geschicklichkeit, sich auf den Boden zu werfen, ist daher eine der Grundvoraussetzungen für einen Abwehrspieler. Die Größe spielt keine wesentliche Rolle, es zeigt sich jedoch, daß sehr große Personen zuweilen erhebliche Schwierigkeiten haben. Auch die Reaktion ist ein wesentlicher Bestandteil der Anforderungen an den Abwehrspieler. Abgefälschte Bälle müssen sehr oft reaktionsschnell gerettet werden. Auch für den **Mittelspieler** gelten im wesentlichen dieselben Anforderungen. Hinzu kommt jedoch noch die Notwendigkeit, einen Ball sauber und vor allem ruhig zuspielen zu kön-

nen. Der Mittelspieler muß daher in der Lage sein, von einer kämpferischen Spielweise sofort auf eine ruhige, manchmal sogar bedächtige Spielweise umschalten zu können. Die technischen Grundfertigkeiten müssen vollkommen beherrscht werden.
Der **Angriffsspieler** wiederum muß ganz anderen Kriterien genügen. Er muß groß sein bzw. über große Sprungkraft verfügen, damit er den Ball möglichst flach über die Leine ins gegnerische Feld befördern kann. Seine Schlagstärke ist ausschlaggebend für den Erfolg oder Mißerfolg einer Mannschaft. Hinzu kommt die Notwendigkeit einer guten Ballberechnung, um die zugespielten Bälle in ihrer Entfernung zur Leine richtig einschätzen zu können. Besonders kommt es darauf an, die Spielsituation, d. h. insbesondere das momentane Verhalten des Gegners, zu erfassen. Einfallsreichtum und das Beherrschen von »Tricks« sind ebenfalls vom Schlagmann gefordert. Wenn so ein hohes Maß an verschiedenen Fähigkeiten vom Schlagmann verlangt wird, ist es auch nicht verwunderlich, daß es nur wenig exzellente Schlagspieler gibt.
Die speziellen Anforderungen an die Spieler einer Faustballmannschaft bedeuten auch eine Spezialisierung des Trainings. Jeder Spieler benötigt eine besondere Schulung und muß daher ein auf ihn zugeschnittenes Programm durch den Trainer erhalten. Selbstverständlich kann die erwähnte Spezialisierung nicht verabsolutiert werden. Auch ein Angriffsspieler kommt manchmal in die Verlegenheit, einen Ball abwehren oder zuspielen zu müssen und ein Zuspieler muß gelegentlich zu einem Angriffsschlag ansetzen. Seltener werden Abwehrspieler für einen Angriffsschlag benötigt.
Eine allgemeine Faustballausbildung auf allen Gebieten muß besonders in der ersten Lernstufe sichergestellt werden. Hier werden Grundvoraussetzungen geschaffen, um später auf den spezialisierten Positionen das Optimale leisten zu können.

Für das Faustballtraining heißt dies:

- *Alle Spieler müssen in den Grundfertigkeiten ausgebildet werden; bei jedem Training müssen diese Fertigkeiten erneut angesprochen und überprüft werden.*
- *Schulung der Ballannahme (Ballabwehr) ist für alle Spieler notwendig, da im Spiel jeder diese Aufgabe beherrschen muß.*
- *Allgemeine Zuspielübungen sind für jeden Spieler wichtig.*
- *Schlagtraining müssen nur Mittelspieler und Schlagspieler absolvieren.*
- *Durch komplexes Training aller drei Grundsituationen das Einzeltraining sinnvoll ergänzen!*

Grundbewegung

Faustball, richtig betrieben, erfordert ein hohes Maß an Technik. Durch das begrenzte Spielfeld bewirken technische Mängel eine häufige Unterbrechung des Spielflusses, da jeder Fehler das Spiel unterbricht und zu einer neuen Angabe führt. *Grundvoraussetzung ist daher das richtige Erlernen einer exakten Technik.* Ein Haupthindernis für die größere Verbreitung im Jugendbereich ist das Nichtbeachten dieser Grundregel. Die Trainer müssen sich daher intensiv bemühen die richtige Technik zu vermitteln, und zwar so, daß für den Übenden keine Eintönigkeit eintritt. Sind einmal die allgemeinen Grundlagen erarbeitet und die Freude am Spiel geweckt, so kann systematisch und speziell geschult werden. Das Spielen tritt dann etwas in den Hintergrund.

Ballberührung

Im Regelfall wird der Ball mit dem Arm gespielt (die Ausnahme ist der Schlag). Die ideale Stelle für das Spielen des Balles ist dort, wo die Auftrefffläche am breitesten ist. Beim Arm liegt diese Stelle unmittelbar unterhalb der Beuge zwischen Unter- und Oberarm. Zur Übung wird der Ball auf diese Stelle gelegt; die Spieler versuchen, ihn zu balancieren.
Zur weiteren Ballgewöhnung kann man nun den Ball auf dem Unterarm von hinten nach vorne rollen lassen. Die Innenseite der Handfläche muß dabei nach oben zeigen (Fingernägel nach oben).

Tief-Hoch-Bewegung

Bekanntlich gilt bei Bällen, die auf eine Oberfläche treffen, das Gesetz, daß Einfallswinkel und Ausfallswinkel gleich sind. Ein Ball wird demnach genau dann senkrecht nach oben zurückspringen, wenn die Auftrefffläche im rechten Winkel zum senkrecht gespielten Ball verläuft. Der Arm muß also zum Spielen des Balles stets waagrecht gehalten werden. Dies gelingt nur, wenn der Spieler vor der Ballberührung nach unten in die Hocke geht

1a

1b

1c

und sich bei der Ballberührung aufrichtet, dabei den Arm aber stets waagrecht hält (Tief-Hoch-Bewegung).
Bild 1a zeigt die Situation vor der Ballberührung, bei Bild 1b wurde der Ball bereits gespielt, der Körper streckt sich. Auf Bild 1c ist die Körperhaltung kurz nach der Ballberührung zu sehen. Diese übertriebene Streckung mit dem Abheben vom Boden wird später wieder einer nur leichten Tief-Hoch-Bewegung weichen. Zu Beginn jedoch ist eine »übertriebene« Ausführung notwendig, um ein Schlagen mit dem Arm zu unterbinden.
Bei fast allen Spielern früherer Jahre sieht man noch ein sehr starkes Schlagen des Armes. Erst bei jungen Spielern, die intensiv technisch geschult wurden, tritt dieser Fehler nicht mehr auf.

Übung

Der Ball wird leicht nach oben geworfen; er ist dann wieder senkrecht zurückzuspielen. Dann könnte auch eine Wand, an die der Ball geworfen wird, als »Partner« eingebaut werden. Für einen Ballspieler wird jedoch das Üben erst interessant, wenn er mindestens einen Mitspieler besitzt. Ballspieler trainieren selten allein, zumal wenn mit dem Ball geübt wird. Bild 2 zeigt die Situation, daß der Ball von einem Partner geworfen wird, um ihn dann entweder senkrecht nach oben zu spielen, aufzufangen und wieder zurückzuwerfen, oder ihn sofort wieder zum Partner zurückzuspielen.
Ein wesentliches Qualitätsmerkmal ist immer, daß der Ball dort landet, wo er hingespielt werden sollte.

2

Eine Zielvorgabe würde dies erleichtern. Es läßt sich auf diese Weise eine gute Kontrolle durchführen. Als Ziele kommen aufgezeichnete Striche und Gegenstände in Frage.
Wiederholt soll darauf hingewiesen werden, daß erst nach exaktem Beherrschen dieser Grundbewegung weitere spezielle Trainingsformen in Angriff genommen werden können.

Zuspiel

Wenn man von der Grundbewegung des Faustballspiels ausgeht, so liegt das Zuspiel der Grundbewegung am nächsten. Schon deshalb ist die Grobform des Zuspiels am leichtesten zu erlernen. Die spätere Feinform verlangt dann jedoch ein wesentlich höheres Maß an technischem Können. Gerade in dieser Hinsicht haben die meisten Spieler den größten Nachholbedarf. Die Anzahl der erstklassigen Zuspieler ist daher auch sehr gering. Ein exaktes Zuspiel erfordert viel Körperbeherrschung und Ballgefühl. Die richtige Koordination zwischen Ball und Körper ist für ältere Jugendliche bereits schwer zu erlernen. Was im Altersbereich bis 12 Jahre nicht erlernt wurde, ist später nur mit großer Mühe nachzuholen.
Das Zuspiel läßt sich grundlegend in vier Formen aufteilen: Weites Zuspiel – kurzes Zuspiel
direktes Zuspiel – indirektes Zuspiel.
Diese Grundformen sind miteinander verknüpfbar. Lediglich ein weites direktes Zuspiel wird es nur in Notfällen geben, wird also kaum trainiert werden.

Das kurze Zuspiel

Bei der Untersuchung der Frage, mit welcher Körperhaltung das Zuspiel nun richtig durchgeführt wird, wird als entscheidendes Kriterium zuerst zu beantworten sein, wie weit denn der Ball überhaupt zugespielt werden soll. Diese Frage läßt sich erst beantworten, wenn man weiß, wie weit der Zuspieler von der Leine entfernt steht. Wir definieren das »kurze Zuspiel« mit einer Entfernung bis zu 6 Metern vor der Leine. Jede größere Entfernung gilt als »weites Zuspiel«.
Die wichtigste Voraussetzung beim kurzen Zuspiel ist, daß der Körper möglichst festen Stand findet und ein seitliches Ausweichen nicht möglich ist. Gefunden wird die richtige Stellung, indem das Gewicht während des Zuspiels auf das Bein der Zuspielarmseite verlagert wird und die Schulter sich dabei leicht nach vorne orientiert. Der Körper ist auf diese Weise gut fixiert und läßt seitliche Bewegungen nur schwer zu. Wird nun die Tief-Hoch-Bewegung sauber durchgeführt, so haben wir die optimale Voraussetzung für ein exaktes kurzes Zuspiel. Bild 3 zeigt die richtige Bein-, Arm- und Körperhaltung.

3

Das weite Zuspiel

Wesentlich schwieriger wird es beim Zuspiel über eine weite Distanz. Im Spiel findet sich diese Situation sehr oft, und zwar immer dann, wenn der abwehrende Spieler – sei es nun aufgrund eines guten Schlages des gegnerischen Schlagspielers oder einer schlechten Abwehrleistung – den Ball nicht so weit nach vorne bringen kann, daß ein kurzes Zuspiel erfolgen kann. Möglich ist auch, daß der Mittelspieler den Ball bei der Annahme nach hinten abgefälscht hat. Der Ball muß nun also bis zu einer Entfernung von 20 Metern gespielt werden, ohne dabei das geplante Ziel wesentlich zu verfehlen. (Die Bilder 4a und 4b zeigen die geänderte Körperhaltung.)
Der Spieler nimmt eine normale Schrittstellung ein, d. h. beim Rechtshänder ist im Moment des Spielens das linke Bein vorne. Das Gewicht ist gleichmäßig auf beide Beine verteilt. Der rechte Arm macht eine ganz leichte Ausholbewegung. Bild 4a zeigt die Situation kurz vor der Ballberührung. Bild 4b zeigt den Zeitpunkt nach der Ballberührung. Der Arm geht nach vorne, die Tief-Hoch-Bewegung wird ausgeführt und das Körpergewicht verlagert sich auf das linke Bein. Es erfolgt eine vollkommene

4a

4b

Streckung als Abschluß der Tief-Hoch-Bewegung. Wichtig dabei ist, daß der spielende Arm nicht nach oben weitergeführt wird, sondern etwa in waagrechter Stellung seine Bewegung beendet. Der Körper kann nun, je nach Entfernung zur Leine, eine zusätzliche leichte Schiebebewegung nach vorne durchführen. Auf jeden Fall aber wird das rechte Bein zu einem Auslaufschritt mit nach vorne genommen.

Weitere Zuspielformen

Neben dem Zuspiel aus dem Stand erfolgt häufig ein Zuspiel aus dem Lauf. Beim Zuspiel aus dem Stand ist der Zuspieler nahezu in Ruhe, d. h. der Ball befindet sich nur geringfügig vor dem Zuspieler. Beim Zuspiel aus dem Lauf muß der Zuspieler vor dem Zuspiel erst eine größere Strecke zurücklegen, um in Ballnähe zu kommen. Aus dem Lauf bedeutet jedoch nicht, daß das Zuspiel im Laufen erfolgt. *Das Zuspiel muß in jedem Fall aus einer ruhenden Position erfolgen.*

Einige Spezialformen des Zuspiels sollen hier nur genannt, nicht aber genauer beschrieben werden:

- Zuspiel seitwärts: durch eine leichte Körperdrehung ohne Armbewegung.
- Zuspiel rückwärts: über den Kopf mit dem Rücken zur Leine, bzw. zur Spielrichtung.
- Zuspiel in der Aufwärtsbewegung des Balles: Das Zuspiel erfolgt nicht zu dem Zeitpunkt, an dem der Ball sich bereits wieder in der Abwärtsbewegung befindet, sondern unmittelbar nach dem Aufspringen auf dem Boden, während der Ball sich noch nach oben bewegt.

Übung

Auf eine detaillierte Beschreibung von Übungsformen kann verzichtet werden. Es genügt der Hinweis, daß im wesentlichen Zielfelder angegeben werden müssen, die eine Kontrolle ermöglichen. Im Spiel wird der Ball natürlich nicht vor dem Spieler senkrecht nach oben geworfen, sondern wird vom Abwehrspieler von hinten zugespielt. Diese Situation kann aber durch einen Werfer simuliert werden.

Bild 5 zeigt eine geeignete Übungsform. Die Leine dient als Ziel des Zuspieles, hinter der Leine steht ein weiterer Spieler, der den zugespielten Ball durch Greifen über die Leine mit seiner Faust zum Spieler zurückschlägt.

Abwehr

Mit der Annahme beginnt der Dreierzyklus eines Spielvorganges. Die Annahme ist also die Voraussetzung für einen erfolgreich aufgebauten Angriff. Ohne eine gute Annahme ist kein Spielaufbau möglich und somit kaum ein Punkt zu erzielen.

5

Zwischen den Bewegungsabläufen beim Zuspiel und bei der Annahme besteht eine enge Verwandtschaft:
- Der Ball wird jeweils mit der Breitseite des Unterarms gespielt.
- Der Arm ist gestreckt und eine Bewegung des Armes im Schultergelenk soll vermieden werden; die Bewegung erfolgt also nur durch den Körper.
- Der Ball wird in Schrittstellung erwartet, der Bewegungsimpuls erfolgt jeweils durch eine Körperbewegung.
- Der Ball ist immer vor dem Körper.

Der wesentliche Unterschied besteht jedoch in der Ballbewegung vor und nach der Ballberührung. Während beim Zuspiel die Bewegungsrichtung des Balles verlängert wird, erfolgt bei der Abwehr eine Richtungsänderung des Balles, damit auch eine Abschwächung der Geschwindigkeit, eine Ballberuhigung. Unabhängig von der Ballgeschwindigkeit und der Ballrichtung muß der Ball beruhigt werden und in die Mitte des Feldes, möglichst nahe an die Mittellinie, gebracht werden, so daß ein ruhiges Zuspiel erfolgen kann. Daraus ergeben sich folgende technische Konsequenzen:

Körperhaltung

Der Oberkörper ist leicht nach vorne gebeugt. Die Arme sind gerade, leicht nach unten geneigt und nach vorne gestreckt. Die Beine stehen in Schrittstellung. Bild 6a und 6b zeigen die Haltung von vorn und von der Seite.

Die richtige Armhaltung ergibt sich durch das Gesetz »Einfallswinkel gleich Ausfallswinkel«. Abb. 4 zeigt die verschiedenen Stellungsmöglichkeiten des Armes und die daraus resultierende Richtung des Balles nach dem Aufprall. Eine Winkelangabe ist hier nicht sinnvoll. Nur die Erfahrung häufigen Übens kann das Gefühl für die richtige Armhaltung geben.

6a

6b

Körperbewegung

Da der Arm selbst, wie beim Zuspiel, möglichst ruhig verbleiben soll, muß die Ballbewegung durch eine Körperbewegung unterstützt werden. Beim Zuspiel war gefordert, den Ball nach oben zu spielen, daher die Tief-Hoch-Bewegung. Jetzt bei der Abwehr muß der Ball nach vorne gebracht werden, d. h. der Körper vollzieht eine Schiebebewegung nach vorne. Dies wird dadurch erreicht, daß direkt nach der Annahme ein leichtes Schieben erfolgt, d. h. daß das rechte Bein einen Ausfallschritt nach vorne macht. Anschließend ist die Bewegung bereits abgeschlossen.

4

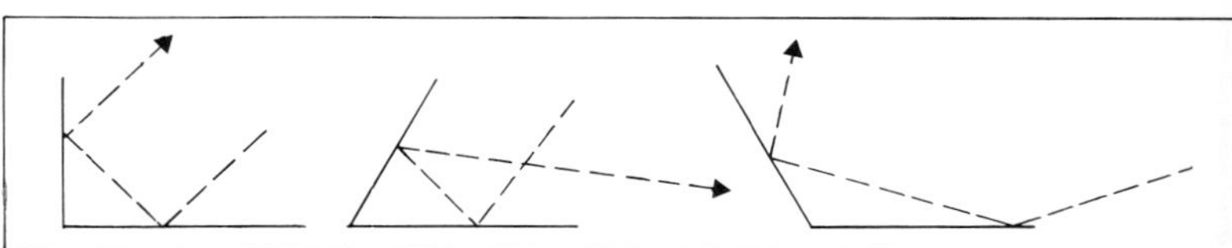

7a

7b

Bodenkontakt

Nahezu bei jedem Spielgang muß sich einer der Spieler auf den Boden werfen oder hechten. Es gibt Spieler, vorwiegend Jugendliche, die keine Probleme mit dem Hechten haben. Aufgrund ihrer Veranlagung und einer entsprechenden Gewöhnung im Kindesalter ist keine Angst vor dem Fallen vorhanden. Das Fallverhalten ist so gekonnt, daß keine oder kaum Verletzungen entstehen. Beobachtungen jedoch zeigen, daß mit zunehmendem Alter die Mehrzahl der Spieler Angst vor dem Bodenkontakt hat. Eine gezielte Hinführung zum Fallenlassen oder Hechten kann hier jedoch Abhilfe schaffen. Ziel muß sein, die Verletzungsgefahr möglichst gering zu halten und den Ball exakt abzuwehren.
Um die Angst vor dem Fallen zu nehmen, wird mit den technischen Übungen möglichst bodennah begonnen. Bild 7a zeigt die Ausgangsstellung. Der Übende kniet, der Ball wird seitwärts zugeworfen. Der Spieler läßt sich nun über die Seite auf eine Schulter fallen, nicht auf den Rücken. Dabei beschreibt der gestreckte Arm eine Vorwärtsbewegung. Um die Stabilität des Körpers zu erhalten, bleibt das rechte Bein (beim Fallen nach rechts) am Boden haften. Bild 7b zeigt die Situation nach der Ballberührung. Es ist darauf zu achten, daß der Bewegungsablauf mit der Bodenberührung der Schulter zu Ende geht; also nicht abrollen. Dies gilt jedoch nur beim Fallenlassen, nicht beim Hechten über eine größere Entfernung.

8a

8b

Man wird dabei feststellen, daß dieser Bewegungsablauf sehr schnell von den Übenden erfaßt wird und bald korrekt durchgeführt werden kann.
Durch allmähliche Entfernung vom Boden wird dem Übenden dann die Angst vor dem Fallen genommen, d. h. der Übende geht in die Hocke, dann leicht in die Knie und dann in die normale Stellung. Matten können zu Anfang bei intensivem Training den Aufprall mildern.

Übung

Übungen zum Erlernen der Körperhaltung und Körperbewegung und auch des Falles sollten zuerst allein und später in Partnerform mit Zuwerfen des Balles erfolgen.
Neben dem Training des Abwehrverhaltens in Einzel- oder Partnerarbeit ist ein Training in Gruppen ebenfalls angebracht. Die Bilder 8a und 8b (S. 39) zeigen eine der möglichen Organisationsformen. Die Gruppe steht neben einer Stange, der Zuwerfer der Gruppe genau gegenüber. Vor der Abwehr des Balles muß der Übende um die Stange herumlaufen, um erst dann den Ball zu spielen. Bild 8a zeigt die Situation vor der Annahme in dem Moment, in dem der Spieler sich auf Höhe der Stange befindet; Bild 8b zeigt den Augenblick der Ballberührung (weitere Übungsformen s. ELLERMANN, 1980).
Ein kleines Spiel bietet sich zur Verbesserung der Technik im Abwehrbereich besonders an, das sogenannte **Faustballtennis**:
Das Spielfeld mißt 3 x 8 m bis 5 x 14 m. Das Feld ist durch eine ca. 30 cm hohe Bank unterteilt. Auf jeder Seite spielen 1 oder 2 Spieler (Einzel/Doppel). Ein vom Gegner kommender Ball wird ohne Zuspiel oder Abwehr sofort wieder in das andere Feld gespielt, d. h. alle drei Komponenten werden in einer Bewegung durchgeführt. Jede Mannschaft versucht natürlich, den Ball so zu spielen, daß ein Rückspiel nicht möglich ist. Das Schlagen des Balles mit der Faust muß untersagt bleiben, da sonst die Abwehr zu schwierig ist.
Ein ähnliches kleines Spiel ist **Faustball-Mexi**:
Gespielt wird auf dem gleichen Feld und nach den gleichen Regeln wie beim Faustballtennis. Teilnehmen können im Prinzip beliebig viele Spieler, jedoch nach Möglichkeit nicht mehr als 8. Die gleich großen Mannschaften stehen sich auf der Grundlinie gegenüber. Der Ball wird nun wie beim Tennis direkt über die Bank gespielt. Nach dem Abspiel läuft derjenige, der den Ball gespielt hat, auf die andere Seite des Feldes und stellt sich dort in der dort wartenden Reihe an. Bei einem Spielfehler scheidet der Spielende aus. So verringert sich die Anzahl der Spieler ständig, so daß am Schluß nur 2 Spieler übrig bleiben, die ein Endspiel in Tennisform durchführen. Durch Punktverteilung kann über mehrere Durchgänge hinweg der Beste ermittelt werden.
Faustballsquash ist ebenfalls eine gute Übung für die Schulung der Abwehrtechnik. Etwa 50 cm von einer glatten Wand entfernt wird auf dem Boden ein Feld eingezeichnet, dessen Größe ca. 1 x 1 m beträgt. Das Spiel ist ein Einzelspiel zwischen 2 Gegnern. Die beiden Spieler stehen vor der Wand und versuchen, den Ball wechselweise so an die Wand zu spielen, daß er von dort aus in das aufgezeichnete Feld springt. Kommt der Ball nicht im Feld auf, erhält der Gegner einen Punkt. Als Variation bietet sich an, anstelle des Feldes auf dem Boden ein Feld an der Wand abzustecken (ca. 1,50 x 1 m). Die Aufgabenstellung kann erschwert werden, wenn sowohl an der Wand als auch auf dem Boden ein Feld aufgezeichnet ist, in das der Ball springen muß. Voraussetzung für dieses Spiel ist jedoch bereits eine sehr gute Technik.
Viele weitere Spielformen aus dem Bereich der Kleinen Spiele können unter Anwendung der Faustballtechnik gespielt werden (vgl. auch DTB-Lehrplan Band 3 – Freizeitspiele).

Schlag

Der Erfolg einer Mannschaft hängt entscheidend von der Qualität ihrer Angriffsschläge ab. Es ist kaum denkbar, daß eine Mannschaft mit einem durchschnittlichen Schlagmann in die Spitze vordringen kann, während bei einer Mannschaft mit einem sehr guten Schlagmann und einer durchschnittlichen Abwehr eine Spitzenposition durchaus möglich ist. Ein ganzes Buch wäre notwendig, um alle Details des Lehr-/Lernweges aufzuzeigen. Hier soll nur ein Überblick gegeben werden.
Im Gegensatz zu den bisher beschriebenen Teilhandlungen beim Faustball unterscheidet sich der Schlag wesentlich von der Grundbewegung. Beim Schlag erfolgt eine deutliche Bewegung des Armes; es wird mit der Faust geschlagen und nicht mit dem Unterarm.

Drei Schlagformen haben sich herauskristallisiert. Der Schmetterschlag, der Kernschlag und der Rundschlag.
Beim **Schmetterschlag** wird mit der Breitseite der Faust geschlagen. Beim **Kernschlag** ist die Schmalseite die Trefferfläche.
Beim **Rundschlag** beschreibt der Arm eine kreisende Bewegung um den Kopf von unten nach oben, dieser Schlag soll hier jedoch nicht behandelt werden. Beim Schmetterschlag ist die Genauigkeit, beim Kernschlag die Stärke des Schlages dominierend.
Grundsätzlich sind zwei Schlagarten zu unterscheiden, zum einen die Angabe, die eine isolierte Funktion im Spiel hat, zum anderen der Schlag aus dem Spiel heraus, überwiegend als »Sprungschlag« ausgeführt.

Angabe

Die Angabe ist am ehesten zu vergleichen mit einem Handballwurf aus dem Stand. Der grundlegende Bewegungsablauf ist nahezu identisch, hinzu kommt lediglich, daß der Ball hochgeworfen wird, um dann mit der Faust geschlagen zu werden. Ausgangsposition ist eine Schrittstellung (wobei das Bein der Schlagarmseite zurückgesetzt ist). Bogenspannung durch Zurückführen des Schlagarmes und der Schulter, schnelles Nachvornebringen des Schlagarmes dicht am Kopf vorbei; der vor dem Kopf hochgeworfene Ball wird mit der Faust getroffen, der Körper und das zurückgestellte Bein folgen der Bewegung des Schlagarmes nach vorne bis zur vollständigen Streckung und unterstützen damit die

9a

9b

10a

10b

Beschleunigung der Faust.
Bild 9a und 9b zeigen den Bewegungsablauf vor und nach dem Schlag.

Sprungschlag

Etwa 70% aller Schläge während eines Spielganges werden als Sprungschlag durchgeführt.
Der Sprungschlag ist verwandt mit dem Sprungwurf im Handball, nur bedeutet hier die Einstellung auf den springenden Ball ein zusätzliches Problem. Wichtigste Merkmale sind beim Sprungschlag: Anlauf – Absprung – Körperhaltung – Trefferzeitpunkt – Landung.
Die Bilder 10a und 10b zeigen den Sprungschlag eines Links- und eines Rechtshänders jeweils in der Phase vor dem Schlag. Ebenso wie bei der Angabe ist auch hier wichtig, daß die Beschleunigung der

Schlagfaust aus der Bogenspannung erfolgt. Abgesprungen wird mit dem Fuß, der dem Schlagarm entgegengesetzt ist; auf diesem erfolgt auch die Landung.

Besondere Schläge

Neben den beschriebenen Grundformen der Angriffsschläge können noch folgende Variationen aufgezeigt werden.

- **Unterschnitt:** Der Ball wird unten getroffen, so daß ein Unterschnitt entsteht.
- **Effetball:** Der Ball wird seitwärts getroffen, so daß ein Effet nach außen entsteht.
- **Bogenball:** Der Ball wird so geschlagen, daß die Flugbahn einen Bogen beschreibt, um so beim Abwehrspieler höher als normal abzuspringen.
- **Prellschlag:** Ein auf Höhe der Leine liegender Ball wird möglichst knapp hinter der Leine auf den Boden geschlagen, daß er anschließend im Seitenaus landet.
- **Dropschlag:** Der Ball wird bereits in der Aufwärtsbewegung geschlagen, oft als Notschlag.
- **Leinenball:** Bild 11a und 11b zeigen, wie ein Ball, der über der Leine liegt, nur kurz hinter der Leine ›fallengelassen‹ wird. Dabei wird der Ball seitwärts nur leicht berührt oder seitwärts geschoben. Diese Bälle sind kaum zu erreichen.

11a

11b

Übung

Der Übungs- und Trainingsprozeß für die Angriffsschläge kann in 4 Bereiche eingeteilt werden, die in der aufgezeigten Folge eine zunehmende Erschwerung darstellen und immer mehr der Spielsituation angepaßt sind.

- Üben der Bewegungstechnik: Der Spieler prägt sich durch wiederholtes Demonstrieren des Bewegungsablaufes und einiger zentraler Bewegungsmerkmale die jeweiligen Bewegungsabläufe ein und vollzieht sie selbst wiederholt nach. Der ÜL korrigiert die wesentlichen Fehler. Anlauf, Absprung, Zeitpunkt des Treffens, Landung oder auch Abstand zum Ball sind die Hauptkriterien, die untersucht, trainiert, verbessert werden.
- Üben der Zielgenauigkeit: Die Vorgabe von Zielen (z. B. Reifen, Kästen, Bänke, Matten) zwingt zu einer exakten und kontrollierten Ausführung der Bewegungen.
- Üben unter Belastung: Werden die Bewegungstechnik und ein kontrollierter Schlag in einer isolierten Situation beherrscht, können Zusatzaufgaben einbezogen werden, z. B. vor dem eigentlichen Schlag bestimmte Bewegungen ausführen (Berühren des Bodens mit den Händen, 1 x um die eigene Achse drehen usw.). Auf diese Weise werden erhöhte Anforderungen an die Kondition und Konzentration gestellt.
- Üben unter variierten Bedingungen: Zur Stabilisierung der Bewegungsabläufe wird der Spieler durch akustische oder optische Angaben veranlaßt, den Ball in eine ganz bestimmte Zielrichtung zu schlagen. Dadurch kann auf spielnahe Situationen, z. B. wenn ein Gegner schlecht steht oder falsch gelaufen ist, hingearbeitet werden.

Es gibt eine Fülle von Übungsformen, in denen die Angriffsschläge zunächst Schritt für Schritt erlernt und dann geübt werden können. Auf eine Darstellung wird hier verzichtet; da die entsprechende Faustballiteratur genügend Material enthält.

Taktische Grundlagen

Die taktischen Maßnahmen beim Faustball lassen sich in drei Bereiche gliedern: a) Maßnahmen beim Angriff, b) bei der Abwehr, c) Maßnahmen in bezug auf äußere Bedingungen. Alle taktischen Überlegungen gehen vom grundlegenden Spielgedanken aus, den Ball im gegnerischen Feld so unterzubringen, daß er nicht zurückgeschlagen werden kann, bzw. die eigene Abwehr so aufzustellen, daß jeder vom Gegner kommende Ball erreicht werden kann.

Angriffstaktik

Allgemein geht es darum, durch geeignete Maßnahmen beim Angriff den Gegner so zu verwirren, daß sein normales Stellungsspiel gestört wird. Das läßt sich u. a. dadurch erreichen, daß versucht wird, *die schwächsten Spieler beim Gegner zu erkennen und diese Schwachpunkte möglichst häufig anzuspielen*. Beispiele für häufig zu beobachtende Schwächen:
- ein Spieler versucht ständig den linken Arm zu umlaufen;
- der Vorderspieler macht häufig Fehler bei kurzen Angaben;
- ein Hinterspieler hat mit halblangen Bällen erhebliche Probleme;
- der Mittelsmann streut die Bälle besonders bei der Überkopfabwehr.

Diese Fehler in der gegnerischen Mannschaft sollten frühzeitig, möglichst schon durch vorherige Spielbeobachtungen bei anderen Spielen, erkannt werden, damit sich die eigene Mannschaft bereits ein entsprechendes Konzept zurechtlegen kann.
Ein zweites, wichtiges Mittel, das Stellungsspiel und die Abwehrmöglichkeiten des Gegners zu stören, besteht *im bewußten Anspielen oder Nicht-Anspielen eines bestimmten Gegenspielers (»aus dem Spiel nehmen«)*. Ein bewußtes Anspielen bietet sich oft dort an, wo ein Angriffsspieler besonders erfolgreich ist und er dadurch aus dem Schlagrhythmus gebracht wird. Ein bewußtes Nicht-Anspielen eines sehr starken Hinterspielers fördert die Erfolgsaussichten beim Angriffsschlag, macht diesen Hinterspieler in der Regel nervös und wird ihn bei zufälligem Anspiel zu Fehlern verleiten.

Abwehrtaktik

Darunter versteht man im allgemeinen das Stellungsspiel bei der Ballannahme. Oberste Regel beim Stellungsspiel ist, den abzuwehrenden Ball optimal abzusichern, ihn also »einzukreisen«.
Bei der Grundstellung stehen die beiden Angriffsspieler etwa in der Mitte des Spielfeldes, ca. einen Meter von der Seitenauslinie entfernt innerhalb des Feldes.
Der Mittelspieler bildet mit dem gegnerischen Angriffsspieler und dem Mittelpunkt seiner hinteren Auslinie eine Verbindungslinie.
Die Hinterspieler stehen dem gegnerischen Schlagmann so gegenüber, daß ihre Blickrichtung die Verbindungslinie zwischen eigenem Mittel- und Vorderspieler halbiert. Je nach der Position des erwarteten Angriffsschlages verschiebt sich diese Grundstellung.

Äußere Bedingungen

Beim Faustball im Freien ist die Abhängigkeit vom Wetter und den Bodenverhältnissen erheblich. Diese Einflüsse bedingen taktische Überlegungen, so u. a.:
- Immer versuchen, zuerst das vermeintlich bessere Feld zu nehmen (Ausnahme 1. Spiel an einem Spieltag).
- Mit der Sonne im Rücken beginnen.
- Mit Wind im Rücken beginnen.
- Bei nassem Boden stets »länger« stehen als normal, d. h. daß zum Beispiel die Hinterspieler hinter der Grundlinie placiert sind.
- Gegen einen schlagstarken gegnerischen Angriffsspieler einen weichen, leichten Ball nehmen.

In diesem Beitrag konnten nur einige grundlegende taktische Maßnahmen aufgezeigt werden. Jeder ÜL und Trainer wird durch eigene Spielerfahrung selbst eine Reihe weiterer taktischer Überlegungen kennen, die es ihm ermöglichen, seine Mannschaft auf die jeweiligen situativen Bedingungen eines Spiels einzustellen. Die aufgeführte Faustballiteratur gibt in dieser Hinsicht weitere Hilfestellung.

Literatur

ELLERMANN, R.: Das Faustball-Lehrbuch. Schorndorf 1980.

FAUSTBALL-INFORMATION (Wöchentlich erscheinendes Informationsblatt)

LAUTENSCHLAGER, B. u. a.: Die Praxis des Faustballspiels. Celle 1975.

TÜRK, H.: Faustball modern. Celle 1973.

WILLRICH, R.: Faustballpraxis. Saarbrücken 1978.

Korbball

Spielgedanke und Grundregeln

Jede Mannschaft ist bemüht, durch schnelles, genaues Zuspiel und durch ständigen Positionswechsel der Spieler den Ball möglichst häufig in den gegnerischen Korb zu werfen und Korberfolge des Gegners zu vermeiden.
Als Treffer zählt jeder korrekt erfolgte Wurf in den Korb. Das Spiel gewinnt jeweils die Mannschaft, die am Ende die höhere Trefferzahl erreicht hat; bei Gleichstand endet das Spiel unentschieden.
Beim Feldkorbball spielen zwei Mannschaften mit je sechs Feldspielern und einem Korbhüter gegeneinander. Im Hallenkorbball besteht jede Mannschaft aus vier Feldspielern und einem Korbhüter. Hinzu kommt pro Mannschaft ein Auswechselspieler. Auswechseln ist jederzeit von der Seitenlinie in Höhe der Mittellinie in die eigene Spielfeldhälfte möglich.
Der Ball darf mit dem ganzen Körper – mit Ausnahme der Füße und Unterschenkel – berührt werden. Gespielt wird mit einem Hohlball von 56 bis 60 cm Durchmesser

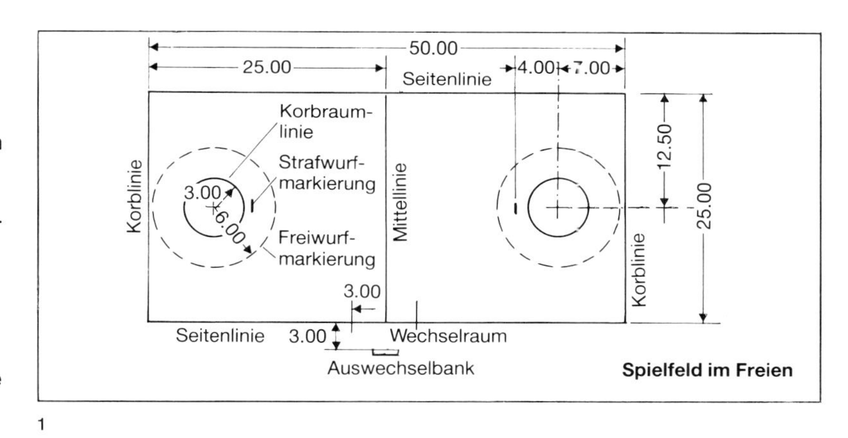

1

2

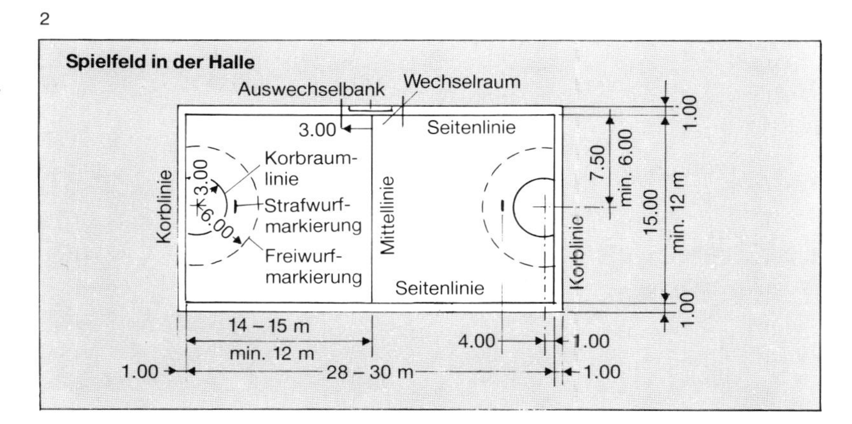

(Handball) auf Körbe (55 cm ∅), die in einer Höhe von 2,5 m auf Ständern montiert sind. Um die Körbe ist im Abstand von 3 m ein Wurfkreis gezogen, der nur vom Korbhüter betreten werden darf. Mit dem Ball in der Hand darf nicht mehr als 3 Schritte gelaufen und er darf nicht länger als 3 Sekunden in der Hand gehalten werden. Diese Spielweise entspricht also der beim Handballspiel (1, 2).
Das Spiel wird in zwei aufeinanderfolgenden Halbzeiten durchgeführt. Jedes Spiel wird von einem Schiedsrichter geleitet, der für das Einhalten der Spielregeln verantwortlich ist.
Im Korbballspiel werden alle Spieler einer Mannschaft zu Angreifern, wenn das eigene Team in Ballbesitz gelangt, und zu Verteidigern, sobald der Ball verloren worden ist. Ein erfolgreiches Korbballspiel erfordert somit kollektiven Spielaufbau, gute Ballführung, sichere Würfe, konditionelle Voraussetzungen und geistige Flexibilität. Korbball kann daher nicht allein über das Spielen gelernt werden. Technische Fertigkeiten und taktische Fähigkeiten müssen gesondert geschult werden.
Da das Regelwerk einen gegen den Gegner gerichteten körperlichen Einsatz zu verhindern sucht, ist das Spiel besonders für Kinder, Jugendliche und Frauen geeignet.

Entstehung und Entwicklung

Es gibt zwar Hinweise darauf, daß korbballähnliche Spiele bereits in der Frühzeit menschlicher Kultur gespielt wurden; das Korbballspiel der heute bekannten Art als mannschaftsbezogenes Wettkampfspiel hat sich aber erst seit Ende des 19. Jahrhunderts im Rahmen der Turnspiele entwickelt. Es fand vor allem bei den Mädchen und Frauen zahlreiche Freunde. Neben der Pflege und Entwicklung in den Turnvereinen fand Korbball auch Eingang in den Schulsport, wurde dort aber Anfang der 60er Jahre durch das auch international sich ausbreitende Basketballspiel immer mehr verdrängt.
Als Sportspiel im Deutschen Turner-Bund hat Korbball aber nach wie vor seine Bedeutung behalten. Heute nehmen immerhin mehr als 10 000 Aktive am regelmäßigen Spielbetrieb der Landesturnverbände teil, und die Zahl steigt eher, als daß sie rückläufig ist. Dabei kommt dem Korbballspiel zugute, daß es durch sein einfaches, klares Regelwerk und das sowohl im Freien als auch in der Halle leicht herzurichtende Spielfeld gute Voraussetzungen für den Freizeitsportbereich bietet.
So ist auch zu erwarten, daß im Zuge eines allgemein wachsenden Interesses, gerade auch an relativ leicht zu erlernenden Sportspielen, Korbball (wieder) an Popularität gewinnen kann.
Obgleich Korbball bisher aufgrund seiner Wurzeln im Turnen hauptsächlich in Deutschland betrieben wird, hat es auch in anderen Ländern, wenn auch zum Teil mit etwas anderer Spielweise, zahlreiche Interessenten gefunden, so u. a. in England, Italien, den Niederlanden, Österreich, der Schweiz, Spanien, Frankreich, Südafrika und Argentinien. Daher ist es nicht verwunderlich, wenn auch zunehmend mehr internationale Begegnungen stattfinden.
Turniere mit Beteiligung englischer, niederländischer, schweizerischer und deutscher Mannschaften lassen erwarten, daß sich das Korbballspiel (auch international) weiter ausbreitet.

Technische Grundlagen und ihre Vermittlung

Konzept einer spielgemäßen Einführung

Es bereitet – durch die günstigen strukturellen Gegebenheiten dieses Spiels – keine besonderen Schwierigkeiten, bereits Kinder im Alter von 8–10 Jahren an das Korbballspiel heranzuführen. Die spieltechnischen Voraussetzungen, im wesentlichen Fangen und Werfen des Balles, sind leicht zu erlernen bzw. die Kinder bringen z. T. diese Voraussetzungen schon mit. Der Wegfall direkten körperlichen Einsatzes im Umgang mit den Gegenspielern unterstützt den Spielfluß und weckt die Spielfreude ebenso wie das insgesamt einfache Regelwerk.
Ein frühes und leichtes Erlernen des Korbballspiels kann durch eine spielgemäße, ganzheitliche Vermittlungsmethode (vgl. S. 28) bewirkt werden. Grundprinzip eines solchen Vorgehens ist die Einbettung der Grundidee des Korbballspiels und seiner technischen Elemente in Spielformen. Diese Spielformen werden in einer Spielreihe nacheinander so angeboten, daß

sich von Spielform zu Spielform die typischen Spielhandlungen des Zielspiels Korbball zunehmend deutlicher und komplexer ausprägen. Jede Spielform der Reihe ermöglicht zum einen ein Üben bestimmter technischer Fertigkeiten, zum anderen aber auch – und darin liegt ein besonderer Wert dieses Vorgehens – ein Erlernen grundlegender taktischer Verhaltensweisen. Durch die gemeinsame Vermittlung technischer und taktischer Elemente ergibt sich sehr schnell eine Spielfähigkeit, die es den Kindern ermöglicht, von Anfang an ihrem Spielbedürfnis nachzugehen. Übungsformen zum Erlernen spezifischer technischer Fertigkeiten haben zunächst nur eine Funktion, wenn gravierende Schwächen und Fehler in der Technik auftreten, die ein Spielen der jeweils angebotenen Spielform verhindern. Im späteren Verlauf des Lernprozesses, wenn es vor allem darum geht, auf das wettkampfgemäße Spiel durch ausgefeiltere Technik und Taktik hinzuarbeiten, bekommen spezielle Übungsformen eine größere Bedeutung.

Spielreihe zur spielgemäßen Einführung

Vorbereitende Kleine Ballspiele, u. a. Völkerball, Parteiball, Laufball, Jägerball, bei denen Werfen und Fangen im Mittelpunkt stehen. Zur Erläuterung der Spielideen und weitere Beispiele siehe DTB-Lehrplanband 3 (Freizeitspiele).

Hetzball
Mehrere Spieler bilden einen Kreis, in dessen Mitte bewegt sich ein Spieler, der abgeworfen werden soll. Die Kreisspieler passen sich den Ball schnell zu und versuchen, einen Mitspieler in gute Wurfposition zu bringen. Wenn dies gelungen ist, wirft der entsprechende Spieler auf den Mitspieler in der Kreismitte (3).
Übungsakzent:
- Passen und Fangen im Stand um den Korbraum.
- Schlagwurf aus dem Stand als Zielwurf.

Burgball
Mehrere Spieler bilden einen Kreis. In der Mitte des Kreises steht ein Korb, der von einem Korbhüter bewacht wird. Die Kreisspieler passen sich den Ball schnell zu und versuchen den Korbhüter auszuspielen, um dann den Korb zu treffen. Der Korbhüter versucht, dies zu verhindern (4).
Übungsakzent:
- Schnelles Passen und Fangen um den Korbraum.
- Scharfer Schlagwurf aus dem Stand als Zielwurf gegen einen Abwehrenden.

Paßspiel 5 : 3 (4 : 3) auf einen Korb
Fünf (vier) Angreifern stehen vor dem 6-Meter-Kreis drei Abwehrspieler am Korbraum gegenüber. Die Angreifer halten ihre Positionen und kommen durch schnelles Paßspiel zum ungehinderten Korbwurf. Die Abwehrspieler versuchen, dies durch »Verschieben« der Deckung zum Ballführenden zu verhindern (5).
Übungsakzent:
- Schnelles Passen und Fangen um den Korbraum.
- Stoßbewegung und Korbwurf am Verteidiger vorbei.
- Grundschule des Korbhüters.
- Raumdeckung in Unterzahl.
- Abwehr des fliegenden Balles.

Laufspiel 2 : 1 im Viertelfeld
Zwei Spieler greifen von der Mittel-

3

4

5

6

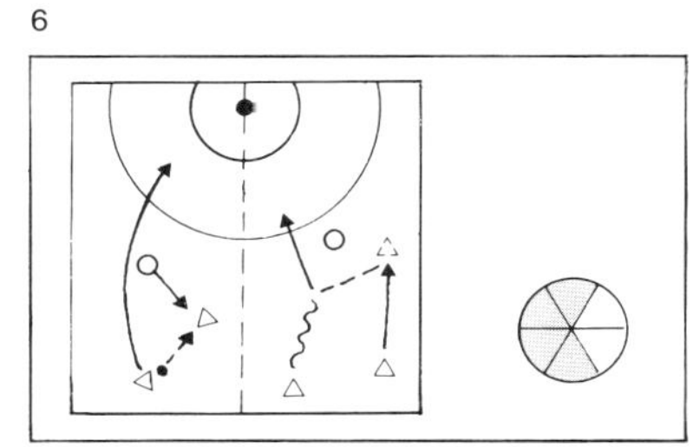

linie in einem Viertelfeld an, sollen einen Verteidiger überspielen und die Angriffsaktion mit einem gezielten Korbwurf beenden (6).
Übungsakzent:
- Passen und Fangen in der Bewegung.
- Ballführung.
- Einfache Ball- und Lauffinten.
- Sprungwürfe.
- Sinkende Manndeckung der Abwehrspieler.

Laufspiel 3 : 2 im Viertelfeld
Drei Spieler greifen von der Mittellinie aus in einem Viertelfeld an, das von zwei Verteidigern geschützt wird. Die Angreifer versuchen zunächst, die Abwehr zu überlaufen. Gelingt dies nicht, so versuchen sie, ihre Überzahl in der Nähe des Korbraumes zu nutzen (7).
Übungsakzent:
- Schnelles Paß- und Laufspiel.
- Ausspielen der Überzahl im Rückraum und im Korbraum, Überlaufen, Sperren.
- Sprungwürfe.
- Deckungsverhalten gegenüber Überzahl.

Streifenkorbball 6 : 6 (4 : 4)
6 (vier) Angreifer spielen gegen 6 (vier) Abwehrspieler. Dabei ist das Spielfeld mit Hilfe von Klebebändern oder vorhandenen Hallenlinien in drei Längsstreifen geteilt. Je zwei Angreifer und zwei Abwehrspieler dürfen den ihnen zugewiesenen Längsstreifen nicht verlassen. Diese Maßgabe zwingt die Angreifer, ihre Positionen zu halten und fordert das schnelle Paßspiel über die gesamte Spielfeldbreite (8).
Übungsakzent:
- Spiel über das ganze Feld auf zwei Körbe.

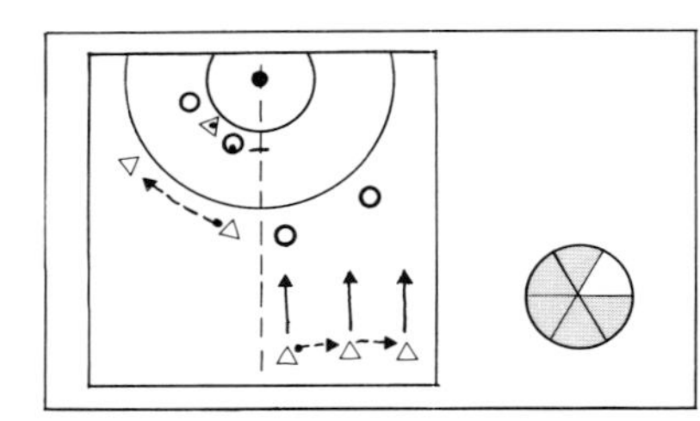

7

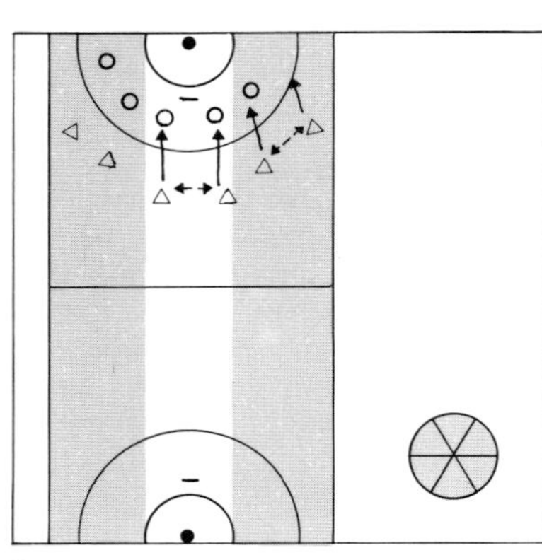

8

- Überbrücken des Mittelfeldes.
- Positionsangriff mit eingeschränktem Aktionsradius.
- Wegfall der Überzahl; Spiel zwei gegen zwei in den Spielfeldstreifen.

Werfen und Fangen

Beim Korbball als ausgeprägtem Wurf- und Laufspiel ist der Ball Mittelpunkt des Spiels.
Wichtige technische Voraussetzungen sind daher das Werfen und Fangen. Dies muß möglichst sicher beherrscht werden, wenn eine gute Leistung im mannschaftlichen Zusammenspiel erreicht werden soll. Weil das Spiel in seinem Ablauf erheblich gestört wird, wenn nicht alle Spieler diese Grundelemente genügend beherrschen, gilt es in erster Linie, die Wurf- und Fangtechnik zu schulen sowie die Zielsicherheit und Wurfkraft zu steigern. Da das Spiel aus fließend aneinandergereihten Bewegungshandlungen besteht, wird das Werfen und Fangen in der Bewegung und als komplexe Situation geschult.

Das Zuspiel

Aus der Vielzahl ein- und beidhändiger Zuspielformen sind als gebräuchlichste das obere Zuspiel durch Schlag- und Druckwurf sowie das untere Zuspiel durch Druck- und Schockwurf zu nennen.

Der Schlagwurf
Der Schlagwurf ist die gebräuchlichste Form des Zuspiels. Er wird seitlich hinter dem Kopf angesetzt. Dazu muß der im Ellenbogengelenk gebeugte Arm in Höhe der Schulter zurückgenommen werden. Der Handteller liegt genau hinter dem Ball, die Wurfhand hält dabei den Ball mit gespreizten Fingern. In der Wurfphase liegt das Körpergewicht auf dem zum Stemmschritt ausgestellten, der Wurfhand entgegengesetzten Bein. Um dem Ball eine gute Führung zu geben, soll die Wurfhand möglichst lange hinter dem Ball bleiben. In Abhängigkeit von der zu überbrückenden Distanz – ob ein Kurz- oder Langpaß gespielt werden soll – ist die Ausholbewegung des Armes entsprechend (Bild 1a, b).

1a

1b

2

3a

3b

Der beidhändige Druckwurf
Für das schnelle Zuspiel des Balles über kurze Distanz eignet sich besonders der beidhändige Druckwurf. Der Ball wird mit beiden Händen vor dem Oberkörper gehalten, Finger und Handrücken zeigen zum Körper. Der Wurf erfolgt durch eine schnelle Streckbewegung der Arme, wobei die Hände so gedreht werden, daß die Handrücken nach dem Wurf zueinander zeigen (Bild 2).

Der einhändige Schockwurf
Der einhändige Schockwurf ist eine häufig angewandte Zuspielform. Mit dem Schockwurf als kurzem Zuspiel wird vor allem beim Hallenkorbballspiel der Korbwurf vorbereitet bzw. eingeleitet. Bei diesem Wurf ist der Wurfarm nach unten gerichtet. Die Wurfhand liegt mit gespreizten Fingern flach bzw. leicht nach vorne geneigt unter dem Ball. Durch das nach oben Führen des gestreckten oder schwach gebeugten Wurfarmes wird dann der Schockwurf ausgeführt. Die Ausführung ist in Varianten körpernah, körperfern, nach vorne und seitlich möglich (Bild 3a, b).

Das Fangen

Zuspielen und Fangen des Balles sind eng miteinander verbundene Handlungen. Fehler bei der Ballannahme stören ein schnelles Zusammenspiel und führen außerdem häufig zum Ballverlust. Deshalb ist der Ball möglichst mit beiden Händen zu fassen. Das sichere Fangen des Balles mit einer Hand setzt intensives Üben voraus und bleibt meist nur geschickten und erfahrenen Spielern vorbehalten. Das Fangen des Balles wird nach beidhändigem oberen und unteren Fangen unterschieden.

Beidhändiges oberes Fangen
Über Hüfthöhe zugespielte Bälle werden gefangen, indem die Arme dem Ball in Flugrichtung entgegengebracht werden. Die Hände sind trichterförmig zum Ball gerichtet und die Finger leicht gespreizt. Der Ball wird mit den Fingerwurzeln und den Daumenballen aufgefangen. Die beiden Daumenballen kommen dabei hinter dem Ball zu liegen und verhindern das Durchrutschen des Balles. Bei scharf geworfenen Bällen wird die Aufprallwucht durch federndes Nachgeben der Arme und einen Ausfallschritt nach rückwärts gemindert (Bild 4). Ist ein seitliches Fangen des Balles erforderlich, werden beide Arme zur Seite geführt. Daumen und Zeigefinger zeigen zueinander. Der Ball wird, nachdem er in der vorher beschriebenen Weise gefangen wurde, zur Sicherung unverzüglich in Körpernähe geführt. Zu beachten ist eine gute Körperstreckung mit Seitbeugung des Oberkörpers. Die Schrittlänge bei seitlichen Ausfallschritten sollte möglichst kurz sein.

Beidhändiges unteres Fangen
Bälle, die unter Hüfthöhe auf den Fänger zukommen, erfordern von ihm Geschicklichkeit bei der Ballaufnahme. Die Arme werden schräg nach vorne dem Ball entge-

4

gengestreckt. Die Finger sind leicht gespreizt, die kleinen Finger zeigen zueinander. Der Fänger befindet sich in Schrittstellung. Die Knie sind gebeugt, der Oberkörper ist je nach Höhe des anfliegenden Balles nach vorne geneigt (Bild 5).

5

Bei der Annahme von am Boden rollenden Bällen ist zu beachten, daß ein entgegenkommender Ball in Schrittstellung vor dem Körper, ein in Laufrichtung rollender Ball neben dem Körper angenommen werden soll.

Übung

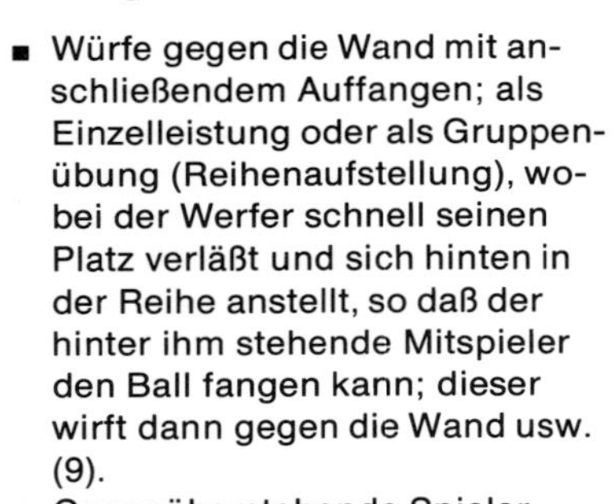

- Würfe gegen die Wand mit anschließendem Auffangen; als Einzelleistung oder als Gruppenübung (Reihenaufstellung), wobei der Werfer schnell seinen Platz verläßt und sich hinten in der Reihe anstellt, so daß der hinter ihm stehende Mitspieler den Ball fangen kann; dieser wirft dann gegen die Wand usw. (9).
- Gegenüberstehende Spielerpaare werfen sich den Ball zu; auch in der Dreiergruppe mit Dreiecksaufstellung oder zu mehreren Spielern im Kreis (10).
- Wie vorher, jedoch mit 2 Bällen.

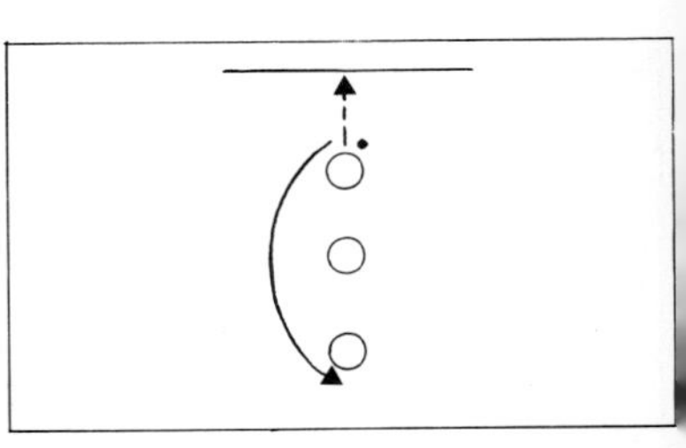

9

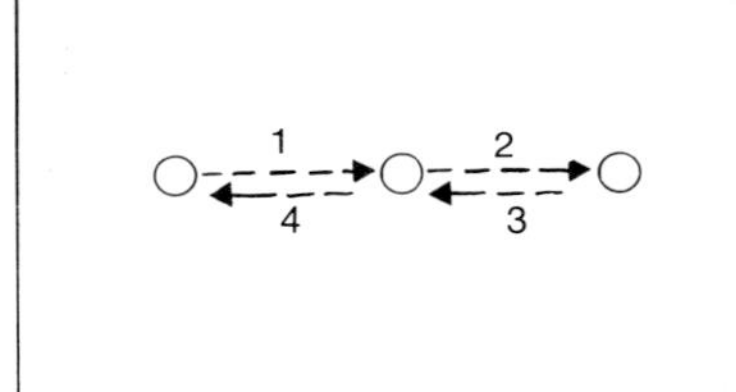

11

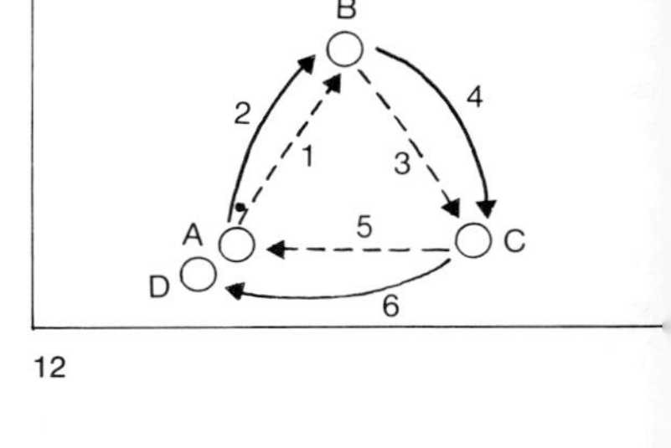

12

13

B 4 6 1 3 A 5 D C 2

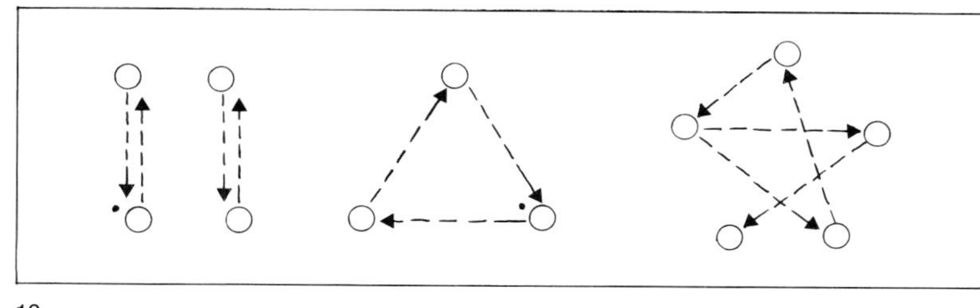

10

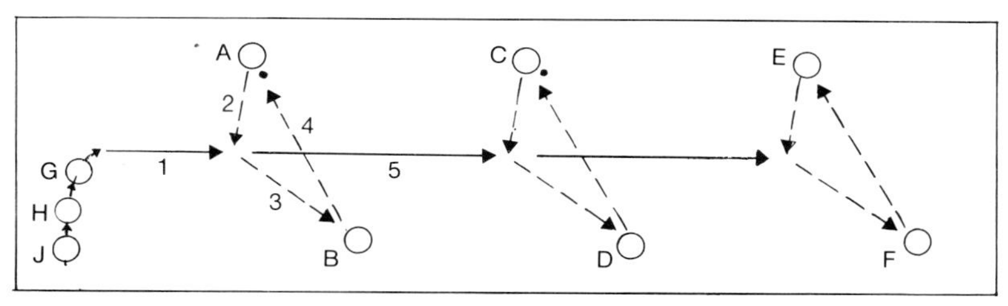

14

- Dreierzuspiel in der Reihe, wobei sich der Mittelmann immer umdrehen muß; Mittelmann wiederholt auswechseln (11).
- Zuspiel im Dreieck mit 4 Spielern; der Spieler, der gepaßt hat, läuft seinem Paß auf die nächste Position nach; Beginn auf der mit 2 Spielern besetzten Position (12).
- Ausgangsposition wie vorher; der Spieler, der gepaßt hat, läuft jedoch gegen die Ballrichtung auf die nächste Position (13).
- Lauf durch zwei Reihen; laufender Spieler wird von außen angespielt, spielt im Lauf zur entgegengesetzten Seite nach außen wieder ab; Außenspieler spielt weiten Paß zum gegenüberstehenden Außenspieler usw. (14).

Weitere Übungsformen können der Handball- und Basketballiteratur entnommen werden.

Ballführen

Beim Ballführen wird zwischen dem *Prellen* und dem *Vorlegen* des Balles unterschieden. Beim Prellen kann die Ballführung nach der Ballannahme entsprechend der 3-Schritte-Regel erfolgen. Diese besagt, daß nach der Ballannahme 3 Schritte mit dem Ball gelaufen werden dürfen, dann muß der Ball auf den Boden geprellt werden, kann wieder aufgenommen werden und muß nach 3 weiteren Schritten abgespielt werden. Laut Regel ist nur ein einmaliges Prellen erlaubt. Der Bewegungsimpuls zum Prellen des Balles kommt aus dem Unterarm und dem Handgelenk. Das Prellen des Balles im Lauf erfolgt seitlich vor dem Körper, die ballführende Hand ist schräg hinter dem Ball, der Oberkörper in einer leichten Seitdrehung, den Ball abdeckend. Der Ball wird so auf den Boden geprellt, daß er in Laufrichtung, aber nicht direkt auf dem Laufweg aufkommt. Der zurückprallende Ball soll im Lauf in Hüfthöhe wieder aufgenommen (gefangen) werden können.

Beim Vorlegen wird der Ball meist durch einen einhändigen Schockwurf nach vorne gespielt und im Nachlaufen, nachdem er den Boden berührt hat, wieder aufgenommen. Im Spiel wird das Vorlegen des Balles vor allem beim Tempogegenstoß (vgl. S. 57) angewandt. Das Vorlegen des Balles erfordert ein hohes Maß an Timing bezüglich der Wurfweite und des Lauftempos. Beide Arten der Ballführung werden am leichtesten durch Üben im verlangsamten Bewegungsablauf erlernt. Dabei hilft insbesondere beim Prellen lautes Mitzählen der Schrittfolge und die Vorgabe des Übungsbeginnes aus einer Grundstellung, bei der sich beide Füße auf einer Höhe befinden.

Übung

Grundsätzlich können die gleichen Übungsformen wie beim Werfen und Fangen benutzt werden. Zwischen dem Fangen und Werfen wird jedoch jeweils ein einmaliges Ballführen eingeschaltet. Dadurch vergrößern sich die Entfernungen zwischen den einzelnen Spielpositionen.

Korbwürfe

Zu den Grundelementen des Korbballspiels zählt neben dem sicheren Zuspielen und Fangen des Balles vor allem der gezielte Korbwurf. Ohne den erfolgreichen Abschluß durch einen Korbwurf bleibt jeder noch so gut vorgetragene Angriff wirkungslos. Ein guter Korbhüter kann meist nur dann überwunden werden, wenn möglichst alle Spieler mehrere Korbwurfarten beherrschen und variabel anwenden können. Es ist deshalb darauf zu achten, daß alle Spieler gleichermaßen intensiv den Korbwurf trainieren, wobei der Lernweg von Würfen aus dem Stand zu Würfen aus der Bewegung hinführt.

Korbwurfarten aus dem Stand
- Stoßwurf
- Einhändiger Schockwurf
- Beidhändiger Schockwurf
- Beidhandwurf über Kopf.

Korbwurfarten aus der Bewegung
- Stoßwurf als Sprungwurf
- Einhändiger Schockwurf (Heber)
- Schlagwurf als Sprung- und Drehsprungwurf.

6

Korbwürfe aus dem Stand

Stoßwurf
Der gebräuchlichste Korbwurf aus dem Stand ist der Stoßwurf. Bei diesem Wurf wird das Bein der Wurfhandseite als Standbein vorgestellt. Der Wurfarm wird vor dem Körper angewinkelt, die Wurfhand liegt mit leicht gespreizten Fingern hinter dem Ball. In der Wurfvorbereitungsphase kann die andere Hand zur Ballsicherung und zum Stützen zu Hilfe genommen werden. Die Schulterachse steht rechtwinklig zur Wurfrichtung. Die Fußspitzen zeigen in Richtung Korbständer. Der Wurf wird aus einer leicht federnden Beuge der Knie durch Streckung der Beine, Hochführen des Balles und Strecken des Wurfarmes ausgeführt (Bild 6).

Beidhändiger Schockwurf
Das Körpergewicht ist gleichmäßig auf die leicht seitgegrätschten Beine verteilt. Der Ball wird in steiler Flugbahn geradlinig (ohne Körperverdrehung) nach oben geworfen. Der Oberkörper ist beim Wurfansatz leicht nach vorne geneigt, der Ball liegt auf den etwas gespreizten Fingern beider, nach vorne unten gestreckten Hände, wobei die Daumen nach vorne oben zeigen. Die Arme bleiben während der Ausführung weitgehend gestreckt.

Einhändiger Schockwurf
Bei diesem Wurf wird zumeist das Bein auf der Wurfhandseite vorgestellt (Standbein). Der Ball liegt auf den leicht gespreizten Fingern des schräg nach unten gestreckten

7

Wurfarmes. Der Wurfansatz erfolgt aus dem gebeugten Standbein; die Schulter des Wurfarmes ist vorgedreht. Nach der Streckung des Standbeines und des Körpers verläßt der Ball die nach oben geführte Wurfhand. Dabei ist zu beachten, daß der Wurfarm gestreckt ist und der Handrücken gerade bleibt. Die Wurfhand zeigt geradlinig zum Korb, der Ball verläßt die Hand erst dann, wenn der obere Korbrand und die Handinnenfläche eine Gerade zwischen Auge und Korbrand bilden (Bild 7).

Beidhandwurf über dem Kopf
Die Beine befinden sich bei Ausführung dieses Wurfes in Schrittstellung. Der Ball wird in beiden über dem Kopf gestreckten Händen gehalten. Durch weiteres Zurücknehmen des Balles hinter die Körperlängsachse wird eine Bogenspannung erzeugt. Der Wurf erfolgt dann durch Beugen in der Hüfte, Vordrehen der Arme im Schultergelenk und Verlagerung des Körperschwerpunktes über das vorgestellte Bein nach vorne (Bild 8a–c).

8a

8b

8c

Übung

Methodische Reihe zum Erlernen von Korbwürfen aus dem Stand: Es können verschiedene Arten von Wurfgegenständen gewählt werden, z. B. Soft- oder Handbälle. Außerdem kann die Entfernung zum Wurfziel variiert werden. In den einzelnen Schritten wird die Größe und Höhe des Wurfzieles verändert. Bei den ersten Lernschritten sollte die Wurfart freigestellt bleiben. Später wird die eine oder andere Wurfart vorgegeben.

- Zielwürfe auf einen am Boden liegenden Gymnastikreifen.
- Zielwürfe in ein am Boden stehendes, nach oben geöffnetes Oberteil eines großen Kastens (kann auch ein Wäschekorb sein).
- Zielwürfe in das nach oben geöffnete Oberteil eines kleinen Kastens, der auf einem großen Kasten steht.
- Zielwürfe auf den Korb aus sehr geringer Entfernung.
- Zielwürfe auf den Korb aus variablen größeren Entfernungen.

Wer trifft zuerst?
Die Mannschaften nehmen an der Mittellinie des Korbballfeldes Aufstellung. Für jede Mannschaft liegt in der Nähe des 6-m-Freiwurfkreises ein Ball bereit. Nach Aufruf einer Spieler-Nummer laufen die Spieler mit gleicher Nummer auf ihren Ball zu und versuchen, ohne den Ball vorher zu prellen, einen Korb zu erzielen. Wem das zuerst gelingt, erhält für seine Mannschaft einen Punkt.

Klassenaufsteigen
Der Freiwurfkreis wird in Uhrzeigerrichtung in mehrere Segmente, von 1 bis ... aufsteigend, unterteilt. Die Spieler einer Mannschaft stehen in Reihe hinter der Position 1 und erhalten durchlaufende Nummern. Jeder Spieler hat zwei Wurfversuche auf den Korb, bei Korbererfolg darf der Spieler in das nächste Segment aufsteigen und weiterwerfen. Trifft er nicht, so wartet er, bis er in der entsprechenden Reihenfolge wieder werfen darf. Wer die letzte Position erreicht hat, setzt aus. Alternativ kann diese Übung auch als Einzelwettbewerb ausgetragen werden. Die Wurfart kann variiert werden (15).

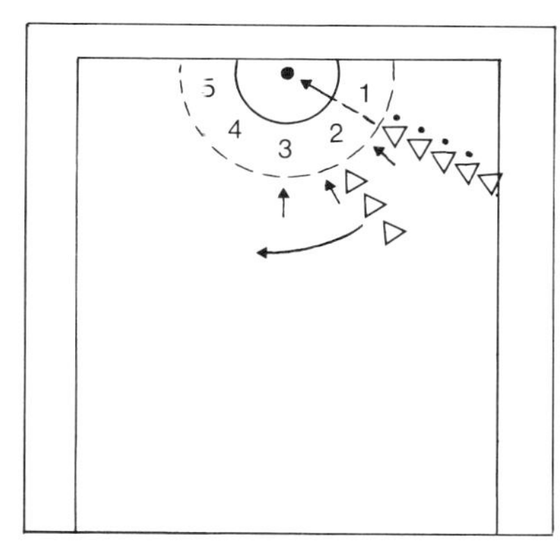

15

Roulett
Wie beim Klassenaufsteigen wird die Spielfläche um den Korbraum in Uhrzeigerrichtung in Segmente unterteilt. Im Segment 1 beginnend wird jedoch mit aufsteigender Segmentziffer der Abstand zum Korb vergrößert. Die Übung kann auch mit wechselnden Abständen zum Korb ausgeführt werden. Im übrigen gelten die Spielregeln wie beim Klassenaufsteigen (16).

16

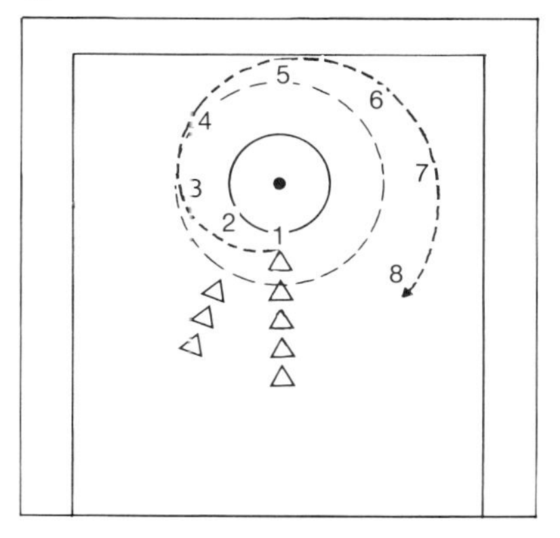

Alles oder nichts
Um den Korbraum werden Wurfpositionen markiert. Jeder Spieler muß auf einer Position so lange werfen, bis er einen Korb erzielt. Dann stehen ihm zwei Freiwürfe zu. Nach einem Treffer rückt er zur nächsten Station weiter. Bei Fehlwürfen wird er um eine Wurfposition oder bis zur Ausgangsposition zurückversetzt. Es wird auf Zeit gespielt.
Variation durch Vorgabe der Wurfart oder durch Austragung als Mannschaftswettbewerb.

Fünferwerfen
5 Spieler stehen (im Freien auch bis zur kompletten 7er Mannschaft) im Halbkreis (im Freien im Kreis) um den Korbraum. Jeder Spieler hat einen Ball. Auf ein Zeichen des ÜL wird der Ball in Richtung Korb geworfen, dem Ball nachgelaufen und aus der neuen Kreisposition erneut geworfen. Wer nach einer bestimmten Zeit das beste Treffergebnis aufweist, gewinnt.

Korbwürfe aus der Bewegung

Bei den Korbwürfen aus der Bewegung handelt es sich zumeist um Würfe auf den gegnerischen Korb, die im Sprung ausgeführt werden. Würfe aus einer direkten Laufbewegung werden seltener angewandt, sie liegen in der Schwierigkeit zwischen den Würfen aus dem Stand und den Sprungwürfen; werden hier jedoch nicht im einzelnen erläutert.
Bei den Sprungwürfen erfolgt der Korbwurf aus dem Sprung nach vorhergegangenem Anlauf oder direkt aus dem Sprung im Stand. Der Sprungwurf gibt dem Werfer die Möglichkeit, die Abwehr leichter zu überwinden, da der Ball aus der erreichten Höhe weniger behindert auf den Korb geworfen werden kann; durch Überspringen der Korbraumlinie kann außerdem der Abstand zum Korb verringert werden. Für die Abwehr gehört große Geschicklichkeit dazu, einem Sprungwurfspezialisten wirksam zu begegnen, ihn im Sprung abzufangen, da der Werfer immer den Vorteil des früheren Abspringens ausnutzen kann. Zu beachten ist jedoch, daß bei der Ausführung des Sprungwurfes keine Gefährdung eines Abwehrspielers oder des Korbhüters erfolgen darf.
Der Sprungwurf ist bei schneller Ausführung ein entscheidendes Mittel, die gegnerische Abwehr einschließlich des Korbhüters auszuspielen. Es genügt deshalb nicht, wenn der Sprungwurf nur von wenigen »Spezialisten« gekonnt wird, jeder Spieler muß ihn beherrschen.

Stoßwurf
Die Laufgeschwindigkeit wird durch einen dynamischen Absprung in Höhe umgesetzt. Das Schwungbein wird im Kniegelenk nur leicht gebeugt. In der Phase des Absprunges wird die ballführende Hand in Brusthöhe vor den Oberkörper gebracht. Der Ball liegt dabei auf den leicht gespreizten Fingern. Der dabei stark gebeugte Wurfarm bleibt parallel zum Körper. Der Ball wird im Scheitelpunkt der Sprungbewegung oder kurz danach durch eine schnelle, stoßartige Streckbewegung des Wurfarmes nach oben abgeworfen. Der Körper gelangt hierbei zu einer

9

weitgehenden Streckung. Die Schulterachse bleibt im rechten Winkel zur Flugbahn des Balles. Die Landung nach dem Sprungwurf erfolgt auf dem Sprungbein oder auf beiden Beinen (Bild 9).

Einhändiger Schockwurf (Heber)
Auch bei diesem Sprungwurf wird die Laufgeschwindigkeit in einen Sprung umgesetzt. Der Ball liegt auf den leicht gespreizten Fingern, dabei ist der Wurfarm schräg nach vorne unten gestreckt. Der Wurfansatz erfolgt aus dem Schultergelenk, Ober- und Unterarm bleiben fast gestreckt. Die Hand verbleibt möglichst flach unter dem Ball. Der Ball verläßt erst im Scheitelpunkt des Sprunges die Hand (Bild 10).
Der Heber wird hauptsächlich nach der Ballannahme im Lauf und bei geringer Distanz zum Korbraum ausgeführt. Um die Gefährdung des Korbhüters zu vermeiden, kann der Absprung in den Korbraum schräg zum Korb erfolgen. Wichtig ist dabei, daß der Wurfarm und die Schulter zum Korb hin gedreht werden.

10

11a

11b

Schlagwurf
Dem Schlagwurf kommt nicht nur in seiner Zuspielform als Paß, sondern auch als Korbwurf eine hohe Bedeutung zu. Beim Zuspiel wird der Wurf aus einer gewinkelten Armhaltung angesetzt, um ein schnelles Abspielen zu erreichen. Dagegen erfolgt der Schlagwurf im Sprung als Korbwurf aus einer Bogenspannung des gesamten Körpers, wobei der Wurfarm weit nach hinten gestreckt ist. Um diese völlige Streckung zu erreichen – sie ist mit Voraussetzung für einen kräftigen Wurf – muß durch kraftvollen Stemmschritt und Absprung Sprunghöhe gewonnen werden. Im toten Punkt der Flugphase wird die Wurfhand, die flach hinter dem Ball liegt, nach vorne gebracht bis zur völligen Streckung des Wurfarmes. Eine Beugung in der Hüfte unterstützt dabei die Beschleunigung des Balles. Die Landung erfolgt auf dem Sprungbein. Der Wurf wird auf den hinteren Korbrand gezielt (Bild 11a, b).
Mit einem Schlagwurf aus dem Sprung kann die Abwehr einschließlich des Korbhüters gut ausgespielt werden, wenn der Wurf nicht unmittelbar auf den Korb, sondern über diesen gespielt wird und anschließend von der gegenüberliegenden Seite ein schneller Wurf auf den dann oft nicht ausreichend gedeckten Korb erfolgt.

Drehsprungwurf
Unter Drehsprungwürfen versteht man solche, die nicht aus dem direkten frontalen Lauf in Richtung Korb angesetzt werden. Der Grad der Drehung wird immer von der Position bestimmt, die der Werfer vor der Wurfausführung einnimmt. Es ist durchaus möglich, daß ein Sprungwurf ausgeführt wird, nachdem das Anspiel zum Werfer erfolgte, als dieser mit dem Rücken zum Korbraum gerichtet stand. Zu beachten ist bei den Drehsprungwürfen, daß mit dem korbraumnahen Bein der Sprung ausgeführt wird. Mit dem Absprung, der über einen Stemmschritt erfolgt, wird die Drehung des ganzen Körpers zum Korb hin eingeleitet. Erst dann erfolgt der gezielte Wurf auf den Korb. Um einer Überdrehung des Körpers um die Längsachse entgegenzuwirken, ist eine Landung auf dem Sprungbein bzw. auf beiden Beinen anzustreben.
Sprungwürfe lassen eine höhere Erfolgsquote erwarten, wenn sie verzögert ausgeführt werden. Dies ist dadurch bedingt, daß der Korbhüter den Zeitpunkt des Abwurfes nur schwer berechnen bzw. erkennen kann und somit eine erfolgreiche Abwehr des Korbwurfes nicht mehr möglich ist.

Übung

Methodische Reihe zum Erlernen von Sprungwürfen

- Zunächst wird der Dreischritt-Rhythmus ohne Ball mit anschließendem Absprung vom Sprungbein geübt. Der Sprung muß keinesfalls auf Gewinnung von Weite ausgerichtet sein. Hilfsmittel können hierbei auf den Boden gelegte kleine Hindernisse wie Schnüre, Sprungseile o. a sein. Um einen dynamischen Absprung zu üben, empfiehlt es sich, mit Hilfe der Zauberschnur die Sprunghöhe zu variieren. Andere Hilfsmittel sind wegen der hohen Verletzungsgefahr nicht zu empfehlen.

- Im Abstand von 5–8 m vom Korbraum steht der ÜL oder ein Mitspieler und hält den Ball mit schräg zur Seite gestreckten Armen in Laufrichtung. Der Ball wird im Lauf vom Übenden übernommen. Dieser führt nach der Ballannahme, unter Einhaltung des Dreischritt-Rhythmusses den Sprung über die Zauberschnur aus. Die Landung erfolgt auf dem Sprungbein oder auf beiden Beinen.
- Der Ball wird aus 5–10 m Entfernung zu einem im Abstand von 5–8 m vom Korbraum entfernt stehenden Partner gepaßt. Dieser spielt den Ball zu dem in Richtung Korbraum stehenden Partner zurück. Nach der Ballannahme werden 3 Schritte ausgeführt, wobei der letzte Schritt zum Stemmschritt wird und den noch ungezielten Sprungwurf einleitet. In dieser Lernphase, die von der Koordination mehrerer Bewegungsabläufe geprägt ist, sind ständige Kontrolle der Übenden und Hilfestellungen notwendig. Außer der sicheren Ballannahme und Ballführung – insbesondere Beachtung des Dreischritt-Rhythmus – und dem Umsetzen der Laufgeschwindigkeit in Sprunghöhe kommt hinzu, daß der Erfolg des Sprungwurfes wesentlich vom richtigen Zeitpunkt der Absprungvorbereitung und Gestaltung der Schrittlänge für die letzten Schritte bestimmt wird. Werden die Schritte zu kurz ausgeführt, wird die Entfernung zum Korb zu weit; werden die Schritte zu lang ausgeführt, läuft der Übende Gefahr, den Korbraum schon vor der Wurfausführung zu betreten.
- Nach Festigung der vorhergegangenen Lernschritte wird der Sprungwurf als Zielwurf auf den Korb geübt. Dabei werden die Wurfpositionen und die Abstände zum Korbraum variiert. Besonders zu beachten, nötigenfalls zu korrigieren, sind der Absprung und die Haltung in der Flugphase.
- Werden die vorherigen Übungen beherrscht, so wird von der Einzelübung zu komplexen Sprungwurfübungen übergeleitet. Dem Werfer wird die Aufgabe gestellt, gegen einen oder zwei Abwehrspieler den gezielten Sprungwurf auf den Korb zu üben. In weiteren Schritten führt dies hin bis zur Wurfübung auf den durch einen Korbhüter gedeckten Korb.

Taktische Grundlagen und ihre Vermittlung

Angriff

Die Angriffshandlung verläuft im allgemeinen in drei Phasen:
- Ballbesitz
- Vorbereitung, Aufbau einer Angriffshandlung
- Abschluß der Angriffshandlung mit einem Korbwurf.

Ob und in welchem Umfang alle Spieler in die Angriffshandlung eingreifen, wird vom Spielsystem und den jeweiligen Spielsituationen bestimmt. Grundsätzlich lassen sich dabei zwei Arten von Angriffshandlungen unterscheiden:
- freies Angriffsspiel
- gebundenes Angriffsspiel.

Während das freie Angriffsspiel von situativen und spontanen Handlungen zumeist weniger Spieler geprägt wird, ist beim gebundenen Angriffsspiel jedem Spieler eine bestimmte Position zugeordnet. Somit sind auch Lauf- und Ballweg vorbestimmt. Der Gegner muß abwehren und für die eigenen Mitspieler wird Raum für Angriffshandlungen geschaffen.
Ziel der Angriffshandlung ist es, die gegnerischen Abwehrspieler zu binden und durch Einbeziehung des Korbhüters in das Angriffsspiel eine Überzahlsituation zu schaffen. Sicheres Paßspiel ist ein wichtiges Element bei dieser Spielhandlung.
Ausgangssituation: Erster Ballbe-

17

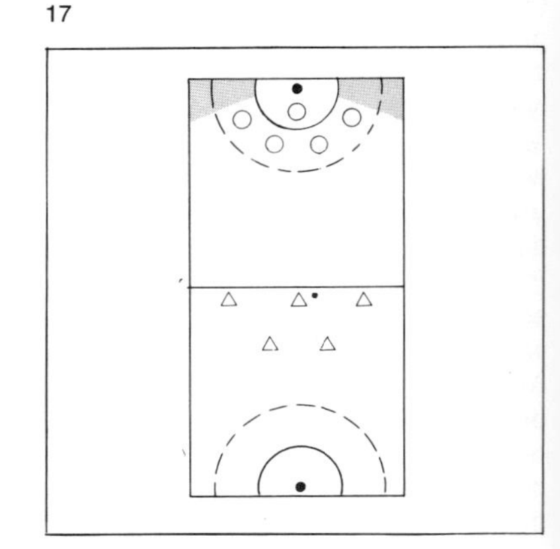

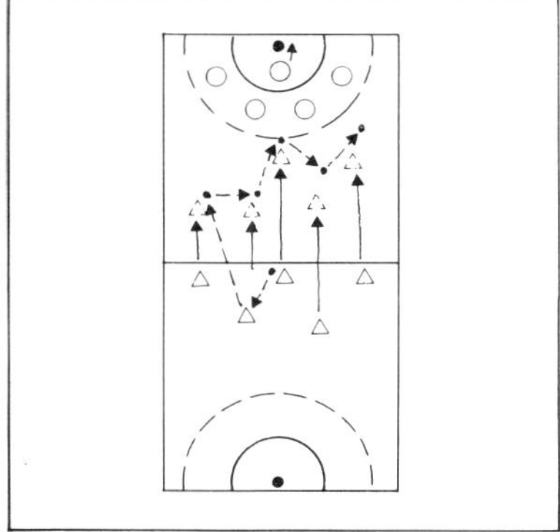

18

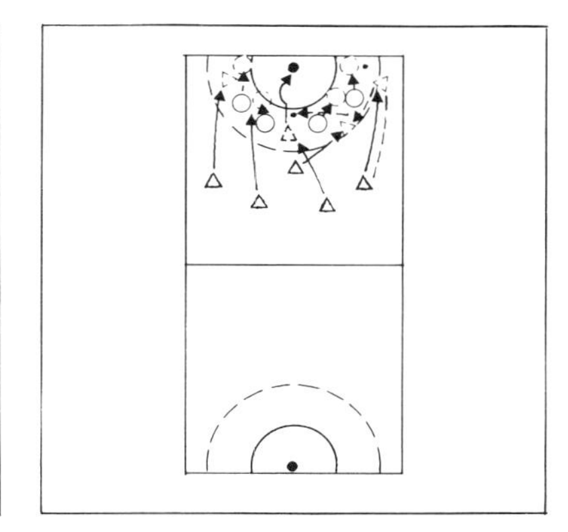

19

sitz bei Spielbeginn (Anwurf nach gewonnener »Platzwahl« vor Spielbeginn (17).

Angriffshandlung/-ablauf: Der Anwurf wird vom RI ausgeführt, der Ball zum LI mit leichtem Schrägpaß gespielt. Von diesem gelangt der Ball im Steilpaß zum geradlinig Angriff laufenden LA. Bei weitgehend geradliniger Laufrichtung aller Angreifer wandert der Ball unter Einbeziehung des KH, der leicht zurückhängend agiert, bis zum RA (18). Durch konsequentes Laufen der angreifenden Außenspieler in die Nähe der Korblinie und dem Nachrücken der beiden Innenspieler werden die Abwehrspieler jeweils in den sogenannten »rechten und linken Eckpositionen« gebunden. Für den Korbhüter wird somit Freiraum in der Angriffsmitte geschaffen, vorausgesetzt, die Abwehrspieler werden durch intensive Angriffshandlungen der Spieler auf den Halb- und Außenpositionen in den »Ecken« gebunden, zu Abwehrhandlungen gezwungen und der Korbhüter durch gezieltes Paßspiel in Wurfposition gebracht (19).

In vielen Fällen kann der gezielte Korbwurf durch den Korbhüter von der Abwehr nicht oder nur durch regelwidriges Spiel verhindert werden.

Gebundenes Spiel ist insbesondere notwendig bei Spielsituationen in Unterzahl (durch Verletzung, während Zeitstrafen . . .), bei Überzahl, beim Wechseln und bei Freiwürfen.

Die Wahl der Angriffsformation wird bestimmt von den Schwächen und Stärken der eigenen Mannschaft und dem vom Gegner gewählten Abwehrsystem.

Gegenstoß/Tempogegenstoß

Unter Gegen- bzw. Tempogegenstoß versteht man eine individuelle Angriffshandlung, die sich spontan – zumeist aus einem Fehler der gegnerischen Mannschaft – ergibt. Die sorgfältige Schulung dieser Angriffsart ist besonders wichtig, weil die Erfolgsaussichten des Angriffsabschlusses im Vergleich zu der gebundenen Angriffshandlung sehr hoch sind. Ein erfolgreicher Tempogegenstoß wirkt meist negativ auf die weiteren Handlungen des Gegners, motiviert aber die eigene Mannschaft (Bild 12).

Zeitlicher Ablauf des Gegenstoßes:

- Schnelles Unter-Kontrolle-Bringen des Balles (meist durch den Korbhüter)
- Überlaufen des Gegners im Sprint
- Langer Paß
- Ballannahme
- Eigenvorlage oder Quer- bzw. Schrägpaß

12

– Korbwurf
Der Tempogegenstoß führt nur dann zum Erfolg, wenn er überraschend eingeleitet wird, genaues Paßspiel erfolgt, die Eigenvorlage des Balles und der sichere Korbwurf beherrscht werden.
Standardsituationen, die zu Tempogegenstößen führen, sind:
- Ungenauer Korbwurf des Gegners.
- Gegnerischer Regelverstoß wie: Übertreten der Korbraumlinie, Stürmerfoul, Schrittfehler, nicht korrekt ausgeführter Frei- oder Strafwurf, Zeit- und Wechselfehler und sonstige Fehler.

Da der Korbhüter beim Spiel in der Halle den Ball beim Abspiel aus dem eigenen Korbraum nicht direkt über die Mittellinie werfen darf, bieten sich ihm zwei Varianten zur Überwindung dieses Handicaps:
- Er gibt den Ball im Kurz- oder Diagonalpaß zum in der eigenen Spielfeldhälfte postierten Mitspieler, von diesem wird der Gegenstoß mit langem Paß zum steil laufenden Mitspieler fortgesetzt.
- Er paßt direkt zum sprintenden Mitspieler, so daß dieser den Ball noch vor Überschreiten der Mittellinie aufnehmen kann und durch eine lange Eigenvorlage des Balles in günstige Wurfposition gelangt.

Der paßgebende Spieler ist zumeist der Korbhüter. Er bringt den Ball möglichst rasch unter Kontrolle und versucht, eine günstige Spielposition einzunehmen. Er entscheidet aufgrund der momentan herrschenden Spielsituation, ob ein in Korbraumnähe stehender Spieler einen Kurzpaß erhält oder ob ein langer Paß zum Mitspieler im vorderen Angriffsbereich erfolgversprechender ist.
Der Spieler, der den Tempogegenstoß ausführt, soll nicht zu nahe an der Außenlinie laufen. Die Gefahr des Ballverlustes ist größer, weil ein ungenauer Paß von dem an der Außenlinie sprintenden Spieler oft nicht im Spielfeld angenommen werden kann.
Wichtig ist, daß bei der Einleitung des Tempogegenstoßes Blickkontakt zwischen den ausführenden Spielern besteht, da die Ballannahme beim Tempogegenstoß erhebliche Schwierigkeiten bereitet. Die Gründe hierfür sind die rasche Abfolge von Handlungen, hohes Lauftempo, scharfes Zuspiel, erschwerte Ballannahme, weil der Ball schräg von hinten in den Lauf gespielt werden muß und der Spieler seinen mitlaufenden Partner ebenso im Auge behalten muß, wie den gegnerischen Abwehrspieler oder Korbhüter.
Nach der gelungenen Ballannahme sucht der Spieler den schnellsten, direkten Weg zum gegnerischen Korb. Dabei kann es notwendig werden, den Ball einmal zu prellen, den Ball durch eine Eigenvorlage in die angestrebte Wurfposition zu bringen oder durch Passen zu einem mitgelaufenen Spieler zum Korberfolg zu kommen. Der abschließende Wurf wird am besten als einhändiger Schockwurf (Heber) aus dem Sprung ausgeführt.
Aus dem Tempogegenstoß kann sich ein erweiterter Gegenstoß entwickeln, wenn es den gegnerischen Abwehrspielern gelingt, den Gegenstoß zu stören. Weitere Angreifer rücken nach und versuchen, gegen eine noch nicht stabilisierte Deckungsformation zum Korberfolg zu kommen. Die kurze Zeit, die vergeht, bis sich die Deckung formiert hat, muß von den Angreifern möglichst schnell zu einer Überzahlsituation genutzt werden. Hierbei kommt es darauf an, durch schnelles Positions- und sicheres Paßspiel einen Mitspieler in günstige Wurfposition zu bringen.
Für weniger gut eingespielte Mannschaften ergibt sich bei solchen Angriffshandlungen, die in großer Schnelligkeit ablaufen, das Risiko des Ballverlustes.

Übung

- Die Spieler stehen hinter der Mittellinie. Jeder Spieler hat einen Ball. Mit einer Eigenvorlage wird der Ball in Richtung Korb gespielt. Nach der Ballaufnahme – hierbei ist besonders darauf zu achten, daß die 3-Schritt-Regel eingehalten wird – in Höhe des Freiwurfkreises wird der Ball aufgeprellt. Abschließend erfolgt ein Korbwurf (20).
- Zwei Mannschaften stehen in ca. 5 m Abstand nebeneinander. Paarweise laufen die Spieler zum gegenüberliegenden Korb und passen sich in schneller Folge mit kurzem Paß den Ball zu. In Höhe des Korbraumes angelangt, schwenken sie jeweils nach außen und laufen an den Außenlinien wieder zurück. Dabei spielen sie den Ball mit langem Paß zu. Hierbei ist unbedingt auf ein sauberes, auf die Laufgeschwindigkeit abgestimmtes Zupassen des Balles zu achten (21).
- Ballannahme mit nachfolgendem Korbwurf: A startet aus einer Position Mitte der eigenen

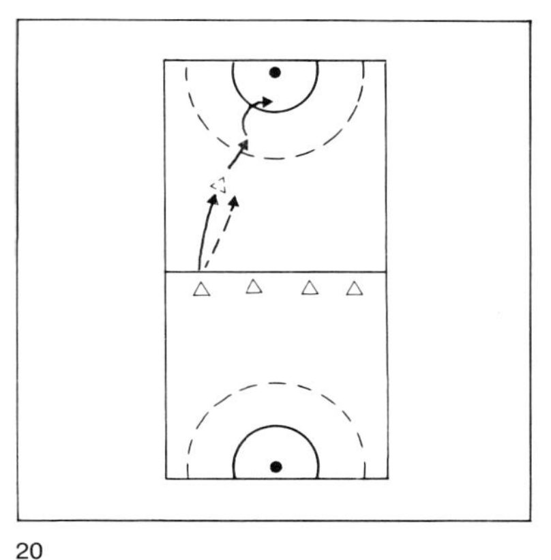

20

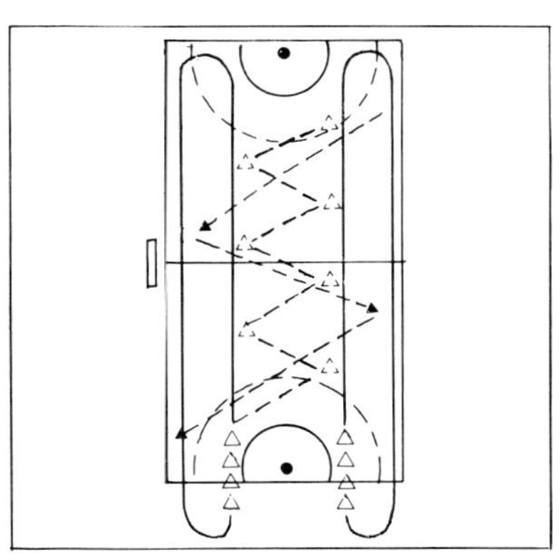

21

22

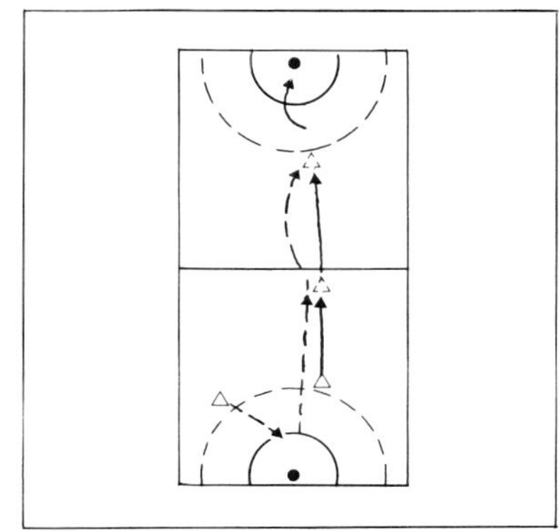

23

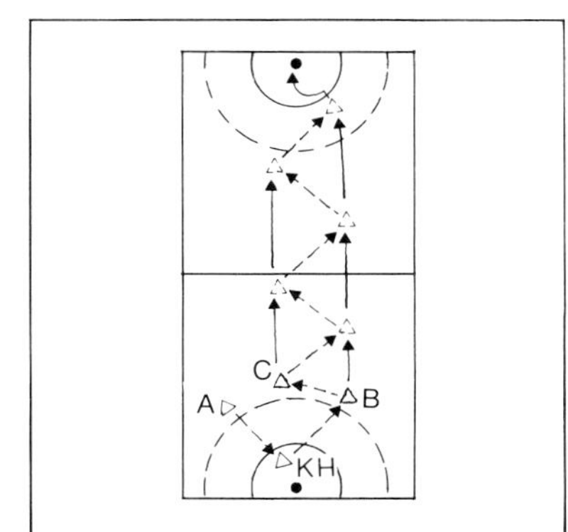

24

Spielfeldhälfte, erhält von B, der am eigenen Korbraum steht, einen langen in Richtung gegenüberliegende Spielfeldmitte gespielten Paß, prellt den Ball noch einmal und schließt mit einem Korbwurf ab (22).

- Tempogegenstoß mit Einbeziehung des Korbhüters: Der Korbhüter erhält vom Mitspieler A den Ball als simulierten Korbwurf zugespielt. Während der Ballannahme startet der Spieler B aus dem Abwehrraum in Richtung Mittellinie und erhält vom Korbhüter den Ball zugepaßt. Mit einer Eigenvorlage des Balles versucht Spieler B in die Nähe des gegenüberliegenden Korbraumes zu gelangen und die Angriffshandlung mit einem gezielten Korbwurf abzuschließen (23).
- Tempogegenstoß mit zwei Angreifern und unter Einbeziehung des Korbhüters: Der Korbhüter erhält vom Mitspieler A den Ball als simulierten Korbwurf zugespielt. Nach der Ballannahme paßt der Korbhüter den Ball zum Spieler B und dieser zum Spieler C. Im schnellen Doppelpaßspiel wird ohne Prellen eine günstige Wurfposition gesucht und mit einem gezielten Korbwurf der Tempogegenstoß abgeschlossen (24).
- In weiteren Schritten können die 3 Übungen durch Hinzunahme von Abwehrspielern erschwert werden.

Abwehr

Die Bereitschaft zum technisch-taktischen Training der Abwehrfähigkeiten ist im allgemeinen wesentlich schwächer ausgeprägt als zum Training der Angriffsaktivitäten. Daraus ergibt sich für den Trainer und ÜL die Aufgabe, durch abwechslungsreiche Trainingsprogramme die Spieler zu einer effektiven Abwehrleistung im Wettkampf hinzuführen (25).
Unabhängig von der im Spiel angewandten Abwehrtaktik unterscheidet man zwei Phasen der Abwehr:
- Verhindern des gegnerischen Angriffs unmittelbar im Anschluß

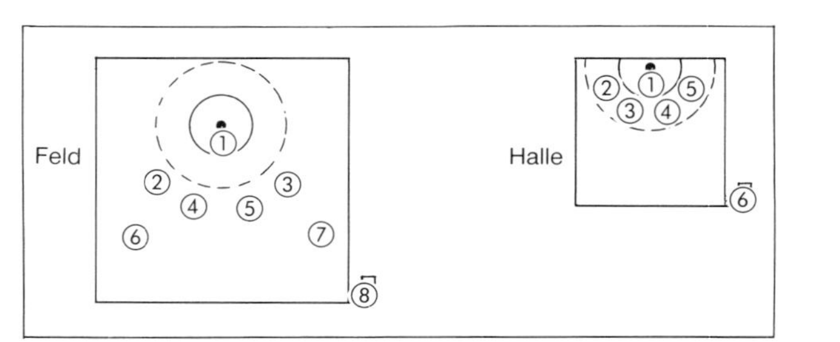

Positionsbezeichnungen der Spieler

1 Korbhüter
2 Rechter Rückraumspieler
3 Linker Rückraumspieler
4 Rechter Mittelfeldspieler
5 Linker Mittelfeldspieler
6 Rechter Angriffsspieler
7 Linker Angriffsspieler
8 Wechselspieler

1 Korbhüter
2 Rechter Außenspieler
3 Linker Außenspieler
4 Rechter Innenspieler
5 Linker Innenspieler
6 Wechselspieler

25

an die eigene Angriffshandlung.
- Organisation der eigenen Abwehr und damit systematische Abwehraktivität im Mannschaftsverbund.

1. Phase

Nach Abschluß einer Angriffsaktion z. B. durch Ballverlust oder technische Fehler erfolgt in unmittelbarem Anschluß die Abwehraktion. Es ist die Aufgabe der Spieler, den Gegenstoß der anderen Mannschaft zu verhindern. Besondere Bedeutung kommt der Verhinderung eines schnellen gegnerischen Angriffes zu.

Mögliche Abwehraktionen

- Es wird versucht, den gegnerischen Ballführer sofort zu blokkieren (sperren); dadurch erhalten die Mitspieler hinreichend Zeit, sich zum eigenen Korbraum zu orientieren.
- Die Spieler sprinten nach Ballverlust von der augenblicklichen Position auf dem kürzesten Weg in ihre Abwehrposition.
- Die Gegenspieler werden sofort behindert oder gestört und in ungünstige Wurfpositionen abgedrängt.

2. Phase

Die zuvor geschilderte Phase geht unmittelbar über in die zweite Phase der Abwehraktion, die organisierte Abwehr im Mannschaftsverband. Die im Abwehrsystem zugewiesenen Positionen sind von den einzelnen Spielern schnell einzunehmen. Die Zurückorientierung zu der durch das Spielsystem vorgesehenen Abwehrposition erfolgt in der Organisationsphase des gegnerischen Angriffs.
Wichtig: Rasches Erkennen der Situation und sofortiges zielorientiertes Handeln sind die Voraussetzungen für eine erfolgreiche Abwehraktion!
Es lassen sich drei grundlegende Deckungsarten unterscheiden:
- Preß- bzw. Manndeckung.
- Raumdeckung.
- Mischformen aus den beiden vorgenannten.

Welche Deckungsart von einer Mannschaft bevorzugt wird, hängt von der Spielweise des Gegners, den Fähigkeiten der eigenen Mannschaft und vom Spielstand ab. Als weitere bestimmende Komponente kommt hinzu, ob das Spiel in der Halle oder auf dem Feld ausgetragen wird.

Preß- bzw. Manndeckung

Bei dieser Deckungsart hat jeder Abwehrspieler einen bestimmten Angriffsspieler ständig zu bewachen, unabhängig davon, ob dieser Spieler in Ballbesitz ist oder nicht (Bild 13). Bei Anwendung dieses Systems sind zunächst folgende Grundsätze zu beachten:
- Der beste Abwehrspieler gegen den besten Angreifer.
- Der Abstand zum Gegenspieler vergrößert sich mit zunehmendem Abstand des Angriffsspielers zu einer günstigen Wurfposition.

Vorteile

- Sie kann gegen jedes Angriffssystem gespielt werden.
- Gegen technisch weniger gute Mannschaften kann man meist schneller in Ballbesitz gelangen.
- Die Abwehrspieler werden von bewegungsarmen Angreifern weniger gefordert.
- Bei plötzlicher Anwendung dieses Systems kann der Gegner überrascht und in seinen Angriffshandlungen empfindlich gestört werden.

13

– Bei Mannschaften des Altersbereiches Jugend B bis E schult dieses System die technisch-taktischen Fähigkeiten der Einzelspieler.

Nachteile

– Die Spielübersicht geht leicht verloren.
– Sie ist sehr kräftezehrend im Spiel gegen läuferisch und konditionell starke Mannschaften.
– Ein helfendes Eingreifen der Nebenspieler ist meist in kritischen Situationen nicht möglich.
– Die Gefahr, gesperrt zu werden, ist nicht unerheblich.
– Fehlerhaftes Abwehrverhalten führt zu Überzahlsituationen und damit häufig zu Korberfolgen des Gegners.
– Besonders große Gefahr besteht bei Tempogegenstößen.

Übung

- Fangspiele:
  Übender A fängt Übenden B. Die Übung wird wechselweise durchgeführt. Bewegungsraum ist das halbe Spielfeld.
- Schattenlaufen:
  Übender A läuft voraus. B folgt in sehr kurzem Abstand und versucht, alle Veränderungen der Laufrichtung und der Laufgeschwindigkeit möglichst schnell und synchron nachzuvollziehen. Der Bewegungsraum ist hierbei nicht eingeschränkt.
- Synchron-Partnerübung:
  Die Übenden A und B stehen sich frontal gegenüber. B soll alle Aktionen von A (Vorwärtslaufen, Zurückweichen, Seitschritte, sonstige Körperbewegungen) frühzeitig erkennen und synchron nachahmen. Der Übungsraum wird hierbei auf ca. 1/3 des Spielfeldes begrenzt.
- Überlaufen ohne Ball:
  Die Übenden A und B stehen sich frontal gegenüber. A soll B überlaufen, B soll dies durch Zurückweichen, Mitlaufen, korrektes Sperren, Abdrängen und frühzeitiges Erkennen von Körpertäuschungen verhindern. Der Übungsraum wird auf das halbe Spielfeld begrenzt.
- Überlaufen mit Ball:
  Übung wie vorher beschrieben, jedoch mit Ball und einmaligem Prellen des Balles. Auf die »3-Schritte-Regel« ist unbedingt zu achten. Der Übungsraum ist deshalb in der Nähe des Freiwurfkreises.
- Überlaufen mit Ball:
  Wie vorher beschrieben, jedoch zusätzlich mit Korbwurfversuch.
- Die vorherigen Übungen können in weiteren Schritten bis zu Komplexübungen in voller Mannschaftsstärke, im unmittelbaren Abwehrbereich vor dem Korbraum und im Distanzbereich außerhalb des Freiwurfkreises ausgeweitet werden.

Raumdeckung

Bei diesem Deckungssystem hat jeder Abwehrspieler eine feste Position inne (Bild 14). Sein direkter Gegenspieler ergibt sich aus der jeweils herrschenden Angriffsformation des Gegners. Unablässiges Beobachten des gegnerischen Stellungsspiels ist notwendig. Alle Abwehrspieler ordnen sich entsprechend ihrer Abwehrposition durch »Abzählen« ihren direkten Gegenspielern zu. Dies ist nur so lange möglich, wie Angreifer und Abwehrspieler zahlenmäßig gleich sind. Geht der Korbhüter zur Abwehr an den eigenen Korb zurück und greift gleichzeitig der gegnerische Korbhüter mit in die Angriffshandlung ein, so wird die abwehrende Mannschaft zu der sogenannten »Schiebedeckung« gezwungen. Bei dieser sehr häufig anzutreffenden Form der Raumdeckung orientieren sich die Abwehrhandlungen zunächst an dem jeweils gefährlichsten Angriffsspieler.
Dabei darf keinesfalls während des »Schiebens« der direkte Gegen-

14

spieler aus dem Auge gelassen werden. Die abwehrende Mannschaft »schiebt« zu der Seite, auf der der Ball gespielt wird. Der Vorteil dieses Deckungssystems besteht darin, daß sich die Abwehrhandlungen schwerpunktmäßig auf den Ballführer konzentrieren. Sie erfordert aber eine gut abgestimmte Abwehrhandlung jedes Einzelspielers im Deckungsverband auf der Basis guter konditioneller Voraussetzungen.

Übung

- Synchron-Übungen:
  Die Übenden stehen dem Trainer in Halbkreisformation frontal gegenüber. Die Übenden sollen alle Aktionen des Trainers – Vorwärts-, Rückwärtslaufen, Seitschritte (seitliches Verschieben), Abhocken, Springen zur Ballaufnahme und andere Körperbewegungen – schnell erkennen und synchron nachahmen.
- Seitliches Verschieben:
  3 Abwehrspieler und 4 Angreifer stehen sich am Korbraum gegenüber. Die Angreifer passen den Ball schnell von Mann zu Mann. Die Abwehrspieler sollen durch seitliches Verschieben (Nachstellschritte) jeweils den direkten Weg zwischen Ballbesitzer und Korb abzuschirmen versuchen. Die Abstände zwischen den Abwehrspielern sollen dabei möglichst gleich bleiben. Es dürfen keine Lücken entstehen.
- Seitliches Verschieben:
  Wie vorher beschrieben, jedoch bei freier Paßfolge zwischen den Angreifern.
- Seitliches Verschieben mit Dekken des Korbraumspielers:
  Wie vorher beschrieben, d. h. freie Paßfolge zwischen den Angreifern und Versuch eines Angreifers, an den Korbraum vorzustoßen, um in Nah-Wurfposition zu gelangen.
- Seitliches Verschieben mit Dekken des Korbraumspielers:
  4 Abwehrspieler stehen am Korbraum 5 Angreifern gegenüber. Die 5 Angreifer versuchen, durch schnelles Paßspiel in freier Folge einen Mitspieler in anspielbare Wurfposition am Korbraum zu bringen. Aufgabe der Abwehrspieler ist es, dies durch seitliches Verschieben analog der Paßfolge, korrektes Sperren und Nach-vorne-Schieben sowie Stören bei der Ballannahme zu verhindern.

Kombinierte Deckung

Die kombinierte Deckung kommt dann zur Anwendung, wenn es gilt, einen besonders gefährlichen Werfer oder Spielmacher auf gegnerischer Seite auszuschalten bzw. seinen Aktionsradius einzuschränken. In solchen Fällen scheidet ein Abwehrspieler aus dem Abwehrverband aus und praktiziert eine reine Manndeckung. Koordinationsprobleme entstehen meist dann, wenn dem manngedeckten Spieler der Durchbruch in die Nähe des Korbraumes gelingt. Auch in solchen Fällen bleibt für die übrigen Spieler die Position im Deckungsverband bestehen.

Vorteil

– Wurfsichere Spieler können in ihrem Aktionsradius stark eingeengt werden.

Nachteile

– Beim Einbruch eines manngedeckten Spielers in die Abwehrformation kommt es oft zu Koordinationsschwierigkeiten im Abwehrsystem.
– Lange Laufwege sind nötig.

Nur wenn alle Spieler auch die Manndeckung weitgehend beherrschen, können sie die ihnen in der Deckungsformation zugewiesenen Aufgaben zum Nutzen der Mannschaft voll erfüllen.

Der Korbhüter

Das Korbballspiel wird stark geprägt durch die Aktivitäten und Aktionen des Korbhüters. Die wichtigste Aufgabe des Korbhüters besteht allgemein in der Verhinderung gegnerischer Korberfolge (Bild 15). Von ihm geht die Mehrzahl der eigenen Angriffshandlungen aus. Der Korbhüter beeinflußt durch seine Aktionen aber auch wesentlich das Angriffsspiel. Von seinen Reaktionen und seinem technisch-taktischen Können hängt es ab, ob ein Angriff geordnet über mehrere Mitspieler vorgetragen oder als Tempogegenstoß zum Korberfolg führt.
Der Korbhüter ist auch deshalb wichtigster Spieler beim Korbball, weil er zum gleichwertigen Feldspieler wird, wenn er den Korbraum verläßt. Sein Bewegungsraum ist dann gleich dem der eigenen Mitspieler auf dem Feld. Für ihn gelten die gleichen Spielregeln wie für die anderen Feldspieler.
Seinen Aktionen kommt somit dann besondere Bedeutung zu, wenn er sich in die Angriffshandlungen einschaltet und damit zu Überzahlsituationen beiträgt, bei Tempogegenstößen des Gegners oft zum »letzten Mann« wird oder schlimmstenfalls, den Korb nicht mehr schützend, in die gegnerische Angriffshandlung eingreift.
Seine Aufgaben sind:
- Gegnerische Korberfolge zu verhindern.
- Den Ball so schnell wie möglich unter Kontrolle zu bringen.
- Bei Regelverstößen des Gegners am oder in der Nähe des Korbraumes sofort die Initiative zur Freiwurfausführung zu ergreifen.
- Schnell der Spielsituation entsprechend über die Art des Angriffs zu entscheiden, z. B. ob ein Tempogegenstoß zum Korberfolg führen kann.
- Die Angriffshandlung mit einzuleiten und sich aktiv an den weiteren Angriffshandlungen zu beteiligen.
- Gegnerische Tempogegenstöße abzufangen.

15

Wurfpositionen

Viel zu wenig werden meistens die taktischen Vorteile genutzt, die sich aus bestimmten, regelbedingten Wurfpositionen ergeben. Daher sollen an dieser Stelle einige Hinweise gegeben werden, um im Training auch diese Gesichtspunkte zu berücksichtigen.

Anwurf

Der Anwurf ist für die Mannschaft gleichbedeutend mit Ballbesitz und somit Ausgangspunkt für eigene Spielhandlungen. Der Anwurf ist die Basis einer ersten, auf Korberfolg ausgerichteten, systematischen Spielhandlung. Er sollte konzentriert von allen beteiligten Spielern verfolgt werden.

Einwurf

Dem Einwurf kommt alleine schon deshalb eine besondere Bedeutung zu, weil die Spielregeln ausdrücklich den direkten Korberfolg durch Einwurf zulassen.
Dabei ist zu bedenken, daß die Entfernung zwischen Korb und Seitenlinien beim Spiel in der Halle nur halb so groß wie im Freien ist.
Zu wenig Beachtung finden die Möglichkeiten, die sich aus einem Einwurf sowohl für die Abwehr als auch für den Angriff ergeben. Ein in höchster Abwehrnot verursachter Einwurf wird für die angreifende Mannschaft Ausgangspunkt für einen neuerlichen Angriffsversuch.
Die Stelle, an der ein Einwurf zur Ausführung gelangt, bestimmt in Abhängigkeit vom Verhalten des Gegners die weiteren, ganz auf Korberfolg ausgerichteten Spielhandlungen. Zur Einübung sollten im Training entsprechende Standardsituationen häufig durchgespielt werden.

Eckwurf

Dem Eckwurf kommt, abgesehen von den bei der Ausführung zu beachtenden Eigenheiten, insofern eine besondere Bedeutung zu, weil seine Ausführung im Nahbereich des gegnerischen Korbes erfolgt und daraus eine unmittelbare Bedrohung desselben gegeben ist.
Hinzu kommt, daß dem Ausführen-

den die Wurfart freigestellt bleibt. Beim Hallenkorbballspiel bietet sich der Eckball für einen guten Werfer zu einem direkten Wurf auf den Korb an. Für Mannschaften, die nicht über einen guten Werfer verfügen, ergeben sich aus der schnellen Ausführung des Eckballes im Kurzpaßspiel oder durch einen Diagonalpaß in die mittleren Angriffspositionen, bzw. einen langen Querpaß über den Korb, oft gute Chancen, die gegnerische Abwehr auszuspielen.

16

Abwurf

Der Abwurf aus dem Korbraum darf grundsätzlich nur vom Korbhüter ausgeführt werden. Bei freigestellter Wurfart wird der Angriffsaufbau von der Handlung des Korbhüters beim Abwurf schon wesentlich vorausbestimmt. Vom situationsbedingten Handeln des Korbhüters hängt es ab, ob ein Tempogegenstoß oder ein gebundener Angriff über die Außen- bzw. die Mittelfeldspieler vorgetragen wird.
Der Abwurf muß besonders geschult werden, weil
- ein schneller, sicherer Abwurf den eigenen Angriff einleitet;
- ein zögernder Abwurf dem Gegner ermöglicht, seine Abwehr zu formieren;
- durch steiles Durchspiel der Gegner zu plötzlichem und damit möglicherweise fehlerhaften Abwehrverhalten gezwungen wird;
- Fehler beim Abwurf meist zum unmittelbaren Angriff des Gegners führen.

Der Korbhüter bewegt sich zum Abwurf direkt an die Korbraumlinie, mindestens ein Mitspieler kommt ihm bis auf weniger als drei Meter Abstand entgegen, oder ein Mitspieler versucht, durch einen raschen Antritt in Anspielposition zu gelangen.
Beim Hallenkorbballspiel ist darauf zu achten, daß der Abwurf noch in der eigenen Spielfeldhälfte von einem Mitspieler aufgenommen wird. Diese Spielregel hat beim Feldkorbballspiel keine Gültigkeit. Der Korbhüter hat dort die Möglichkeit, durch seine Aktion (langer, überraschender Steilpaß) einen erfolgversprechenden Tempogegenstoß einzuleiten.

Freiwurf

Unter dem Begriff Freiwurf versteht man eine Spielsituation, die sich aus Regelverstößen ergibt, ausgenommen solch ein Regelverstoß, der zu einem 4-m-Strafwurf führt. Aus der Tatsache, daß die Wurfart bei der Ausführung des Freiwurfes dem Werfer freigestellt ist, und dem Umstand, daß es fast auf dem gesamten Spielfeld zu Freiwurfsituationen kommen kann (mit Ausnahme der beiden Korbräume), ergibt sich eine Vielzahl von Freiwurfvarianten.
Der taktisch wichtigste Freiwurf ist der sogenannte 6 m, der an der Freiwurflinie ausgeführt wird. Dieser 6 m bringt die angreifende Mannschaft nicht allein durch den Ballbesitz in Vorteil, sondern auch deshalb, weil der Gegner zum Werfer einen 3 m Abstand einhalten muß. Hinzu kommt, daß dem Gegner bei schneller Ausführung nur wenig Zeit verbleibt, seine Abwehr zu organisieren. Meistens ruhen alle Hoffnungen auf eine erfolgreiche Abwehr des 6 m auf dem Korbhüter. Wird jedoch der 6 m hoch, auf den hinteren Korbrand gezielt geworfen, sind die Chancen auf eine erfolgreiche Abwehr des Wurfes nicht sehr groß (Bild 16).
Welche Wurfart zur Anwendung

kommt, wird von den technischen Fertigkeiten des Werfers bestimmt und der Absicht, einen direkten Wurf auf den Korb anzubringen oder ein Zuspiel zu einem in Korbraumnähe postierten Mitspieler zu versuchen.
Wenn ein erster, direkter Angriffsversuch beim 6 m nicht zum Erfolg führt, sehen viele Mannschaften eine weitere Möglichkeit zu einem Angriffsversuch darin, den Gegner zu einem Regelverstoß zu provozieren, um auf diesem Weg die Möglichkeit weiterer Angriffshandlungen zu erhalten.
Ob sich eine Mannschaft zu einem direkten Wurf auf den gegnerischen Korb oder zu einem Abspiel entschließt, wird häufig auch vom zeitlichen Ablauf des Spielgeschehens und vom Spielstand bestimmt.

Strafwurf

Hierbei handelt es sich um einen direkten Wurf auf den ungeschützten gegnerischen Korb. Er soll eine Strafe für die abwehrende Mannschaft nach einem groben Regelverstoß sein.
Nicht immer führt ein solcher Strafwurf tatsächlich zum Erfolg. Mangelnde Wurfsicherheit oder Nichtbeachtung der Ausführungsregeln bedingen den Mißerfolg.
Bei der Ausführung kommt es darauf an, den Ball aus 4 m Distanz direkt in den ungeschützten gegnerischen Korb zu werfen. Die Wurfart bleibt auch beim Strafwurf dem Ausführenden freigestellt. Außer dem Werfer greift kein Mit- oder Gegenspieler in die unmittelbare Handlung ein (Bild 17).
Zumeist wird der Strafwurf als einhändiger Stoßwurf ausgeführt. Ob der Wurf hoch auf den hinteren Korbrand gezielt oder in flacher Wurfbahn über den vorderen Korbrand auf den hinteren Korbrand gezielt geworfen wird, hängt entscheidend vom technischen Wurfvermögen des Ausführenden ab.
Dem 4-m-Wurftraining muß besondere Beachtung geschenkt werden, zumal nach Spielzeitverlängerung unentschiedene Spiele bei Meisterschaften durch 4-m-Werfen entschieden werden.

17

Korfball

Spielgedanke und Grundregeln

Beim Korfball stehen sich zwei *gemischt-geschlechtliche Mannschaften* gegenüber, die jeweils aus 4 Frauen/Mädchen und 4 Männern/Jungen bestehen. Ziel jeder Mannschaft ist es, den Ball in den gegnerischen Korb zu werfen. Das Spielfeld ist unterteilt in zwei Hälften, Fach 1 und Fach 2, wobei jeweils 2 Damen und 2 Herren einer Mannschaft in einem Fach spielen. Wenn Mannschaft A in Fach 1 stürmt, so verteidigt Mannschaft B in Fach 1. Hat die Verteidigung der Mannschaft B den Ball in ihren Besitz gebracht, so versucht sie, den Ball aus Fach 1 hinauszuspielen zu den eigenen Stürmern in Fach 2. Hier stürmt Mannschaft B und Mannschaft A verteidigt. Nach zwei erzielten Körben (2 : 0; 1 : 1; 0 : 2 usw.) werden die Fächer gewechselt, so daß nun die bisherigen Verteidiger der Mannschaft B in Fach 2 stürmen und die bisherigen Stürmer der Mannschaft A aus Fach 1 in Fach 2 verteidigen. Die gleiche Regelung gilt entsprechend für die

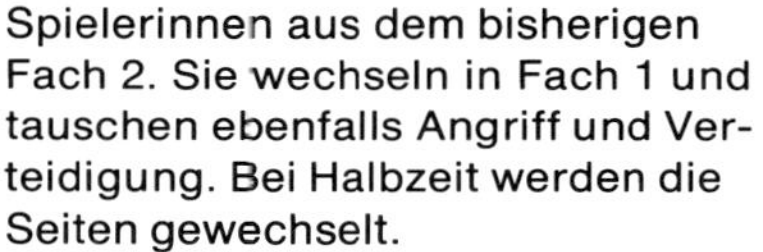

Spielerinnen aus dem bisherigen Fach 2. Sie wechseln in Fach 1 und tauschen ebenfalls Angriff und Verteidigung. Bei Halbzeit werden die Seiten gewechselt.
Gespielt wird mit einem Fußball (Größe 5) auf einen in jedem Fach stehenden Korb mit einer Höhe von 3,50 m und einem Durchmesser von 38–41 cm. Die Erwachsenen spielen auf einem 60 x 30 m großen Feld, also pro Fach 30 x 30 m, die Jugend- und Schülermannschaften auf einem 40 x 20 m großen Feld. In kleineren Hallen wird die Spielfläche halbiert, in größeren Hallen wird das Handballfeld benutzt (40 x 20 m). Der Korb steht jeweils ein Fachdrittel vom hinteren Spielfeldrand entfernt in der Mitte (1).
Korfball ist ein Spiel ohne Körperkontakt, d. h. daß der Gegenspieler nicht durch Sperren, Auflaufenlassen, Rempeln etc. behindert werden darf.
Korfball ist ein mannschaftsdienliches Spiel, die Spieler dürfen nicht mit dem Ball dribbeln oder laufen. Der Ball muß nach der Annahme sofort weitergespielt werden.
Korfball ist ein gemischt-geschlechtliches Spiel, bei dem jeder Spieler nur einen gleichgeschlecht-

1

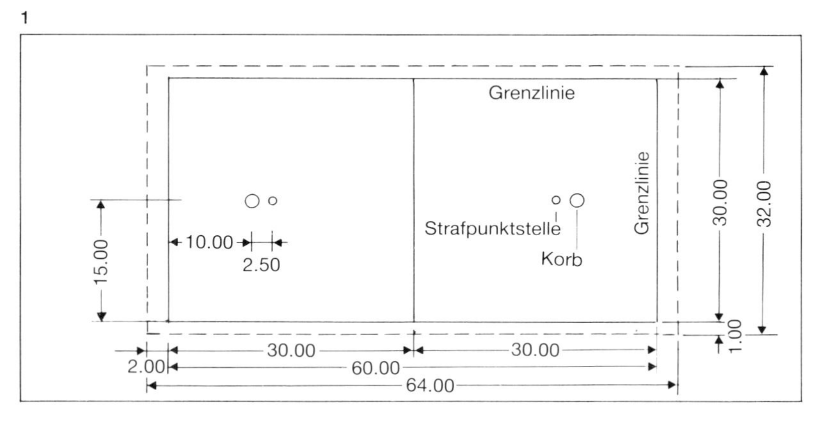

lichen Gegenspieler hat. Frauen und Männer spielen stets zusammen, aber nie direkt gegeneinander.

Entstehung und Entwicklung

Das Korfballspiel verdankt seine Entstehung dem Grundproblem gemeinsamen Spielens von Frauen und Männern, bzw. Jungen und Mädchen, das heute noch genauso aktuell ist wie vor 80 Jahren, als Korfball erfunden wurde. Wie läßt sich trotz aller Unterschiede in den Voraussetzungen der Geschlechter chancengleich spielen?
In Vereinen und Gruppen besteht häufig der Wunsch, daß Freund und Freundin, Ehepaare oder ganze Familien gemeinsam eine Sportart betreiben möchten, um sich in ihrer Freizeit noch besser kennenzulernen und durch gemeinsame Aktivitäten ihr Zusammengehörigkeitsgefühl zu stärken. Zugleich stellt auch die Koedukation in der Schule die Pädagogen vor die nicht immer leichte Aufgabe, Schüler und Schülerinnen für ein gemeinsames Spiel zu motivieren. Gerade in der Pubertät versuchen die Geschlechter, sich vorübergehend voneinander zu lösen und sind selten für gemeinsame Spiele zu begeistern, weil auf dieser Altersstufe die motorischen, physischen und psychischen Unterschiede sehr stark hervortreten. Korfball bietet hier wegen der durch bestimmte Regeln hergestellten Chancengleichheit beider Geschlechter den idealen Ansatzpunkt zum gemeinsamen Spiel.
Das Korfballspiel eignet sich damit auch als Ausgleichssport für alle Vereinsmitglieder, die sonst geschlechtlich voneinander getrennt ihren Sport betreiben.
Nach der Einführung in den Niederlanden im Jahre 1903 durch den Sportlehrer von Broekhuizen und der im gleichen Jahr erfolgten Verbandsgründung exportierten die Niederländer dieses Spiel zunächst in ihre damaligen Kolonien. Nach der Demonstration auf der Amsterdamer Olympiade 1928 wurde 1933 der internationale Verband gegründet (International Korfball Federation, IKF). Anläßlich des 75jährigen Bestehens des niederländischen Verbandes wurden 1978 die 1. Weltmeisterschaften durchgeführt.
Zur Zeit ist Korfball in 19 Staaten verbandsmäßig vertreten (7 in Europa, 6 in Amerika, 2 in Afrika, 4 in Asien und Australien). Darüber hinaus wird Korfball in weiteren 18 Ländern aktiv gespielt.
Nach einigen vergeblichen Versuchen, Korfball in der Bundesrepublik einzuführen, wurde aufgrund einer Städtepartnerschaft zwischen Delft und Castrop-Rauxel das Spiel hier vorgestellt. Die damalige Arbeitsgemeinschaft der Sportlehrer griff Korfball wegen der besonderen Vorzüge für den koedukativen Unterricht auf und führte es in den Schulen ein. Von 1965 bis 1967 beteiligten sich bis zu 35 Schulen an den Stadtmeisterschaften. 1966 beschlossen einige Sportlehrer zusammen mit interessierten Eltern und Spielern, an den DTB heranzutreten, um diese Sportart dort zu verankern. Diese Bemühungen hatten Erfolg. Seit 1967 vertritt der DTB Korfball auch offiziell im internationalen Verband. Zur Zeit gibt es ca. 1000 aktive Korfballer in 12 Vereinen. Über 60 Mannschaften aus dem Westfälischen Turnerbund und dem Rheinischen Turnerbund führen regelmäßig Meisterschaftsrunden durch. Darüber hinaus wird an vielen Universitäten und Schulen Korfball gespielt.

Technische Grundlagen und ihre Vermittlung

Die allgemeinen spieldidaktischen und -methodischen Aussagen dieses Buches (vgl. S. 23–29) sind auch Orientierungspunkte für das Erlernen des Korfballspiels. Den ÜL wird immer wieder die Frage beschäftigen, welche Methodik am besten zum Ziel führt. Hier kann und darf es keine Generalisierung geben, weil die physischen und psychischen Voraussetzungen neben altersspezifischen und weiteren Gesichtspunkten vom ÜL ein immer neues Einstellen auf die Gruppe erfordern. Entscheidend ist, ob der ÜL mit Anfängern arbeitet, ob er neue Spieler schnell in bestehende Mannschaften integrieren will oder ob er eine am Meisterschaftsbetrieb teilnehmende Mannschaft auf ein höheres Spielniveau bringen will.
Aufgabe dieses Beitrages kann es nur sein, ein Grundlagentraining mit Anfängern vorzustellen, wobei im Detail nicht auf altersspezifische Unterschiede eingegangen werden kann.
Zur Vorbereitung auf das Erlernen von Grundtechniken eignen sich zu Beginn eine Reihe von Spielformen

wie z. B. Völkerball (genauer Wurf und Fangsicherheit, Reaktion), Treibball (Weitwurf, Fangen und Raumaufteilung), Sprintstaffeln (schneller Antritt, Ausdauer), »Der Kaiser schickt seine Soldaten aus« (Ausweichen, täuschen), Fangspiele (Sprint, ausweichen, reagieren). Nach dem Erlernen von Grobformen der Grundtechniken sollte möglichst schnell Korfball gespielt werden. Dabei ist es am Anfang nicht so entscheidend, daß alle Regelverstöße geahndet werden. Vielmehr sollte der ÜL darauf achten, daß sich Freude am miteinander Spielen entwickelt. Ständige Fehlerkorrekturen und zu genaue Regelauslegung lassen keine Spielfreude aufkommen. Auch die Unterteilung in 2 Fächer kann bei geringerer Spielerzahl entfallen. Paßt das Zahlenverhältnis Mädchen – Jungen nicht, wird durch entsprechende Kennzeichnung (Parteienbänder, gleichfarbige Kleidung etc.) die Gleichzahl hergestellt. (Eine Spielreihe zur Einführung des Korfballspiels im Kinderturnen findet sich im DTB-Lehrplanband 6 »Kinderturnen« S. 74.)
Erst wenn sich eine feste Mannschaft oder Abteilung bildet, die Korfball auch wettkampfmäßig betreiben will, müssen strengere Maßstäbe angelegt werden.

Der Korbwurf

Ziel aller Zielwurf- und Zielschußspiele ist es, häufiger das jeweilige Ziel zu treffen als die Gegenpartei. Da im Korfball nur aus einer unbehinderten Position auf den Korb geworfen werden darf (siehe S. 72), entzerrt sich das Spiel weg vom Korb in den freien Raum. Erfahrungsgemäß ist die Mannschaft erfolgreicher, die über die besseren Weitwerfer verfügt. Der Korbwurf aus dieser Position ist daher besonders wichtig. Folgender Bewegungsablauf ist zu beachten (Bild 1; 2a, b; Abb. 2):

- Die Füße stehen leicht gegrätscht und die Knie sind leicht gebeugt.
- Der Körper steht frontal zum Korb.
- Der Ball wird mit beiden Händen auf Brusthöhe gebracht, wobei sich die Daumen hinter bzw. unter dem Ball befinden.

1

2a

2b

2

- Die Finger sind gespreizt und die Arme angewinkelt.
- Durch weiteres Beugen in den Knien wird das Gesäß in Richtung Fersen abgesenkt (nie nach vorne beugen, da der Körper sonst nicht gestreckt werden kann).
- Die Streckung beginnt aus den Beinen heraus, setzt sich über Hüfte und Arme fort, bis schließlich über Daumen- und Fingerdruck der Ball die nötige Weite und richtige Richtung erhält.

Übung

Der ÜL stellt Körbe auf und verteilt Bälle. Hierbei ist es zunächst nicht entscheidend, daß Originalkörbe mit einer Höhe von 3 m (bis 12 Jahre) bzw. 3,50 m für Ältere aufgestellt werden. Wichtig ist, daß mit dem Ball ein Zielwurf geübt werden kann. Die Übenden werden automatisch versuchen, den Ball mit den verschiedensten Techniken in den Korb zu werfen. Nach einiger Zeit sollte der ÜL unterbrechen und den beidhändigen Streckwurf demonstrieren und üben lassen (siehe oben).

Ballannahme und Abspiel

Erste Erfolgserlebnisse beim Korbwurf regen die Gruppe zum Spiel an, wobei sich die Korfballregel, daß mit dem Ball weder gelaufen noch gedribbelt werden darf, als schwierig erweist. Der Ball muß entweder aus vollem Lauf sofort weitergespielt werden, oder der Spieler muß versuchen, schnellstens zum Stand zu kommen. Deshalb ist darauf zu achten, daß der

3a

Spieler sich sowohl beim Fangen als auch beim Abspiel in einer günstigen Stellung zum jeweiligen Mitspieler befindet. Beim Fangen des Balles wird das Körpergewicht seitlich nach hinten verlagert, um die Vorwärtsbewegung schneller abstoppen zu können. Das bedeutet auch, den Ball möglichst seitlich vom Körper anzunehmen, wobei gleichzeitig Arm und Fuß der Fangseite nach hinten geführt werden, während der andere Fuß vorne bleibt (Stemmstellung) (Bild 3). Nach der Annahme bewegt sich das Bein der Wurfarmseite (Spielbein) gleichzeitig mit dem Wurfarm nach vorne. Bevor der Fuß wieder Bodenkontakt hat, muß der Ball abgespielt sein. Der Bodenkontakt des Spielbeines ist zugleich der 1. Laufschritt (Bild 4a, b; 5a–c).
Im Anfängerbereich werden zunächst folgende Techniken geübt:

4a

4b

5a

5b

5c

a) Fangen mit beiden Händen vor dem Körper.
b) Fangen mit beiden Händen seitlich des Körpers rechts und links.
c) Fangen mit einer Hand seitlich rechts und links.
d) Druckwurf mit beiden Händen.
e) Direkter Wurf einhändig rechts und links.
f) Weitwurf einhändig rechts und links.

Je nach Leistungsstand müssen die Entfernungen dabei variiert werden.

Übung

- Zu a) Je 2 Spieler stehen sich mit einem Ball gegenüber und spielen sich den Ball in Brusthöhe beidhändig zu. Keine Bogenwürfe! Hierbei ist auf korrekte Bein-, Hand- und Fingerhaltung zu achten. Die Hände sind hinter dem Ball in Brusthöhe, die Daumen nach unten abgespreizt. Vor der Ballannahme sind die Arme nach vorne gestreckt und das Spielbein steht ebenfalls zum Partner. Beim Ballkontakt nehmen die Hände und der Körper dem Ball eine gewisse Geschwindigkeit, indem die Arme Richtung Brust abgewinkelt werden und das Spielbein nach hinten gesetzt wird. Beim Abspiel erfolgt genau der umgekehrte Bewegungsablauf. Hierbei ist besonders auf einen flüssigen Bewegungsablauf zu achten.
- Zu b) Gleiche Übung wie zuvor, nur wird der Ball jetzt seitlich gefangen, wobei sich der Wurfarm beim Fangen hinter dem Ball befindet.
- Zu c) Der Ball wird auf den Mitspieler gezielt; jetzt muß der Körper durch entsprechende Beinarbeit dem Ball so geschickt ausweichen, daß der Ball auch wirklich seitlich gefangen werden kann.
- Zu d) Der Ball verläßt die Hand, bevor das Spielbein Bodenkontakt hat. Das Aufsetzen des Spielbeines ist zugleich der erste Laufschritt in Richtung Partner. Mit dem Abspiel läuft der Spieler einige Schritte hinter dem Ball her und geht auf seine Ausgangsposition zurück. Jetzt wirft der gegenüberstehende Partner; Entfernung und Anzahl der mit einem Ball übenden Partner sollten nach und nach vergrößert werden.
- Zu e) Gleiche Übung wie vorher, aber die Laufgeschwindigkeit wird jetzt erhöht. Zwischen rechts- und linksseitigem Fangen und Werfen sollte variiert werden, um einer Einseitigkeit vorzubeugen.
- Zu f) Gleiche Übung wie vorher, aber mit zunehmend größeren Abständen.
- Übungen a–f ständig wechselnd kombinieren.
- Aus den Partnerübungen wird eine Gruppenübung. Hierbei sollen Jungen und Mädchen stets gemischt üben. Auch ein Mädchen muß lernen, einen scharf angespielten Ball zu fangen. Beliebig viele Spieler stellen sich in zwei Gruppen hintereinander auf. Der erste Spieler der Gruppe 1

wirft den Ball zum ersten Spieler der Gruppe 2 und sprintet an das Ende der Gruppe 2. Der erste Spieler der Gruppe 2 wirft den Ball zum zweiten Spieler der Gruppe 1, sprintet los und stellt sich am Ende der Gruppe 1 wieder an usw. Bei der Gruppenaufstellung soll darauf geachtet werden, daß Jungen und Mädchen so stehen, daß sie einen Andersgeschlechtlichen anspielen müssen.

- Der Ball soll nicht zugeworfen, sondern einem im Sprint befindlichen Spieler sauber zugestellt werden: Die Spieler bilden einen Außenkreis mit einem Durchmesser von ca. 7 m; es wird ein Innenkreis von ca. 2 m Durchmesser markiert.
Die Anzahl der Spieler muß gerade sein. Spieler 1 sprintet zum ÜL im Innenkreis und bekommt den Ball locker zugestellt, d. h., der Ball wird nur auf der Stelle hochgespielt, aber nie über Schulterhöhe des entgegenkommenden Partners. Spieler 2 sprintet so rechtzeitig los, daß er den Ball von Spieler 1 noch im Mittelkreis zugestellt erhält. Nach dem Anspiel sprintet Spieler 1 auf die Position des ihm entgegenkommenden Spielers 2, usw. Wichtig ist der Moment des Starts, so daß der zum Innenkreis laufende Spieler noch am Kreis in vollem Lauf ist (3).

3

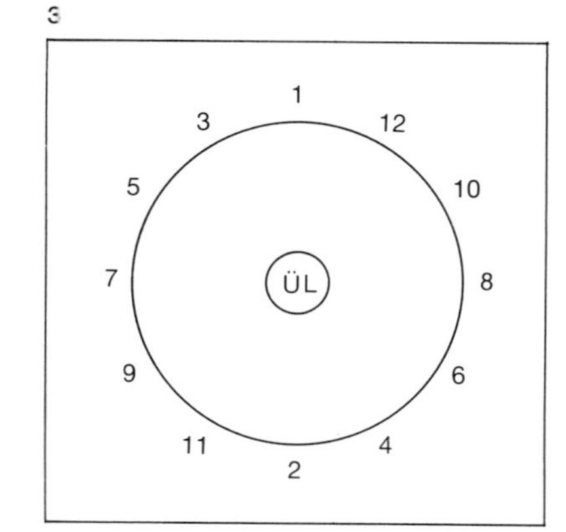

Verteidigung und Angriff

Korbwurf behindern

Im Gegensatz zu anderen Zielwurfspielen kann man im Korfball durch geschicktes Verteidigen den Stürmer daran hindern, daß er auf den Korb werfen darf (Bild 6). Dazu muß der Verteidiger folgende Bedingungen erfüllen:

a) Er muß zwischen Korb und Stürmer stehen (Bild 6).
b) Er muß dem Stürmer das Gesicht zugewandt haben (Bild 7).
c) Er muß in Armlänge von seinem Gegner entfernt stehen, wenn beide aufrecht stehen würden (Bild 8).
d) Er muß tatsächlich versuchen, den Ball zu blockieren (Bild 9). Diese Bedingung gilt nicht, wenn ein deutlich kleinerer Verteidiger den Korbwurf eines großen Angreifers zu verhindern sucht (Bild 10).
e) Es darf nur ein gleichgeschlechtlicher Spieler verteidigt werden.
f) Steht der Stürmer so nah am Korb, daß der Verteidiger die Bedingung a) nicht erfüllen kann, kann er unter Beachtung von b)–e) auch von einer Position hinter dem Korb verteidigen (Bild 11).

Grundprinzip des Angriffs

Die Stürmer werden zu Beginn immer wieder den Fehler machen, daß sie nicht direkt auf den Korb zustürmen, sondern stets im Kreis um das Ziel herumlaufen und es dadurch auch nicht unbehindert erreichen können. Aus dieser Negativerfahrung heraus kann den Stürmern sehr schnell begreiflich gemacht werden, daß der gerade Weg zum Korb immer der kürzeste ist und ein Durchbrechen – ein sogenannter Durchlaufball – in unmittelbarer Korbnähe nicht mehr möglich ist. Ist der Stürmer zu nah am Korb, muß er sich wieder vom Korb in den freien Raum lösen. Je weiter der Stürmer vom Korb entfernt ist, um so länger ist sein Weg zum Korb, aber zugleich verbessert sich seine Möglichkeit, den ihm folgenden Verteidiger zu überlaufen oder einen Weitwurf zu wagen, der nicht verteidigt ist.

Durchlaufball

Steht der Stürmer vom Korb aus gesehen links, so wendet ihm der Verteidiger die rechte Schulter mit dem ausgestreckten rechten Arm entgegen. Der linke Fuß steht hinten. Sein Körper ist etwas seitlich nach rechts zur direkten Korblinie versetzt, so daß der Stürmer nicht hinter seinem Rücken oder innen durchlaufen kann (Bild 12a, b). Steht der Stürmer vom Korb aus gesehen rechts, sind die einzelnen Bedingungen seitenvertauscht zu

6

7

8

9

10

11

12a

12b

12c

12d

12e

12f

verstehen (Bild 12c, d). Bei Bild 12b, d gibt der Verteidiger den direkten Weg zum Korb frei.
Wenn der Stürmer lossprintet, muß der Verteidiger schnell reagieren (Bild 12e). Er setzt den rechten Fuß über den linken, dann den linken Richtung Korb usw., so daß ein seitlicher Überkreuzschritt entsteht. Bei der Verteidigungsstellung sollten die Füße nie parallel zum Gegner stehen (Bild 12f), da der Verteidiger aus dieser Fußstellung nicht zum schnellen Rückwärtslaufen ansetzen kann. Zusätzlich wird der dem Gegenspieler abgewendete Arm als optische Barriere genutzt, indem er in Augenhöhe des Gegenspielers angewinkelt wird. So wird zum einen die freie Sicht zum Korb genommen, andererseits wird der Gegenspieler vom Korb aus schwerer anspielbar, weil die optimale Fanghöhe zwischen Brust und Kopf durch die verteidigende Hand blockiert wird. Der Arm darf aber nie zum Halten oder Klammern benutzt werden.
Beim Rückwärtslaufen darf sich der Verteidiger nicht mit dem Rükken zum Angreifer drehen, sondern muß stets so laufen, daß er die eingenommene Verteidigungshaltung beibehält.
Der Stürmer dagegen muß versuchen, durch schnellen und überraschenden Antritt, Körpertäuschungen oder Positionswechsel, den Verteidiger im direkten Sprint oder über den verzögerten Durchlaufball zu überlisten.

Verzögerter Durchlaufball
Beim verzögerten Durchlaufball versucht der Stürmer – ausgehend von der Grundstellung (Bild 12a, c), nach einem schnellen Sprintansatz plötzlich zu stoppen und den Körper in eine leichte Rücklage zu bringen. Dadurch wird bei entsprechender Scheinbewegung mit den Armen dem Verteidiger ein Anspiel vorgetäuscht. Der Verteidiger reagiert ebenfalls durch schnelles Stoppen und versucht, die Verteidigungsposition einzunehmen. Der Angreifer setzt aber seine Rücklage sofort wieder um in eine schnelle Vorwärtsbewegung und übersprintet damit den Verteidiger. Wichtig ist immer wieder, daß er den geraden Weg zum Korb sucht. Jede Richtungsänderung bringt Raumverlust und ermöglicht dem Verteidiger, seine Verteidigung neu aufzubauen.

Übung

- Der ÜL stellt für je 2 Spieler eine Markierung auf (Ständer, Fahnenstangen, Ringe etc.). Ein Stürmer versucht, diese Markierung zu erreichen, indem er seinen Gegenspieler durch geschickte Körperbewegungen täuscht. Der Verteidiger muß allein durch geschickte Gegenbewegungen den Stürmer daran zu hindern versuchen. Er darf weder klammern noch den Gegner festhalten oder ihn gar auflaufen lassen. Korfball ist ein körperkontaktarmes Spiel.
- Ein Spieler steht ohne Gegenspieler in Korbnähe oder an einer Markierung. Es werden gleichgeschlechtliche Stürmer-/Verteidigerpaare gebildet. Nach dem Anspiel an den Spieler in Korbnähe versuchen die Angreifer, einen Durchlauf- oder verzögerten Durchlaufball anzusetzen, den die Verteidiger verhindern sollen. Bei fortschreitender Spielstärke sollte der Stürmer Junge 1 (J 1) das Mädchen 1 (M 1) am Korb anspielen. Nachdem M 1 den Ball gefangen hat, stürmt J 2 zum Korb. Erfahrungsgemäß sind die Verteidiger am unaufmerksamsten, deren Gegenspieler nicht in Ballbesitz sind; deshalb sollte der Stürmer durchbrechen, der den Ball nicht gespielt hat. Außerdem ist darauf zu achten, daß Korbspieler und Durchlaufspieler verschiedenen Geschlechtern angehören, damit nicht ein am Korb verteidigender Junge einen durchbrechenden Jungen in der Verteidigung übernehmen kann und somit die Korbwurfchance vereitelt.
- Die Grundsituationen sollen durch den ÜL ständig verändert werden in bezug auf den freien Spieler und die Variationen im Zusammenspiel und Anspiel. Es ist darauf zu achten, daß der Ball nicht immer sofort zum Korb gespielt wird, sondern daß die drei durch Gegenspieler gedeckten Stürmer den Ball einige Zeit in den eigenen Reihen halten und dann überraschend zum Korb spielen. Gleichzeitig muß der Stürmer, der nicht zugespielt hat, die Chance blitzschnell erfassen und zum Korb durchlaufen.

Bei diesen Übungen sollten nicht nur die Korberfolge gewertet werden. Der ÜL sollte ein Punktsystem einführen, durch das auch die Leistung in anderen Spielhandlungen belohnt wird, z. B. gelungener Durchlaufball 1 Punkt, Wurf auf den Korb bei Berührung des Korbes 2 Punkte, Korberfolg 3 Punkte. Da der Ausgang eines Spiels sehr stark

13a

13b

13c

durch die Weitwürfe beeinflußt wird, sollten diese ständig in die Punktbewertung mit eingebaut werden. Gleichzeitig können auch Pluspunkte an die Verteidigung vergeben werden. Vorrangig aber sind noch nicht die Korberfolge, sondern das Zusammenspiel und die Freude am Spiel.

Korbwurf bei einem Durchlaufball

Der Korbspieler spielt etwa 2–4 m vor dem Korb (niemals weiter entfernt) seinem Mitspieler den Ball in dessen auffangbereite Hände. Die Hände erfassen den Ball von unten. Das im Moment der Ballannahme hinten befindliche Bein wird nach vorne oben angewinkelt, um die Vorwärtsbewegung besser in eine Vertikalbewegung hin zum Korb umsetzen zu können.
Um eine optimale Streckung zu erreichen, berührt das Absprungbein auch wieder zuerst den Boden (siehe Abb. 4, Bild 13a–c).

Übung

- Da viele Spieler erfahrungsgemäß zunächst Angst haben, direkt auf den Korb zuzulaufen und sich vor dem Korb zu strecken, können folgende Übungen durchgeführt werden:
  In der Halle wird vor einer Weichsprungmatte geübt, die zunächst durch Mitspieler gehalten wird und später direkt vor den Korb gestellt wird. Auf dem Sportplatz können ein locker gespanntes Seil oder eine Hochsprungmatte helfen. Die Spieler müssen aber von Beginn an lernen, daß sie nicht neben dem Korb herlaufen, sondern ihren Körper so weit unter Kontrolle bringen, daß sie den Wurf nach einem Sprint vor dem Korb sauber hochziehen können und auch vor dem Korb wieder Bodenkontakt finden.
- Ist die Angst genommen und wird die Technik beherrscht, kann als weitere Variante auch der Wurf aus der Seitposition mit Vorbeilaufen am Korb geübt werden.
- Das erste Mädchen der Gruppe II läuft durch, erhält den Ball von dem am Korb stehenden Jungen und wirft auf den Korb. Der Abspieler schließt sich hinten in Gruppe II an; die Korbwerferin in Gruppe I. Gleichzeitig läuft J Gruppe I los, fängt den Ball am

4

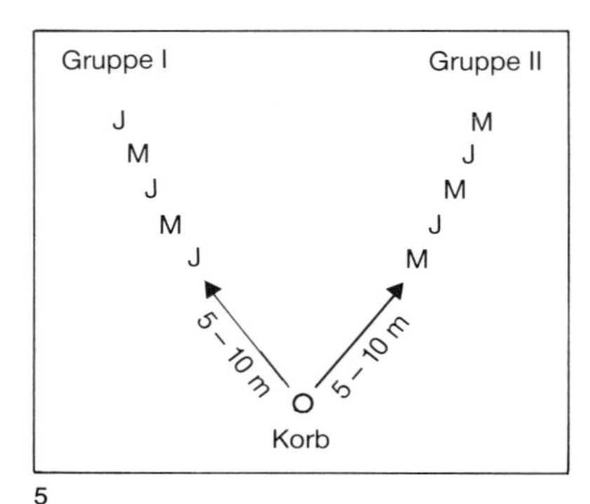

5

Korb ab und spielt J Gruppe II zum Korbwurf an, usw. Die aus Gruppe II kommenden Spieler werfen jeweils auf den Korb, und die aus Gruppe I kommenden Spieler fangen den Ball ab und spielen die stürmenden Spieler aus Gruppe II an (5).

Taktische Grundlagen und ihre Vermittlung

Bei der Hinführung zu wettkampfmäßigem Spiel sollten folgende taktische Grundlagen erarbeitet und beachtet werden:
Alle Spieler sind stets in Bewegung wenn der Ball in ihrem Fach ist. Die Spieler des anderen Faches beobachten das Spiel. Hierbei müssen sich die Stürmer schon jetzt in eine günstige Ausgangsposition bringen – etwa 8–10 m von der Mittellinie entfernt – um einem aus der eigenen Verteidigung zugespielten Ball entgegenlaufen zu können, während die Verteidiger sich ständig in unmittelbarer Nähe der Stürmer aufhalten, um eine freie Ballannahme zu verhindern.
Die Bewegungen der Stürmer sollen mit einer guten Raumaufteilung verbunden sein. Anfänger neigen dazu, hinter dem Ball herzulaufen.

Angriff

Die Grundformen der Raumaufteilung sind das Rechteck und das Dreieck. Das Fach wird aufgeteilt in 4 Teile (4 Spieler), 2 Teile vor dem Korb und 2 Teile hinter dem Korb (6a).

1. Angriffsform
Das in diagonaler Stellung zum Ball sich hinter dem Korb befindliche Mädchen M 2 läuft in die Anspielposition unmittelbar vor dem Korb und erhält den Ball von M 1.
Sobald M 2 in Ballbesitz ist, versucht Junge 1 (J 1) einen Durchlaufball (6b). Beachte, daß Korbspieler und durchlaufender Spieler verschiedenen Geschlechtern angehören!
J 1 im Korbbereich und J 2 hinter dem Korb versuchen, falls der Korbwurf nicht erfolgreich war, sich wieder in Ballbesitz zu bringen.
M 2 löst die Spielermassierung unter dem Korb dadurch auf, daß es in die frei gewordene Position von J 1 läuft (6c). Aus dem kleinen Dreieck wird wieder ein großes Dreieck.
J 1 spielt den Ball zu M 2 und löst sich nach links (6d). Dadurch ist die rechteckige Grundstellung wieder erreicht, die dann durch das diagonale Hereinlaufen von J 2 wieder zum kleinen Dreieck wird (6e). Abb. 6e und 6f sind dann wieder analog zu 6b und 6c.
Um den Verteidigern der nicht un-

6

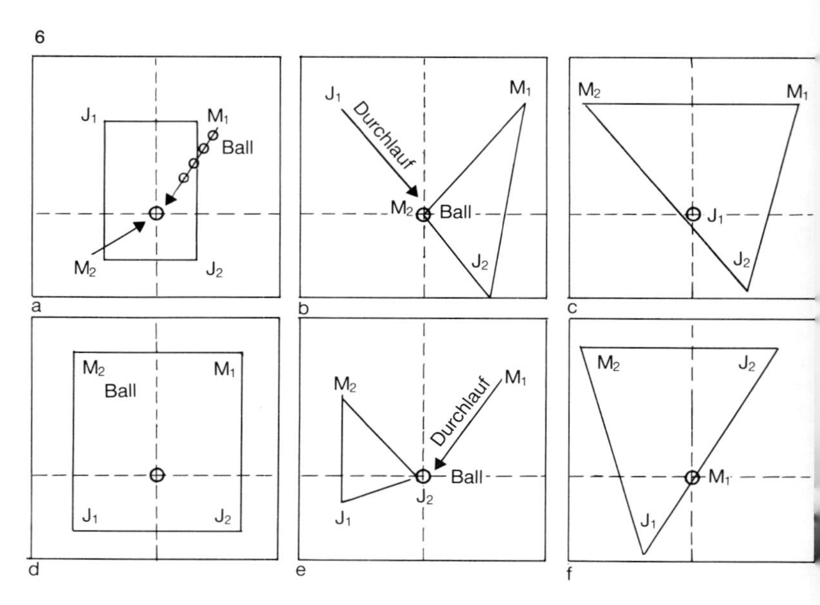

mittelbar beteiligten Stürmer (vgl. 6a), J 1 und J 2, zu Beginn des Angriffs keine Möglichkeit zu geben, zum Ball zu schauen, werden sie durch Scheinbewegungen der Stürmer gebunden. Diese Scheinbewegungen sind schnelles Vor- und Zurücklaufen in direkter Korbrichtung, Bewegungsraum etwa 2–4 m, um dem Verteidiger einen Ansatz zum Durchlaufball vorzutäuschen. Hieraus entwickelt sich auch bei gleicher Grundstellung die 2. Angriffsform.

2. Angriffsform
In Abb. 6b setzt J 1 einen Durchlaufball Richtung Korb an. Da der Verteidiger ihm aber folgen kann, stoppt J 1 unmittelbar vor dem Korb, ändert seine Laufrichtung zur Mittellinie, erhält ca. 4–8 m vom Korb entfernt den Ball von M 2 und macht einen Weitwurf.

3. Angriffsform
Sie schließt sich an das Herauslaufen von J 1 an. Folgt ihm der Verteidiger sehr eng, wird ihm M 2 den Ball nicht zuwerfen. J 1 versucht, durch eine geschickte Körperdrehung um seinen Verteidiger herum einen Durchlaufball.
Diese Grundformen des Angriffsspiels müssen immer wieder durch längere Ballstafetten vorbereitet werden, damit sich der Gegner nicht zu schnell auf ein Schema einstellen kann.

Prinzipien des Freilaufens

Um den Ball in den eigenen Reihen zu halten, müssen alle 4 Stürmer ständig in Bewegung und anspielbar sein.
Hierbei sollten durch die Spieler mindestens 3 der 4 Fachteile besetzt sein. Um anspielbar zu sein, müssen folgende Prinzipien beachtet werden:

- Nie zu nah an einer Begrenzungslinie stehen. Ein Ausweichen ist sonst nicht mehr möglich.
- Versuchen, den Verteidiger durch Scheinbewegungen auf der direkten Korblinie so zu behindern, daß er nicht zum Ball sehen kann.
- Der ballführende Spieler muß nach rechts und links eine Abspielmöglichkeit haben. Der 4. Spieler sichert immer den Diagonalraum oder läuft dorthin.
- Nicht hinter dem Ball herlaufen! Nach einem Abspiel für einen Rückpaß anspielbereit sein; läuft der Ball weiter, z. B. nach rechts, nach links weg in die Diagonalposition weiterlaufen.
- Die Verständigung mit den Mitspielern geschieht nicht durch Gestik oder Rufen. Blickkontakt, gute Beobachtung und Geschicklichkeit sind wichtig! Jedes Rufen irritiert die Mitspieler.

Ein guter Stürmer läuft $^{2}/_{3}$ bis $^{3}/_{4}$ der Spielzeit nur aus taktischen Gründen und nicht, um in Ballbesitz zu kommen. Das scheinbar vergebliche Laufen ist die Grundlage eines mannschaftsdienlichen Spielens. Wenn der Gegner verwirrt und überlistet werden soll, muß er ständig beschäftigt werden. Nur bei ständiger Bewegung wird der Verteidiger auszuspielen sein und die Möglichkeit zum Durchlaufball oder relativ unbehindertem Korbwurf geschaffen.
Der Ballbesitz ohne Korbanspiel kann folgendermaßen geübt werden (7a–e):

7

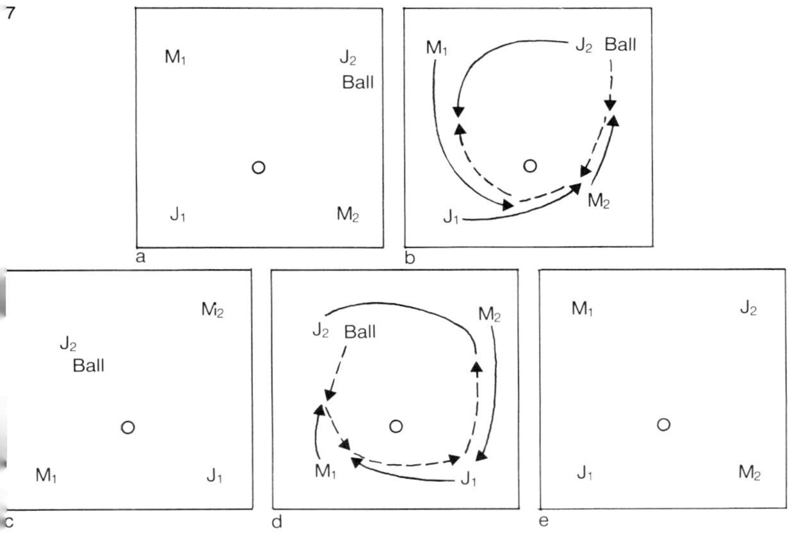

J 2 ist in Ballbesitz. Der Ball wird nach links gespielt. M 2 läuft entgegen und erhält den Ball. J 2 wartet, ob M 2 zurückspielt. M 2 spielt auf den hinter dem Korb herlaufenden J 1; J 2 löst sich nach rechts (7b). M 1 läuft in Richtung J 1 und erhält den Ball. Sie spielt ihn ab an den gegen die Ballrichtung laufenden Spieler J 2 (7b, c). Abbildung 8c zeigt die Endphase der ersten Ballstafette nach links und ist auch Ausgangspunkt für die Ballstafette nach rechts (7c–e).

Kombination der Angriffsformen

Während der Spielzüge über rechts und links kann ein Korbanspiel erfolgen und sich das Rechteck zu einem Dreieck formen. Die Kombination dieser Reihung – Ball rechts spielen – Ball links spielen – Auflösung zum Dreieck über Korbanspiel – Durchlaufball – verzögerter Durchlaufball – Abdrehen vom Korb zum Weitwurf – großes Dreieck – Rechteck – Ball rechts spielen usw. muß ständig in immer neuen Kombinationen geübt werden. Der Wechsel rechts-links soll nicht erst immer nach einer kompletten Runde geschehen, sondern auch nach 2 Runden oder nach nur einem Abspiel. Hier kann die Reaktion der Spieler durch Kommandos des ÜL verbessert werden.

Angreifen und Werfen

Spielentscheidend sind immer die geworfenen Körbe, so daß der ÜL in die Kombinationen den Korbwurf mit einbauen muß. Es sollte aber nicht »wild« geworfen werden, sondern der Werfer muß einen Blick dafür bekommen, ob sich ein Mitspieler in Korbnähe befindet, um einen Fehlwurf abfangen zu können. Dabei muß der Mitspieler nicht am Korb stehen, sondern es ist günstiger, wenn er aus einer Diagonalposition dem Ball entgegenlaufen kann, zumal in dieser Stellung der Verteidiger dem Korb – und damit dem Ball – den Rücken zugewandt hat. Aber auch hier soll der abfangende Spieler nicht blindlings zum Korb laufen (häufig unterläuft er dann den Ball), sondern den Gegner durch geschicktes Täuschen vom Ball ablenken, bis er sicher ist, an welcher Stelle er den Ball am günstigsten wieder in seinen Besitz bringen kann.

Verteidigung

Da die Verteidiger keinen Blickkontakt zum Ball und den eigenen Mitspielern haben, wenn sie sich voll auf die Verteidigung ihres persönlichen Gegenspielers konzentrieren, muß von dem Verteidiger ein Signal gegeben werden, der in Ballbesitz kommt. Häufig hört man das Wort »Partei« oder ein Kürzel des Vereinsnamens. Sobald die Mitspieler dieses verabredete Wort hören, lösen sie sich von den gegnerischen Stürmern und laufen sich frei, um den Ball in den eigenen Sturm zu spielen. Da aber auch zugleich die gegnerischen Stürmer ihre Sturmpositionen aufgeben und das Abspiel zu hindern versuchen, muß das Herausspielen des Balles aus der Verteidigung intensiv geübt werden. Da erfahrungsgemäß die meisten Ballverluste im Angriff

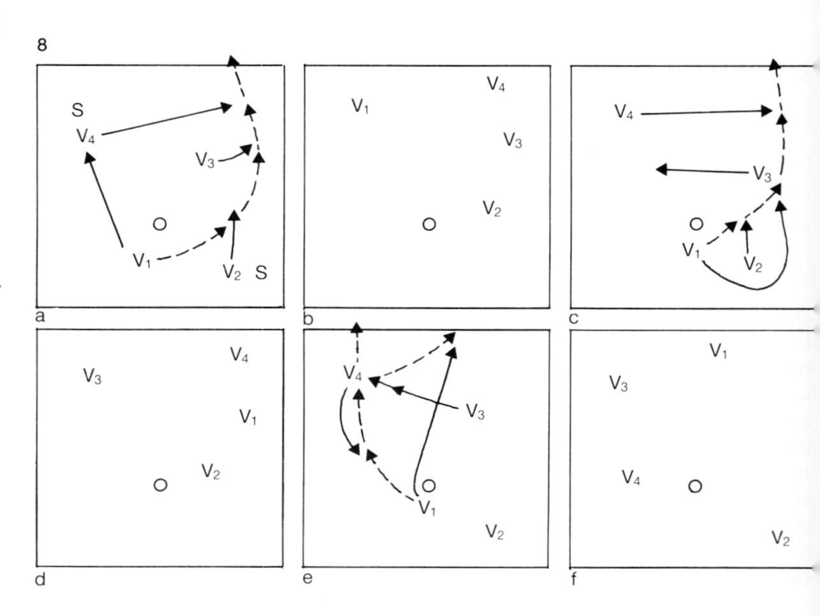

nach einem Fehlwurf auf den Korb auftreten, sollte auch der Korb Ausgangspunkt für das Umschalten von Verteidigung auf Angriff sein. Die Verteidiger müssen sich schnell aus dem Korbbereich lösen und den Ball an den Außenlinien entlang herausspielen, niemals durch die Mitte, da hier ein Ballverlust den Gegner wieder in eine unmittelbare Wurfposition bringen würde. Folgende Grundformen zum Herausspielen des abgefangenen Balles sollten geübt werden:

- Verteidiger 1 (V 1) hat den Ball abgefangen, V 2 löst sich vom Stürmer und erhält den Ball, den er weiterspielt, über den sich ebenfalls nach außen lösenden V 3. V 4 läuft in den unmittelbaren Grenzbereich an der Mittellinie, um den Ball sicher über eine kurze Distanz zum eigenen Stürmer spielen zu können. V 1 hat sich nach links in die vorherige Position von V 4 gelöst für einen evtl. Querpaß von V 4 (8a, b).
- V 1 spielt auf V 2, dieser auf V 4, V 3 löst sich nach links für einen Querpaß (8c, d).
- Der Ball wird nach links herausgespielt, V 4 kommt dem Ball entgegen, spielt auf den querlaufenden V 3, der entweder den mitgelaufenen V 1 oder direkt den eigenen Sturm anspielt (8e, f.)

Diese Grundvarianten müssen nach links und rechts und von verschiedenen Abfangpositionen aus immer wieder geübt werden. Zugleich soll aber auch den Stürmern die Aufgabe gestellt werden, durch konsequente Manndeckung das Herausspielen zu unterbinden. Gerade aus dem Spielfluß abgefangene Bälle bieten die beste Möglichkeit für einen schnellen Konter.

Literatur

FÜRST, S./W. WEICHERT: Spieler entwickeln ihr Spiel selbst. In: Sportpädagogik 8 (1984) 1, 49–52.

INTERNATIONAL KORFBALL FEDERATION (Hrsg.): Korfballregeln. Zeist 1984.

WEICHERT, W.: Korfball – das Wettkampfspiel für Jungen und Mädchen. In: Lehrhilfen (1981) 5, 75–80 (= Beilage zur Zeitschrift Sportunterricht).

WEICHERT, W.: Zur Struktur und Vermittlung eines »idealen« koedukativen Sportspiels. In: Sportunterricht 32 (1983) 4, 142–147.

WITTLER, K.: Korfball – ideales Spiel für die Koedukation. In: Sportpraxis 25 (1984) 1, 5–6.

Prellball

Spielgedanke und Grundregeln

In einem begrenzten, durch eine Leine getrennten Spielfeld, stehen sich zwei Mannschaften gegenüber. Der Spielball wird durch Schlagen mit der Faust (Prellen) so zum Gegner gespielt, daß dieser den Ball nicht mehr innerhalb seines Spielfeldes erreicht, bzw. den Ball nicht prellen kann.
Der Gegner versucht, diesen Ball durch die Prellbewegung unter Kontrolle zu bringen; er prellt den Ball entweder direkt zurück oder ins eigene Feld zum Mitspieler. Der Ball darf von einer Mannschaft dreimal geprellt werden, muß aber zwischendurch immer den Boden berühren. Mit dem 3. Schlag muß der Ball zum Gegner gespielt werden.
Die Angabe zur Eröffnung eines Spielzuges erfolgt hinter dem Spielfeld im Angaberaum. Einen Punkt erhält die Mannschaft, die den Gegner ausgespielt hat. Sieger des Spiels ist, wer nach einer festgelegten Zeit die meisten Punkte erzielt hat.

1

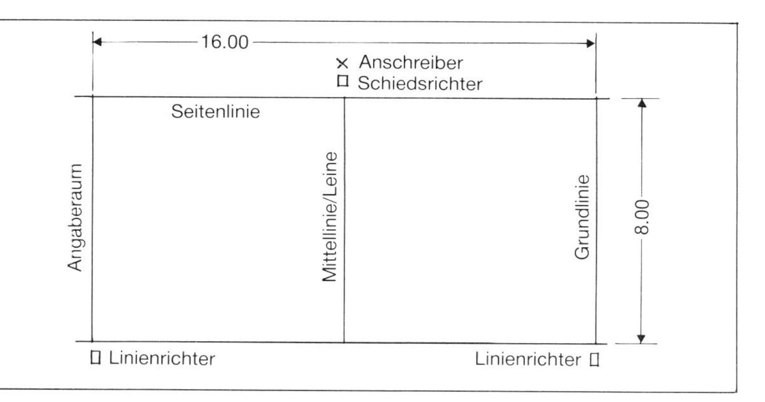

Spielfeld und Geräte

Das Spielfeld hat eine Größe von 16 x 8 m. Es wird durch eine 40 cm hohe Leine in zwei Hälften von 8 x 8 m geteilt. Die Seitenlinien sind an den Enden um 50 cm verlängert. Die Verlängerung begrenzt den Angaberaum (1).
Die Leine wird durch 2 Prellballständer straff gespannt. Der Spielball ist, wie der Faustball, ein nahtfreier Velour- oder Nappalederball mit einem Gewicht von 320 bis 380 g und einem Umfang von 62–68 cm.

Die Mannschaft

Eine Mannschaft besteht aus 4 Spielern und 2 Auswechselspielern. Zu einer spielberechtigten Mannschaft gehören mindestens 3 Spieler. Nach der Aufgabenverteilung während des Spiels erfolgt die Unterscheidung in Vorder-, Mittel- und Schlagmann.

Spieldauer und Spielleitung

Die Spielzeit beträgt 2 x 10 Minuten, zur Halbzeit werden die Seiten gewechselt.
Die Leitung des Spiels erfolgt

durch einen Schiedsrichter, dem ein Anschreiber und 2 Linienrichter zur Seite stehen.

Fehler

- Prellen außerhalb des Spielfeldes.
- Berühren der Leine und der Mittellinie durch den Ball oder einen Spieler.
- Ballberührung eines Körperteils, außer des Armes bis zum Ellenbogen.
- Die Flugbahn des Balles darf nach Verlassen der Faust nicht ansteigen (gestiegener oder gehobener Ball).

Entstehung und Entwicklung

Prellball ist eine relativ junge Ballsportart, die ausschließlich in Hallen durchgeführt wird. Die Väter dieses Spiels sind Turner, die ihre Übungsstunden durch Ballspiele auflockerten. Erst ca. 1925/26 läßt sich eine Art Prellballspiel über die umgedrehte Turnbank nachweisen. 1936 wurde erstmals in Schulen zur Auflockerung der Turnstunden nach selbsterarbeiteten Regeln gespielt. Mit der Erstellung von amtlichen Spielregeln im Jahre 1945 bekam diese Sportart auch Wettkampfcharakter und entwickelte sich zu einem eigenständigen Sportspiel.

Prellball wird inzwischen in der Bundesrepublik Deutschland als organisierter Wettkampfsport in allen Bundesländern gespielt. Auch in der DDR, Österreich und Schweden wird ein geregelter Spielbetrieb durchgeführt.

Vornehmlich durch deutsche Auswanderer kam das Prellballspiel auch nach Argentinien und Mexiko. In den Anrainerstaaten der Bundesrepublik, wie Frankreich, Belgien, Schweiz und Holland sind gerade in letzter Zeit die ersten Aktivitäten festzustellen.

Die internationale Zusammenarbeit und die Verbreitung im Ausland helfen mit, den in den letzten Jahren festzustellenden Aufwärtstrend beizubehalten. Dabei wird dem deutschen Prellball die führende und unterstützende Rolle zufallen müssen.

Technische Grundlagen und ihre Vermittlung

Der Schlag mit der Faust und das Prellen des Balles auf den Boden sind die Grundlagen des Spiels (Bild 1). Sprint- und Schnellkraft, Konzentration und Kondition sind notwendig, um den sehr schnell fliegenden Prellball unter Kontrolle zu bringen. Die Entfernung zum Gegner beträgt nur wenige Meter und die Wucht eines Unterarmschlages gleicht der eines getretenen Balles. Es ist ein Erfolgserlebnis, einen solchen Ball unter Kontrolle zu bekommen, um dann den eigenen Angriff aufzubauen, damit der eigene Schlagmann den Gegner überlisten kann.

1 Die Faust am Ball.

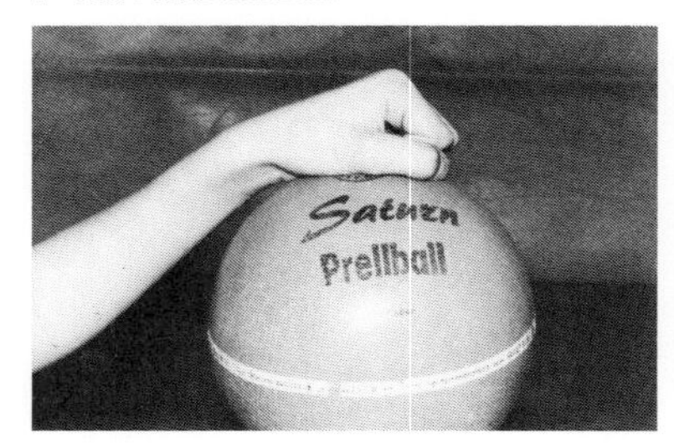

Ein durchtrainierter Körper, ein sicheres Auge für den Ball, ein gutes Verständnis in der Mannschaft und die Bereitschaft zu kämpfen, sind das Trainingsziel.

Struktur der Spielhandlungen

Die eingespielte Mannschaft wird im Laufe ihrer Spielpraxis einen bestimmten Spielrhythmus zeigen. Jeder Spieler weiß, wie groß der Aktionsradius ist, in dem ihm die Aufgabe der **Ballannahme** zukommt.

Der Schlagmann entwickelt eine eigene Schlagtechnik, die Ballvorlagen sind darauf zugeschnitten.

Eine Aufgabe ist für alle Spieler gleich: *den Ball durch Prellen zu kontrollieren.* Ein guter Schlagmann bringt die Punkte zum Sieg; aber nur durch gute Annahme und Vorlage kann er das erreichen.

Das wichtigste Spielelement ist daher nicht der Schlag, sondern die Ballannahme.

Für einen flüssigen Spielablauf ist das Drei-Mann-Spiel Voraussetzung. Der Spieler 1 wehrt den gegnerischen Ball durch Prellen auf den Boden ab, Spieler 2 bereitet den Ball für den dritten, den Schlagmann vor. Dieser schlägt den Ball möglichst im Unterarmschlag plaziert zum Gegner.

Die Aufgabenverteilung während des Spiels zwischen **Annahme** = Abwehr, **Zuspiel** = Schlagvorbereitung und **Schlag** = Angriff ergibt zwar eine Spezialisierung der Spieler, doch die *Abwehr durch die Ballannahme sollte jeder beherrschen.* Wird der Schlagmann einer Mannschaft durch ständiges Anspielen vom Schlag ausgeschlossen, muß diese Aufgabe auch von einem anderen Spieler erfüllt werden können.

Prellen

Der Ball wird mit der Faust auf den Boden geschlagen. Die Bewegung zum Ball erfolgt hauptsächlich mit dem etwas angewinkelten Arm und zusätzlich durch Bewegen der Faust im Handgelenk nach unten. Die Bewegungsrichtung von Ball, Arm und Faust geht immer abwärts zum Boden (2).
Die Grundstellung zur Abwehr des gegnerischen Balles erfordert eine große Konzentration und Spannung. Der Spieler steht in leichter Grätschstellung. Der Oberkörper ist aufrecht, die Arme leicht angewinkelt vor dem Körper. Um ein schnelles Zurücklaufen oder -springen zu ermöglichen, liegt der Schwerpunkt hinter den Beinen. Aus der Bereitschaftsstellung wird der Ball angenommen (Bild 2):

- vor dem Körper im Stand;
- vor dem Körper zwischen den Beinen (flache Bälle);
- neben dem Körper durch Schritt oder Sprung;
- über dem Kopf durch Zurücklaufen (hohe Bälle).

Die Bewegung des Körpers geht immer zum Ball hin, der Körper schirmt den Ball ab.
Die Prellbewegung erfolgt mit leicht angewinkeltem Arm, ein gestreckter Arm wirkt wie ein starrer Hebel, der Ball prallt nur ab und wird nicht geprellt.

2 Bereit zur Abwehr

Der Treffpunkt des Balles durch die Faust bestimmt die Richtung der Flugbahn. Nach dem Bodenkontakt verhält sich die Flugbahn nach dem Gesetz – Einfallswinkel gleich Ausfallswinkel (3).
Die Beherrschung und Kontrolle des Balles verlangt erst die Beherrschung und Ruhe des Körpers. Der Ball reagiert so, wie er behandelt wird.

Übung

Prellen vor dem Körper

- Der Spieler steht in leichter Grätschstellung. Der Ball wird immer wieder senkrecht auf den Boden geprellt. Diese Übung wird abwechselnd mit dem rechten und linken Arm ausgeführt.

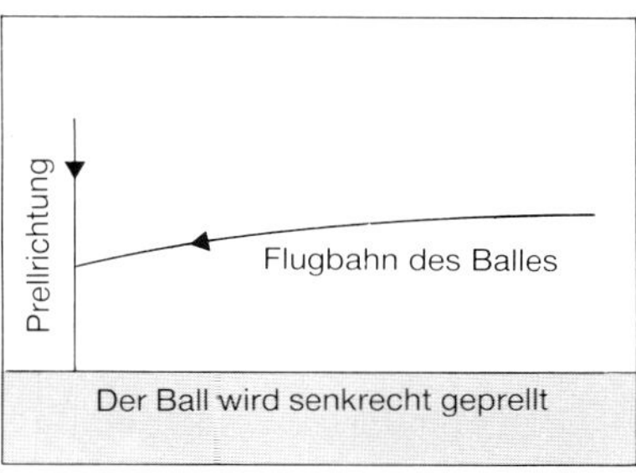

2

Fehler
– Der Oberkörper ist zu weit nach vorne gebeugt. Der Ball springt nach vorne weg oder trifft den Körper.

- Leichte Grätschstellung. Der Ball wird wieder senkrecht auf den Boden geprellt. Der Schlag zum Ball wird weicher ausgeführt, der Ball prallt weniger hoch zurück. Der Spieler geht mit dem Ball unter Beibehaltung der Grätschstellung in die HocKe. Dann den Ball abwechselnd hoch und tief, jeweils mit der rechten und linken Hand prellen.
Wird es notwendig, die Entfernung zum Ball durch einen Schritt zu korrigieren, soll vor der nächsten Prellbewegung wieder die Grätschstellung eingenommen werden.

3

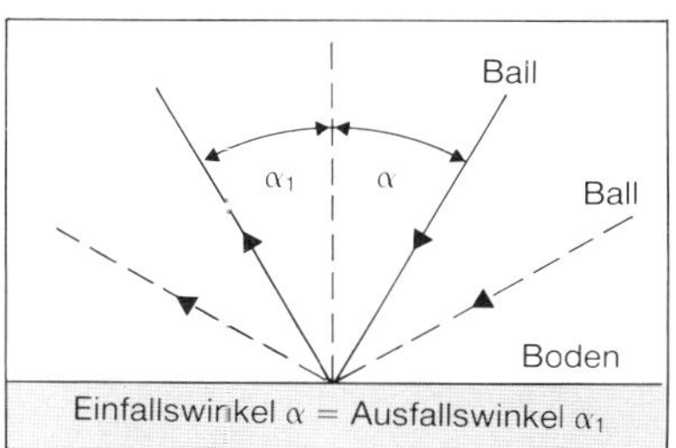

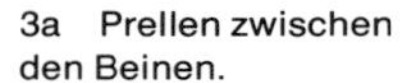

3a Prellen zwischen den Beinen.

3b Die Faust trifft den Ball.

4a Der Oberkörper ist aufrecht.

4b So soll es nicht gemach werden, die Knie sind durchgedrückt, der Oberkörper vo

Partnerübungen: Alle Partnerübungen werden im Wechsel durchgeführt. Der Ball soll so gespielt werden, daß der Partner lernen kann. Partnerübungen sind keine Wettbewerbsübungen. Als Ball kann der Prellball oder auch ein Gymnastikball genommen werden.

- Der eine Spieler sitzt mit gegrätschten, gestreckten Beinen auf dem Boden. Der Partner steht im Abstand von ca. 3 m und wirft den Ball so, daß er von dem sitzenden Spieler direkt aus der Luft geprellt werden kann. Der Arm prellt vor dem Körper (Bild 3a+b).

Fehler

- Der Ball fliegt nicht nach unten: die Faust greift zu wenig über den Ball, oder die Faust ist zu früh am Ball.
- Der Ball wird in den Körper geprellt: die Faust greift zu stark über den Ball oder der Oberkörper ist zu sehr nach vorne gebeugt.

- Beide Spieler stehen sich im Abstand von ca. 3 m gegenüber. Der Partner Nr. 1 läuft vorwärts, der Partner Nr. 2 rückwärts. Der Vorwärtslaufende wirft bzw. stößt den Ball in Kopfhöhe mit beiden Händen waagrecht zum Partner. Der fängt den Ball mit beiden Händen und wirft ihn senkrecht auf den Boden. Nr. 1 läuft weiter, fängt den Ball, wirft ihn wieder zum Partner, usw. Der Abstand der Spieler bleibt während des Laufens konstant.
- Wie Übung vorher, jedoch der rückwärtslaufende Partner prellt jetzt den Ball mit der Faust senkrecht auf den Boden. Der prellende Arm wird vor dem Körper geführt, der Oberkörper bleibt aufrecht, der Kopf oben (Bild 4a, b).

Fehler

- Der Ball trifft den Körper des Spielers: Der Oberkörper und/oder der Kopf sind nach vorne geneigt.
- Der Ball fliegt nach dem Prellen in Laufrichtung: im Moment des Ballkontaktes soll der Körper kurz zur Ruhe kommen; ein leichtes Strecken und Verharren in der Grätschstellung verhindert die Mitnahme des Balles.
- Der Ball fliegt seitlich rechts oder links weg: Der Armzug beim Prellen kommt von der Seite und erfolgt nicht senkrecht vor dem Körper.

- Die Partner stehen im Abstand von 2 m hintereinander. Der hintere Spieler wirft den Ball mit beiden Händen kräftig auf den Boden und ruft den Partner an. Der dreht sich um, bewegt sich zum Ball und prellt ihn senkrecht.

Prellen neben dem Körper

- Die Partner stehen sich im Abstand von ca. 3 m gegenüber. Der eine Spieler wirft den Ball etwa 1 m abwechselnd rechts und links neben den Körper des anderen Spielers (Hüfthöhe). Dieser macht einen seitlichen Ausfallschritt zum Ball und fängt ihn mit beiden Händen. Immer wieder zurück in die Ausgangsstellung (leichte Grätschstellung) gehen.
- Wie zuvor, jedoch wird jetzt geprellt. Der Armzug kommt senkrecht von oben. Befindet sich der Ball rechts vom Körper, wird mit

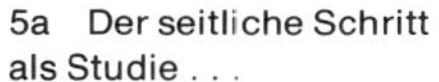

5a Der seitliche Schritt als Studie . . .

5b . . . und im Spiel.

6 Die Faust seitlich hinter dem Ball.

7 Näher am Körper kommt die Faust »von oben«.

der rechten Faust, ist er links, wird mit der linken Faust geprellt (Bild 5a, b).

- Ein Spieler sitzt in der Hocke, der andere steht im Abstand von ca. 3 m und wirft den Ball ½ m seitlich neben den Körper des hokkenden Spielers (Höhe 30 bis 50 cm). Dieser macht aus der Hocke einen seitlichen Ausfallschritt zum Ball hin und prellt den Ball rechts mit der rechten und links mit der linken Faust.
- Einer der Partner sitzt mit gestreckten, geschlossenen Beinen auf dem Boden. Der andere wirft den Ball ca. 1 m neben den Körper. Der sitzende Spieler prellt den Ball, indem er mit der schmalen Seite der Faust den Ball senkrecht auf den Boden prellt. Der Arm ist leicht angewinkelt (Bild 6).
- Wie zuvor, jedoch wird der Ball zum Partner zurückgeprellt, indem der Armzug nicht senkrecht, sondern schräg nach vorne geht. Der Treffpunkt des Balles liegt in der hinteren Hälfte. Je weiter hinten der Ball getroffen wird, desto weicher prellt er zurück. Wird der Ball zu nahe zum Körper geworfen, erfolgt die Prellbewegung nicht mehr mit der schmalen Seite, sondern mit der Innenseite der Faust von oben nach unten (Bild 7).

Fehler

- Der Ball berührt den Körper: Der Oberkörper ist nach vorne gebeugt oder dreht sich seitlich weg.
- Der Ball fliegt nach hinten weg: Die Prellbewegung erfolgt zu spät, weil z. B. der Schritt zum Ball zu kurz war oder die auslaufende Bewegung des Armes bereits nach hinten gerichtet ist und die Faust den Ball mitnimmt. Der Ball soll vor dem Körper geprellt werden.
- Der Ball fliegt seitlich weg: Der Schritt zum Ball ist zu kurz; der Oberkörper knickt in der Hüfte ein und verdreht sich (Bild 8); die Faust ist zu stark im Handgelenk nach hinten abgewinkelt.
- Der Ball wird auf dem Boden festgepreßt: Der Oberkörper beugt sich zu weit nach vorne, der Arm kann sich nicht vom Ball lösen; das Prellen erfolgt zu sehr mit der Innenseite der Faust; der Treffpunkt liegt zu sehr in der Mitte des Balles; der Arm ist gestreckt.

Ballvorlage

Das Zuspiel dient der Vorbereitung des Schlages. Der Schlagmann »lebt« von guten Ballvorlagen, nur dann ist der Schlagerfolg sichergestellt und Schlagfehler (Leinen-

8 So springt der Ball weg.

9 Der Schlagmann bereitet sich vor; Konzentration am Ball.

und Ausbälle) werden vermieden. Der vorlegende Spieler beruhigt nochmals den Ball in seiner Flugbahn und gibt ihm dabei gleichzeitig die Richtung, die Höhe und den Effet für den erfolgreichen Unterarmschlag.
Die Kontrolle der Vorlage ist um so besser, je kürzer der Weg des Balles zum Schlagmann ist. Der vorlegende Spieler sucht immer den kürzesten Weg zum Schlagmann, bzw. dieser läuft auf den Mitspieler zu und erwartet die Vorlage. Der Blickkontakt zum Ball ist Voraussetzung für jede erfolgreiche Ballführung. Der Blickkontakt zum Schlagmann sollte ebenfalls gegeben sein, der Vorlegende muß wissen, wo und wie er dem Schlagmann am günstigsten zuspielt. Ein weich und niedrig vorgelegter Ball ist sicherer und plazierter zu schlagen als ein harter und hoher.
Der Ball kommt weich und niedrig, wenn er mit der Faust erst unmittelbar über dem Boden vorgelegt wird (Bild 9). *Je tiefer die Prellbewegung erfolgt, desto »weicher« wird der Ball.*

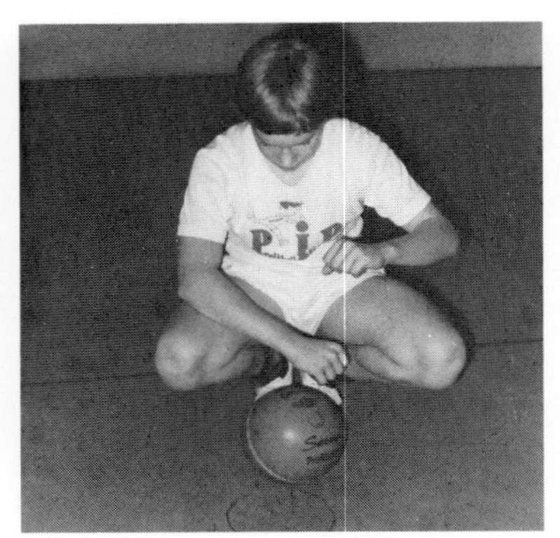

10 Schlechte Beinstellung, der Arm schlägt auf den Oberschenkel.

Übung

- Der Spieler geht in die Hocke und prellt den Ball zwischen den Beinen. Er bewegt sich im Entengang prellend einige Schritte vor- und rückwärts.
- Der Ball wird aus dem Stand sehr hoch geprellt. Der senkrecht herunterkommende Ball wird erst unmittelbar über dem Boden geprellt und auf diese Weise »weich« gemacht. Dazu verfolgen der Arm und der Körper bis zum letzten Augenblick den Ball, der Spieler geht ganz tief in die Hockstellung. Der niedrig zurückprellende Ball wird wieder hochgeschlagen usw. Üben mit der rechten und linken Faust.

Fehler
- Der Spieler schlägt mit dem Ellenbogen auf die Knie: die Arme sind seitlich abgespreizt, die Armbewegung wird durch die Knie behindert (Bild 10).
- Der Spieler fällt beim Gehen um: die Füße sind zu eng beieinander, eine breitere Gangart vermittelt einen sicheren Stand.

4

Wand
Schlagarm
Boden

Schlagen

Das Schlagen des Balles in das gegnerische Feld erfolgt durch zwei unterschiedliche Schlagarten: Hammerschlag oder Unterarmschlag.

Hammerschlag

Bei diesem Schlag wird der Ball vor oder neben dem Körper durch den senkrechten Armzug mit der Innenseite der Faust hoch in das gegnerische Feld geschlagen.
- Je weiter der Ball vor dem schlagenden Spieler auf den Boden trifft, desto weiter wird der Flug, d. h. je größer der Einfallswinkel, desto weiter die Flugbahn. Bei gleicher Armhaltung wird der Einfallswinkel beim Schlagen durch Zurücklehnen des Oberkörpers immer größer (4).
  Im Spiel ist der Hammerschlag ein sicherer Schlag nach einer schlechten Vorlage. Allerdings sind diese Bälle auch leicht vom Gegner einzuschätzen und bringen zumeist nur als Überraschungsschläge Punkte.

Unterarmschlag
Der Unterarmschlag ist der eigentliche Angriffsschlag. Er macht das Prellballspiel so schnell und gibt ihm die nötige Dynamik. Die Ausführung dieses Schlages verlangt ein hohes Maß an Bewegungskoordination. Die Bewegung verläuft in folgenden Phasen (siehe Bildreihe 11).
Der Spieler steht im Ausfallschritt, der dem Schlagarm entgegengesetzte Fuß ist vorn. Das hintere Bein ist gestreckt. Der Fuß steht quer zur Schlagrichtung, um einen sicheren Stand zu finden. Das vordere Bein ist im Kniegelenk gewinkelt, die Fußspitze zeigt nach vorne. Bei gebeugtem Oberkörper befindet sich der gestreckte Schlagarm nahezu senkrecht über dem Körper (Bild 11a, b).
Der Schlagarm beginnt die kreisende Schlagbewegung am Körper vorbei von hinten nach vorne. Der andere Arm wird zur Stabilisierung des Gleichgewichtes entgegengesetzt oder seitlich geführt (Bild 11c). Die Faust trifft den Ball ganz knapp über dem Boden in Höhe des vorderen Fußes. Der Oberkörper ist stark nach vorne geneigt. Der Spieler sieht den Ball an (Bild 11d).
Die Schlagbewegung wird weiter ausgeführt, der Schlagarm schwingt nach vorne aus. Der gesamte Körper geht durch den Schwung ebenfalls in Schlagrichtung mit, der entgegengesetzte Arm stabilisiert durch entgegengerichtete Bewegung das Gleichgewicht (Bild 11e).

Beachte

- Der Unterarmschlag wird mit dem gestreckten Arm als Hebel unter wohl dosiertem Krafteinsatz ausgeführt. Ein wildes »Drauflosprügeln« führt zu Schlagfehlern und Verletzungen an der Faust und im Ellenbogen.
- Der Spieler sieht beim Schlagen immer den Ball an. Die Beobachtung des Gegners erfolgt unmittelbar vor dem Schlag.
- Die drei Phasen des Bewegungsablaufes – *Stellen zum Schlag, Treffen des Balles, Weiterführung der Schlagbewegung* – sind die Grundvoraussetzungen, um Schlagfehler zu vermeiden.

11c Die Schlagbewegung beginnt.

11d Treffpunkt des Balles.

11a Die Grundstellung von der Seite . . .

11b . . . und von vorne.

11e Ausschwingen der Arme.

12 Die Angabe aus der Hand.

5

Schlagvarianten

Angabe als Unterarmschlag

Die bisherige Bewegungsbeschreibung zum Unterarmschlag stellt den Schlag aus der Bewegung im Spiel dar. Beim Angabenschlag aber ist der Körper in Ruhe und der Bewegungsablauf daher leichter zu üben. Der Ball wird locker mit der linken Hand neben dem linken Knie gehalten. Beginnt die Schlagbewegung, läßt die Hand den Ball fallen. Die Faust trifft den Ball kurz über dem Boden (Bild 12).

Der flach und der hoch geschlagene Ball

Die Höhe des geschlagenen Balles wird wesentlich durch das physikalische Gesetz »Einfallswinkel gleich Ausfallswinkel« bestimmt.
Den Einfallswinkel gibt der Spieler vor durch

- die Höhe des Balles am Schlagpunkt: je näher der Ball dem Boden ist, desto flacher wird die Flugbahn (5);
- das Vorbeugen des Oberkörpers: je stärker der Oberkörper gebeugt ist, desto höher fliegt der Ball, da der Einfallswinkel verkleinert wird;
- die Entfernung zwischen Schlagpunkt und Bodenkontakt: je weiter vor dem Körper der Ball getroffen wird, desto flacher wird die Flugbahn.

Der angeschnittene Ball

Wird der Ball beim Schlagen in der Mitte getroffen, wird die Flugbahn gerade; trifft man ihn mehr auf der rechten Seite, fliegt der Ball mit Effet nach links; mehr auf der linken Seite, mit Effet nach rechts (Bild 13a+b).

Übung

Hammerschlag

- Ein Spieler stellt sich im Abstand von ca. 3 m vor eine Wand. Der Ball wird so geschlagen, daß er nach dem Prellen auf den Boden gegen die Wand und zurück zum Spieler springt. Dieser steht beim Schlagen hinter dem Ball, der Armzug kommt vor dem Körper senkrecht von oben nach unten.

Unterarmschlag

- Der Bewegungsablauf des Unterarmschlages wird ohne Ball immer wieder einstudiert. Die Bewegungen werden erst langsam, dann schneller ausgeführt (Bildreihe 11).

13a Der Ball fliegt nach links.

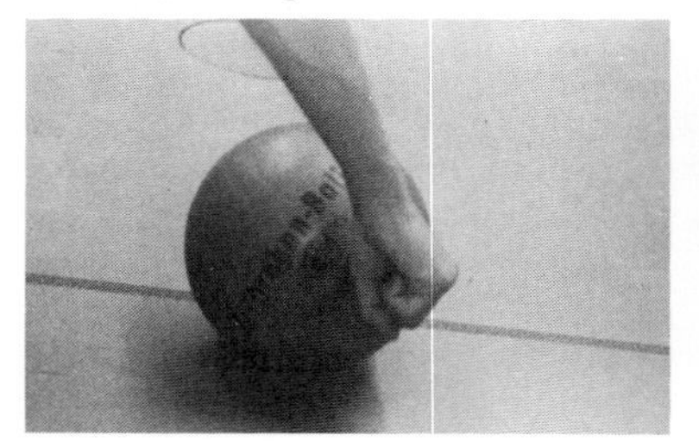

13b Der Ball fliegt nach rechts.

- Es wird der Angabeschlag geübt. Dabei ist besonders die zeitliche Abstimmung zwischen Fallenlassen des Balles und Treffen knapp über dem Boden zu üben.
- Der Ball wird auf eine Markierungslinie der Halle gelegt und von dort über den Boden geschlagen. Dabei Auftreffpunkt der Faust variieren: von hinten in der Mitte, rechts und links seitlich.
- Der Schlagmann steht im Ausfallschritt. Ein anderer Spieler läßt den Ball senkrecht fallen. Der Ball wird geschlagen, wenn er vom Boden zurückspringt. Der Treffpunkt liegt in Höhe des – der Schlaghand entgegengesetzten – Fußes dicht am Körper.
- Der Ball wird dem Schlagmann von rechts oder links mit Bodenkontakt so zugeworfen, daß er sich in die Ausgangsposition (Ausfallschritt) bewegen muß.
- Der Schlagmann steht in einem Abstand von ca. 3 m vor einer Wand und schlägt den Ball aus der Hand. Der zurückspringende Ball wird selbst vorgelegt (durch Prellen) und wieder gegen die Wand geschlagen.
- 2 Spieler schlagen sich den Ball über einen Kasten zu. Der geschlagene Ball wird durch Prellen gestoppt, vorgelegt und zurückgeschlagen.
- Zwischen zwei Ständern wird eine Leine 40 cm über dem Boden, eine zweite 2 m hoch gespannt. Der Ball wird abwechselnd über die obere Leine und zwischen den Leinen durch geschlagen.
- Der Ball wird aus der Hand gezielt in hoch- und quergestellte Kastenteile geschlagen.

Fehler

- Der Ball fliegt waagrecht ohne Bodenkontakt: die Abstimmung zwischen Armbewegung und Zeitpunkt des Schlages ist nicht gegeben.
- Der Ball wird auf den Boden gepreßt: der Oberkörper ist zu stark geneigt oder der Schlagarm nicht schnell genug.
- Der Ball fällt zu früh ab (Leinenball): der Schlagarm beginnt die Bewegung nicht von oben oder der Arm schwingt nicht nach vorne aus, die Schlagbewegung wird abgebrochen.
- Der Ball steigt beim Verlassen der Faust an: der Oberkörper ist zu sehr aufgerichtet, zumeist bedingt durch starkes Einknicken des hinteren Beines, oder der Arm wird nicht von oben nach unten parallel zur Körperlängsachse, sondern seitlich geführt.
- Der Spieler hebt beim Schlag das hintere Bein: der Bewegungsausgleich erfolgt nach oben, weil das vordere Bein gestreckt wird (Bild 14).

14 So soll nicht geschlagen werden.

Anwendung der Techniken in Spielformen

Spiel über die Leine

Zum Erlernen des Spielablaufes in der Mannschaft wird über eine 40 bis 60 cm hoch gespannte Leine in zwei Spielfeldern gespielt. Als Grundregeln gelten das Prellen über die Leine, das dreimalige Prellen im eigenen Feld und die Feldbegrenzung als Außenlinie. Die Anzahl der Spieler und sonstige Regelungen werden vorher festgelegt, sie brauchen den offiziellen Prellballregeln nicht zu entsprechen (z. B. könnte Prellen mit der offenen Hand erlaubt sein).

Spiel über die Bank

Zwischen zwei Markierungslinien in der Halle wird eine umgedrehte Turnbank gestellt. Je 2 Spielgruppen aus zwei oder drei Spielern stehen sich gegenüber und spielen sich den Ball durch Prellen zu. Die seitliche Begrenzung ist durch die Enden der Bank festgelegt. Das Spiel kann erschwert werden durch eine hintere Begrenzung oder durch die Vorgabe des Drei-Mann-Spiels.

Spiel im Feld

In einem Prellball- oder Volleyballfeld stehen sich zwei Mannschaften gegenüber. Der Ball wird nur mit dem Hammerschlag gespielt. Das Drei-Mann-Spiel ist Grundbedingung. Durch gezieltes, hohes Schlagen wird der Gegner ausgespielt.

Spiel mit zwei Bällen

Gespielt wird wie vorher, allerdings kommt ein zweiter Ball ins Spiel. Um den Spielablauf unter Kontrolle halten zu können, müssen einige Regeln beachtet werden: das Drei-Mann-Spiel ist unbedingt erforderlich, sonst wird ein Fehler gewertet; der Ball darf ausschließlich im Hammerschlag von oben geprellt werden; wird mit einem Ball ein Fehler gemacht, wird der andere weitergespielt. Der zweite Ball kommt dann wieder ins Spiel, wenn der erste die Leine überfliegt.

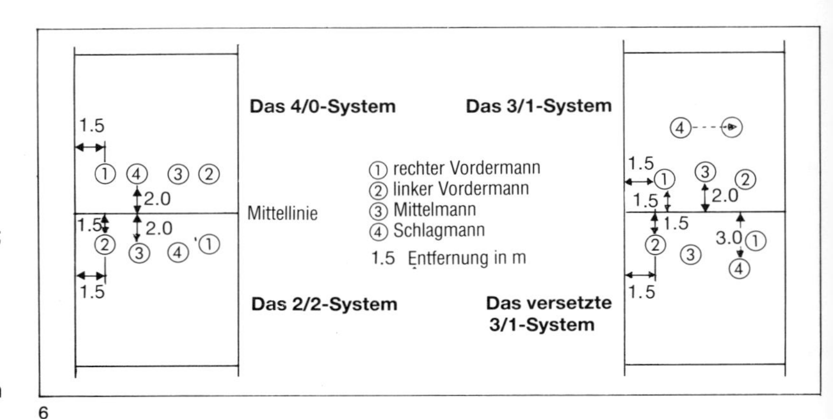

6

Taktische Grundlagen und ihre Vermittlung

Werden die technischen Fertigkeiten des Prellballspiels wenigstens in Grundzügen beherrscht, kann es bereits zu einem dynamischen, abwechslungsreichen und von taktischen Überlegungen geprägten Spiel kommen. Das Sportspiel Prellball wird wesentlich bestimmt durch ein variantenreiches Angriffsspiel des Schlagmannes, das aber durch eine günstige Vorlage des Balles durch die Mitspieler vorbereitet wird. Die gegnerische Mannschaft versucht ihrerseits, sich in ihrem Feld günstig zu plazieren, um den Angriffsschlag möglichst so abwehren zu können, daß der Ball im eigenen Feld bleibt und wieder sicher und ruhig für einen eigenen Angriff vorgelegt werden kann.

In der Praxis haben sich verschiedene Grundformationen als Spielsysteme ergeben, die zum einen das Ziel haben, möglichst jeden Bereich des relativ großen Spielfeldes sicher abzudecken, und zum anderen den Schlagmann in eine günstige Schlagposition zu bringen. Welches Spielsystem angewendet wird, ist abhängig von

a) dem unterschiedlichen Können der Einzelspieler und
b) der taktischen Einstellung zum Gegner.

In Abb. 6 werden vier Spielsysteme dargestellt, wie sie in der Praxis Anwendung finden, wobei das 2:2- und das 3:1-System häufiger benutzt werden.

Die Grundaufstellungen werden zunächst bei der Angabe des Gegners eingenommen. Das jeweilige Spielsystem ist abgestimmt auf das besondere Können jedes einzelnen Spielers; drei gute Abwehrspieler und ein guter Schlagmann bevorzugen das 3:1-System, zwei gute Abwehrspieler und zwei gute Schlagmänner spielen effektiver das 2:2-System. Während des Spielverlaufes werden die Positionen der Spieler laufend der Stellung des gegnerischen Schlagmannes angepaßt. Die wichtigsten Schlagpositionen und die entsprechenden Stellungen der abwehrenden Mannschaft sind in Abb. 7–12 dargestellt. (Zum besseren Verständnis werden die beiden Spielhälften zusätzlich in 4 Quadrate unterteilt.)

Der Schlag aus der Mitte

Die bevorzugten Schlagrichtungen sind: rechts und links kurz in die Ecken; lange, flach oder hoch geschlagene Diagonalbälle in die rechte oder linke hintere Ecke; gerade und flach geschlagene Bälle (7).

Die Stellung der abwehrenden Mannschaft (8) entspricht der Grundstellung beim 2:2-System. Die Außenspieler decken die Ecken im Bereich der Leine und den seitlichen Raum in der vorderen Spielhälfte. Die beiden Mittelspieler sichern die Mitte bei flachen Bällen und erlaufen Lobbs in den Quadraten 3 und 4.

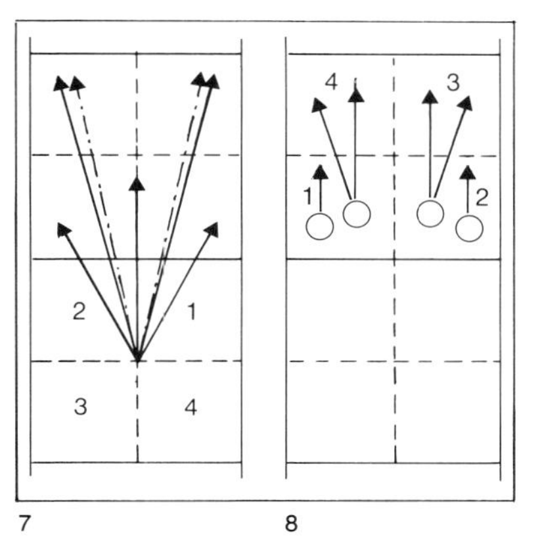

7 8

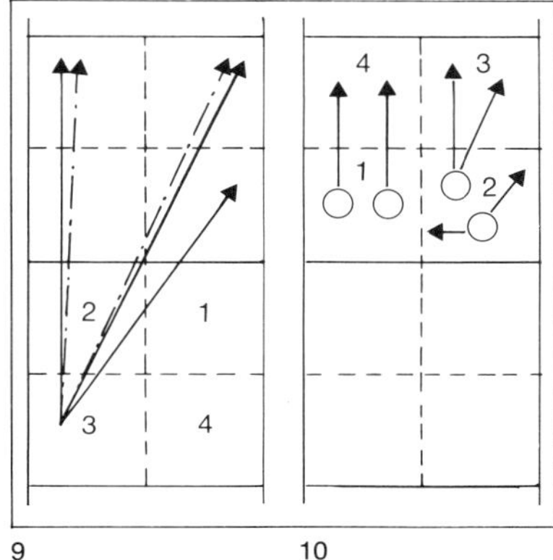

9 10

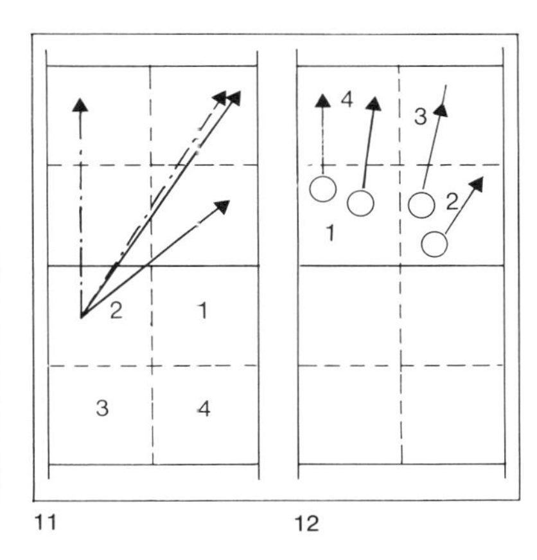

11 12

Der Schlag von der Seitenlinie aus der hinteren Hälfte

Die bevorzugten Schlagrichtungen sind: hoch oder flach entlang der Seitenlinie; hoch oder flach diagonal in die hintere Ecke; kurz in die rechte Ecke (9).
Die abwehrende Mannschaft (10) verlagert ihre Positionen in Richtung Seitenlinie; je näher deren Schlagmann zur Grundlinie steht, desto mehr geht die gesamte Mannschaft mit. Der rechte Vordermann steht dem Schlagmann genau gegenüber. Der linke Vordermann verläßt die Ecke und kommt einem eventuell kurz, diagonal geschlagenen Ball entgegen. Er unterstützt auch den Mittelmann, der das Quadrat 3 zu decken hat, bei flachen Bällen. Der Schlagmann muß, wie der rechte Vordermann, Lobbs im Quadrat 4 erlaufen.

Der Schlag von der Seitenlinie aus der vorderen Hälfte

Die bevorzugten Schlagrichtungen sind die gleichen wie beim Schlag aus der hinteren Hälfte. Allerdings ist das Risiko bei einem geraden flachen Schlag entlang der Seitenlinie sehr hoch, in die Leine zu schlagen. Ein Lobb entlang der Seitenlinie ist sicherer. Der kurze diagonale Ball in die vordere Ecke ist aus der vorderen Position viel effektiver als aus der hinteren (11).
Der rechte Vordermann der abwehrenden Mannschaft geht in seiner Position weiter zurück, er erwartet einen Lobb. Der linke Vordermann geht noch weiter ins Feld, er verkürzt die Diagonale und nimmt damit die Gefährlichkeit des kurzen, diagonalen Balles. Der Mittelmann sichert wieder das Quadrat 4, der Schlagmann steht etwas vor dem linken Vordermann (12).
Die Beherrschung der Spielsysteme sowie ein variationsreiches, dynamisches Spiel verlangen ein hohes Maß an Übung und Erfahrung.
Dies sollte zunächst durch häufiges Anwenden der einzelnen Elemente in komplexen Spielformen in den Übungs- und Trainingsstunden entwickelt werden. Hierbei bedarf es auch immer wieder der Beobachtung und Korrektur durch den ÜL. In den Übungs- und Trainingsspielen festigen sich dann die Fähigkeiten zum situationsangemessenen taktischen Verhalten so weit, daß sie auch im Wettkampf zielsicher angewendet werden können.

Ringtennis

Spielgedanke und Grundregeln

Das Sportspiel Ringtennis wird mit einem weißen Ring gespielt, der von Kindern und Erwachsenen gleich gut zu greifen ist, da er nur einen Durchmesser von 3 cm hat und im Umfang kleiner als ein Fußball ist.
Beim Ringtennis stehen sich jeweils zwei Mannschaften auf einem Spielfeld, das durch ein Netz in zwei Hälften getrennt ist, gegenüber (1). Jede Mannschaft versucht, den Ring so über das Netz in das gegnerische Feld zu werfen, daß er den Boden berührt oder die Gegenmannschaft ihn nicht festhalten kann. Ringtennis wird im Einzel, Doppel und Mixed gespielt. Jede Mannschaft versucht eine Bodenberührung des Spielgerätes zu vermeiden, indem sie den Ring fängt (Fangen). Ohne Abspiel im eigenen Feld muß der Ring sofort wieder zurückgeworfen werden; deshalb führt ihn der Fänger – ohne den Bewegungsfluß zu unterbrechen – in eine geeignete/optimale Abwurfposition (führen), so daß er variantenreich geworfen werden kann (Werfen). Bei einem Fang-, Führ- oder Wurffehler bekommt die Gegenmannschaft den Ring, um ihn durch eine Aufgabe erneut ins Spiel zu bringen. Die aufgabeausführende Mannschaft hat damit einen Punkt erzielt (2).
Um Ringtennis schnell und abwechslungsreich zu gestalten, sind einige Regeln unerläßlich. Ein variantenreiches Spiel mit mehreren Ringwechseln zwischen beiden Mannschaften (Annahme – Abspielvorbereitung – Abspiel) wird durch folgende einschränkenden Regeln ermöglicht, die als Anforderungen an das Wettkampfspiel zu verstehen sind, zu Beginn jedoch je nach Können der Spieler eingeschränkt werden können.

- Beim Fangen darf nur eine Hand benutzt werden, um ein gleichförmiges Weiterbewegen des Ringes zu ermöglichen. Auch darf die Spielhand in diesem Bewegungsablauf (Fangen/Annahme – Führen/Abspielvorbereitung – Werfen/Abspiel) nicht mehr gewechselt werden.
- Beim Führen darf nicht an das

1 Das Ringtennisfeld benötigt nur wenig Raum.

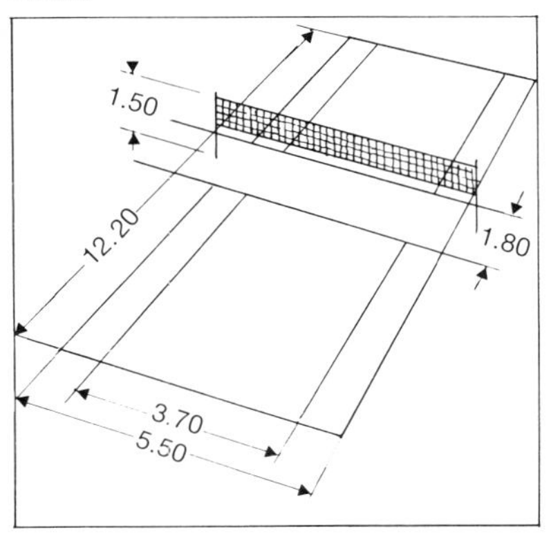

2

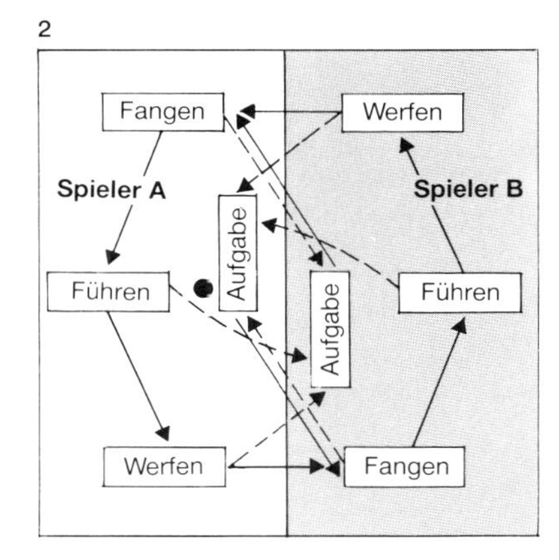

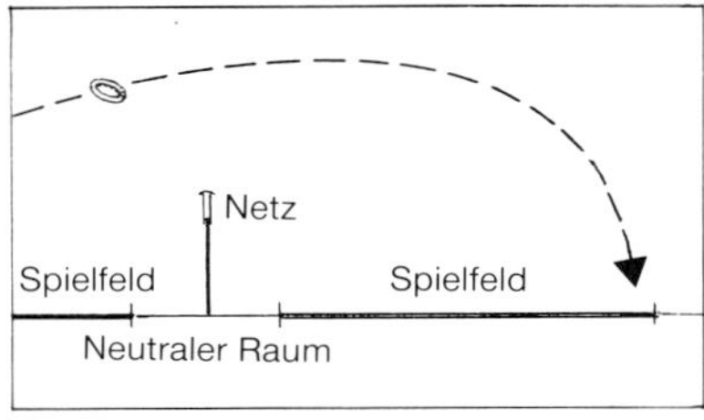

3

Netz gelaufen werden (Schrittfehler), da von dort leicht Punkte erzielt werden können und der lange Wurf des Gegenspielers in den hinteren Feldabschnitt keine »Belohnung« erfährt (3).

- Der Ring darf nicht angehalten werden, um den Gegner zu täuschen, denn dann wird der Ring nicht mehr gleichförmig bewegt.
- Beim Werfen darf der Ring nicht von oben nach unten »geschmettert« werden und darf nicht wackeln, da er sonst nur schwer zu fangen ist und nicht sofort zurückgespielt werden kann.

Das gesamte Regelwerk macht Ringtennis dann – bei den entsprechenden Fähigkeiten und Fertigkeiten der Spieler – zu einem spannenden Wettkampfspiel, das lange Spielaktionen ermöglicht. Es verlangt vom Spieler eine gute aerobe und anaerobe Ausdauer, Schnellkraft und Reaktionsfähigkeit sowie viel Geschicklichkeit zur Beherrschung des eigenen Körpers und des Spielgerätes. Im Doppel und Mixed kommt die Kooperationsfähigkeit mit dem Partner hinzu.

Entstehung und Entwicklung

Der aus Holz gebogene Reifen oder der aus Stroh geflochtene Ring haben jahrhundertelang – seit der Antike – als Spielzeug gedient. Der Reifen entwickelte sich mehr zum Handgerät. Reifenschlagen und Reifentreiben spielten Kinder und Jugendliche auf der Straße. In der Gymnastik oder in der Rhythmischen Sportgymnastik als Wettkampfform findet der Reifen bis heute Verwendung.
Der Ring entwickelte sich mehr zum Gerät für Fang- und Wurf-Spiele, zuerst noch als Geschicklichkeitsspiel mit Stäbchen in Gesellschaften (4), später zum bewegungsintensiven Wettspiel um Punkte. Seinen sportlichen Werdegang begann der Ring, und mit ihm auch das heutige Ringtennis als Deckspiel auf großen Überseeschiffen. Wegen des Platzmangels und der hohen Ballverluste konnte man zwischen den Schiffsaufbauten nicht Tennis spielen. Deshalb behalf man sich mit dem geflochtenen Ring, für den man das Feld verkleinerte. So konnte man auch auf dem Schiff einem strategischen und geselligen Rückschlagspiel nachgehen.
Von dem Spiel begeisterte Schiffsreisende brachten es mit an Land. Der berühmteste Vertreter war der Karlsruher Bürgermeister Schneider, der dem Spiel mit heutigen Feldmaßen und Ringbeschaffenheit, bei nur leicht abweichenden Regeln, 1925 zum Durchbruch verhalf. Er ließ im Strandbad Rappenwört 20 Felder bauen und organisierte Turniere. 1931 wurde der Ringtennisbund (RTB) gegründet, vier Jahre später erfolgte die Eingliederung in die Deutsche Turnerschaft. Bereits 1938 hatte sich Ringtennis über ganz Deutschland verbreitet.

4

5

6 Springkreis.

Technische Grundlagen und ihre Vermittlung

Hinführung

Es gibt keine Rezepte für ein »richtiges« Vorgehen. Die folgenden Punkte sind als Vorschläge zur Einführung des Ringtennisspiels gedacht.
Es bestehen drei Möglichkeiten, sich mit dem Ring zu beschäftigen; als
- Handgerät und Hilfsmittel
- Wurfgerät
- Fang-Werf-Gerät.

Da der Ring für die meisten Menschen ein ungewohntes Gerät ist, kann das Üben aller drei Spielarten nützlich für Ringtennis sein.

Der Ring als Handgerät und Hilfsmittel

In vielfältigen Formen der Gymnastik kann der Ring verwendet werden, z. B. anstelle von Bällen, Reifen oder Keulen. Gelenkigkeit und Koordinationsfähigkeit, die für einen guten Spieler eine unerläßliche Voraussetzung sind, werden verbessert (5).
Die Griffigkeit und Beschaffenheit des Ringes läßt ihn in vielen Spielen als Hilfsmittel zu, wodurch konditionelle Eigenschaften der Spieler verbessert werden.

Springkreis
Nach dem Überspringen des Seils soll der Ring mit den Händen berührt werden (6). Sogar als Schwungmasse kann der Ring verwendet werden.

Sieh-mich-an
Der Ringbesitzer läuft fort, alle anderen müssen ihm folgen. Wenn er stehen bleibt und durch den Ring schaut, müssen sie schnell in sein Blickfeld gelangen. Der letzte Spieler bzw. der den er nicht im Blickfeld hat, wird zum neuen Ringbesitzer (Bild 1).

Tauziehen im Viereck
Wer kann als erster seinen Ring greifen und festhalten, ohne das Tau loszulassen? (7)

Ringhockey
Der Ring wird mit einem Gymnastikstab am Boden geführt. Die Mannschaften versuchen, den Ring ins gegnerische Tor zu treiben (8).

Der Ring als Wurfgerät

Der Ring ist leicht zu fassen und bietet sich zum Werfen an. Hier gibt es unendlich viele Möglichkeiten des Zielwerfens, vom Umwerfen

1

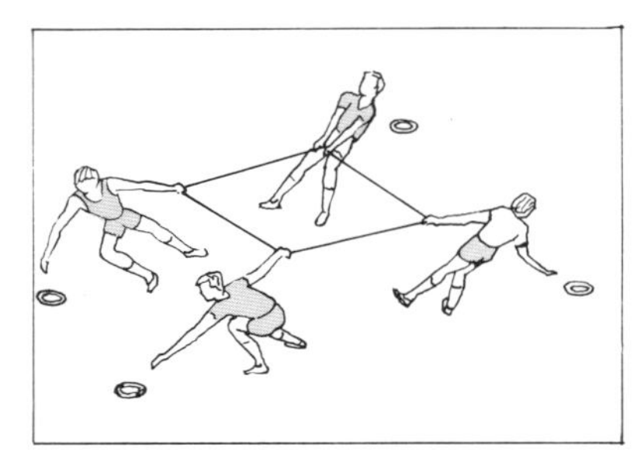

7 Tauziehen im Viereck.

von Gegenständen über Durchwürfe bis zu Treffern an bestimmten Punkten.

Abwerfen
Die an den Beinen getroffenen Spieler müssen stehen bleiben, können aber nach Befreien durch einen noch nicht getroffenen Spieler wieder mitspielen (9).

Treiben
Wenn es darum geht, möglichst weit zu werfen, können verschiedene Treibspiele entwickelt werden, z. B. schleuderballähnliche Spiele.

Der Ring als Fang-Werf-Gerät

Diese Formen der Beschäftigung mit dem Ring kommen dem Ringtennisspiel bereits am nächsten, da hier ein kontrolliertes Werfen und Fangen notwendig ist.

Burgspiel
Ein Spieler soll die »Burg« in der Mitte vor den Würfen der Außenstehenden schützen. Der Ring wird so lange im Kreis zugespielt, bis sich eine Treffchance eröffnet (10).

8 Ringhockey.

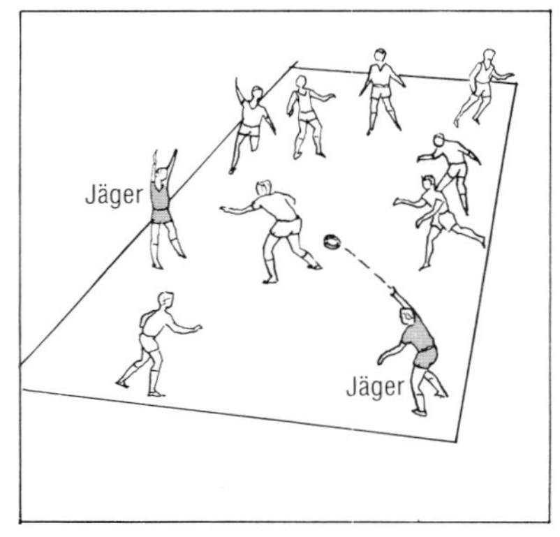

9 Abwerfen.

10 Burgspiel.

2 Turmspiel.

Turmspiel
Jede Mannschaft hat in der gegnerischen Hälfte einen Fänger auf einem Kasten stehen. Einen Punkt erhält die Partei, die ihrem Turmspieler einen Ring so zuspielen kann, daß er ihn fängt (Bild 2).

Volleyring
Das Spiel wird genauso wie Volleyball gespielt: drei Abspiele sind in der Mannschaft erlaubt. Es kann auch mit zwei oder drei Ringen gespielt werden.

Ringrugby
Der Ring soll in ein Mal gelegt werden – die gegnerische Mannschaft versucht das mit allen Mitteln zu verhindern. Zu rauhem Spiel kann durch eine Abspielregel bei Körperkontakt vorgebeugt werden.

Überspielen
Die beiden Spieler in den hinteren Dritteln bilden die punktesammelnde Mannschaft. Der Ring muß so hoch und weit zugeworfen werden,

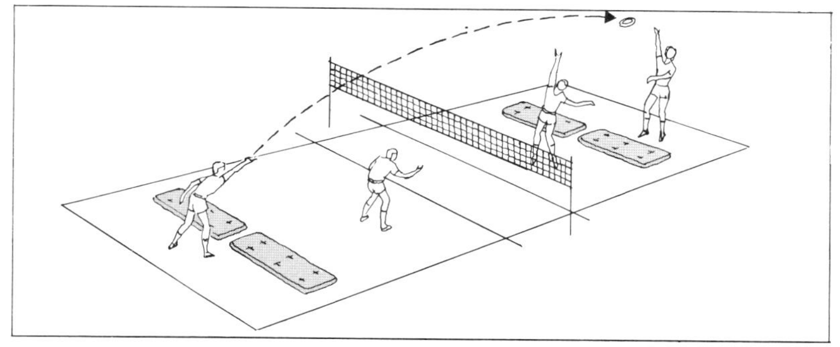

11

daß die Gegner ihn in ihrem Feld nicht abfangen können. Jedes Fangen in den Feldgrenzen zählt einen Punkt. Nach dem Abfangen bekommt die andere Mannschaft das Punkterecht (11).
Natürlich kann man die Spiele auch im Wasser (als Tore sind Fahrrad- oder Autoschläuche geeignet, Leinen werden an Treppen und Wänden befestigt), am Wasser oder im Sand spielen (Bild 3).

3 Ringtennis im Sand.

Ringtennis spielen

Einen Ring fangen und wieder abwerfen kann jeder; deshalb kann auch ein Anfänger sofort mit dem Spielen beginnen. In der Bewegung, direkt im Spiel lernt man am besten, wie man sich im Feld und zum Ring verhalten muß und wie man auf den Partner oder die Gegner reagieren muß, um Punkte zu erzielen. Am leichtesten ist es, wenn gleichstarke Gegner im Wettkampf gegeneinander antreten. Anfänger im Wettkampfspiel müssen sich noch sehr darauf konzentrieren, die Regelanforderungen (Ring darf nicht wackeln, nicht von oben kommen, nicht angehalten werden, ...) zu erfüllen.
Das Erlernen des Wettkampfspiels Ringtennis sollte also mit Spielen beginnen und Techniken nur dann isoliert geübt werden, wenn es für den einzelnen Spieler notwendig scheint. Im folgenden Abschnitt werden – jeweils mit Spiel- und Übungsbeispielen versehen – verschiedene Techniken in den Grundsituationen vorgestellt und einige Grundtaktiken erläutert. Das Spielen soll im Vordergrund stehen, um Annahme – Abspielvorbereitung – Abspiel immer gemeinsam auszuführen, denn in der Realisierung einer »gleichförmigen« Bewegung liegt das Geheimnis für einen guten Spieler.

Die Struktur der Spielhandlungen

Versetzen wir uns einmal in eine Spielsituation (vgl. Abb. 2, Beginn bei ● = Spieleröffnung). Der Spieler A will die Aufgabe ausführen und stellt sich hinter sein Feld. Durch einen Wurf in das Feld des Gegners eröffnet er das Spiel (12). Spieler B hat eine Position im Feld

12

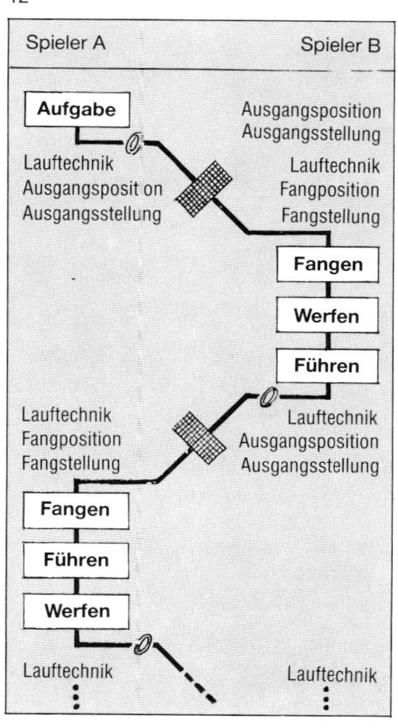

(**Ausgangsposition**) und eine Körperhaltung (**Ausgangsstellung**) eingenommen, die ihm das optimale Abdecken des Feldes und einen schnellen Start zum Abfangen des Ringes ermöglichen.
Nach der Aufgabe wird sich der Werfer (Spieler A), der davon ausgehen muß, daß der Ring gefangen und zurückgespielt wird, durch Laufen (**Lauftechnik**) in eine Ausgangsposition in seinem Feld begeben, von der aus er denkbare Rückwürfe erreichen kann; um schnell reagieren zu können, nimmt er eine günstige Körperhaltung ein (Ausgangsstellung), ebenso, wie es Spieler B tat, als er auf die Aufgabe wartete.
Zur gleichen Zeit muß sich auch Spieler B bewegen, damit er die Aufgabe, die sicher nicht auf seinen Platz geworfen wird, erreichen kann. Er bewegt sich mit einer bestimmten Lauftechnik in die von ihm vorausgedachte (antizipierte) **Fangposition**, an der er in einer bestimmten **Fanghaltung** den Ring fangen kann. Erst jetzt kommt Spieler B mit dem Ring in Kontakt. Durch das Führen des Ringes wird das anschließende Werfen vorbereitet.
Bis zum Fangen hat Spieler B **Bewegungen/Spielhandlungen ohne Ringkontakt** ausgeführt, vom Fangen bis zum Abwurf hält er den Ring und führt damit **Bewegungen/Spielhandlungen mit Ringkontakt** aus (13).
Spieler A beobachtet währenddessen diesen Bewegungsablauf von seiner Ausgangsposition aus. Nach dem Abwurf bewegt er sich mit seiner Lauftechnik in die Fangposition und nimmt die notwendige Fanghaltung ein, um die Bewegungen

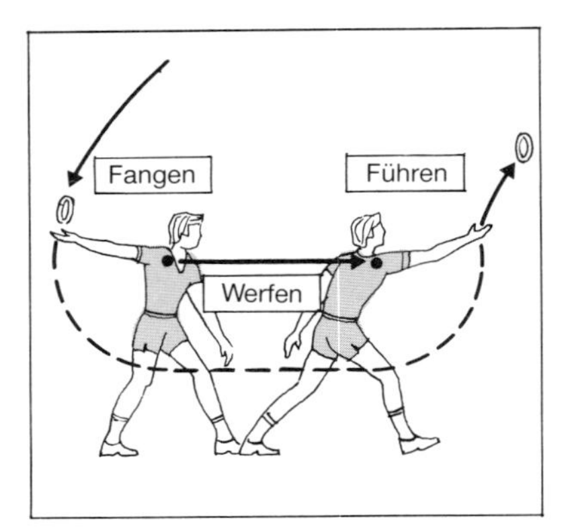

13 Mit dem Fangen des Ringes beginnt die Bewegung mit Ringkontakt, die mit dem Abwerfen des Spielgerätes endet.

mit Ringkontakt (Fangen – Führen – Werfen) ausführen zu können.
In der Zwischenzeit hat sich Spieler B wieder mit seiner Lauftechnik in eine entsprechende Ausgangsposition und -haltung begeben, aus der heraus er den Rückwurf erwartet.
Die Spielhandlungen mit und ohne Ringkontakt laufen so lange, bis durch einen Spieler ein Fehler gemacht wird. Der Gegenspieler eröffnet durch die nächste Aufgabe eine neue Spielaktion.
Betrachtet man einmal einen Wettkampfspieler genauer, dann stellt man viele verschiedene Ausführungen in den einzelnen Spielhandlungen fest. Jeder hat seinen Erfahrungen entsprechend Kniffe und Varianten erlernt, die ihm ein ökonomisches und effektives Spiel ermöglichen. Trotz aller Unterschiede gibt es die beschriebenen Grundhandlungsweisen, die alle Spezialisten so oder ähnlich ausführen. Im folgenden werden nun die bewegungstechnisch günstigsten Ausführungen der einzelnen Spielhandlungen dargestellt.

Das Stellungsspiel

Für das sichere Fangen ist eine gute Vorarbeit notwendig, die mit einem gekonnten Stellungsspiel beginnt. Bevor der Ring vom Partner/Gegner abgeworfen wird, aber auch sofort nach eigenen Würfen, sollte der Spieler möglichst schnell Ausgangsposition und Ausgangsstellung einnehmen. Die **Ausgangsposition** sollte so gewählt werden, daß man

- etwa in der Mitte zwischen beiden Seitenlinien steht;
- näher zum Netz plaziert ist, da lang geworfene Ringe länger in der Luft sind, also mehr Zeit zum

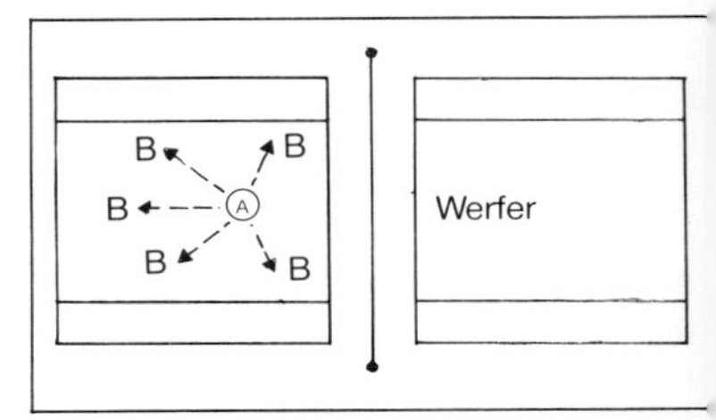

14 Aus der Ausgangsposition sollte man alle Feldecken schnell erreichen können.

4 Ausgangsstellung.

5 Der Ausfallschritt nach links.

Einnehmen der Fangposition besteht, als bei kurz geworfenen Ringen (14);
- mit einem Ausfallschritt (vgl. Lauftechnik) bzw. einem Nachstell- und einem Ausfallschritt die Spielfeldecken erreichen kann.

Für ein schnelles und variables Bewegen in alle Richtungen ist es ideal, eine **Ausgangsstellung** (Bild 4) zu wählen, bei der
- das Gewicht auf beiden, schulterbreit auseinandergesetzten Beinen ruht;
- der Oberkörper leicht nach vorn gebeugt ist;
- die Arme locker am Körper herabhängen;
- die Kniegelenke leicht gebeugt sind.

In den seltensten Fällen wird der Ring direkt auf die Ausgangsposition gespielt, denn der Werfer hat die Absicht, einen Punkt zu erzielen oder zumindest den Fänger zu schwächen, indem er ihn schwierigen Fangsituationen aussetzt. Der Fänger muß sich demnach in eine entsprechende Position, die Fangposition, begeben; dies geschieht mit verschiedenen **Lauftechniken**:
- Einfacher Schritt oder Schritte
- Ausfallschritt
- Nachstellschritt oder Ausfallschritt
- Ausfallschritt mit Abrollen.

Die **Schrittechnik** ist am kraftsparendsten, sie wird im Spiel am häufigsten angewendet.
Der **Ausfallschritt** (Bild 5) wird bei überraschenden, kurz geworfenen Ringen notwendig, um einen sich schon unter Netzhöhe befindenden Ring noch zu erreichen. Dazu wird am günstigsten das Bein (Schwungbein) nach vorn gesetzt, das dem Ring am nächsten ist, um beim Fangen einen guten Überblick zu behalten (Gegner beobachten) und den Rückwurf ohne Verzögerung ansetzen zu können.
Falls ein Ausfallschritt nicht ausreicht, muß vorher ein **Nachstellschritt** erfolgen. Das ist ein schnell ausgeführter Schritt, wobei das hintere Bein (Nachziehbein) nachgezogen wird, um einen Ausfallschritt anschließen zu können.
Sollte auch durch diese Lauftechnik der Ring nicht mehr zu erreichen sein, dann kann sich dem Ausfallschritt noch ein **Werfen nach dem Ring mit Abrollen** des Körpers anschließen. Dieses ist eine Notlösung, denn ein direktes Weiterspielen ist nach dem Fangen nur schwer möglich. Wichtig bei der Ausführung ist ein langer Ausfallschritt, bei dem der Oberkörper tief über das vordere Knie gebracht wird, um die Fallhöhe zu vermindern (Bildreihe 6).

Übung

Die Lauftechniken sind sinnvollerweise im Zusammenhang mit dem Fangen zu üben, jedoch kann die

6 Ein kurz geworfener Ring wird rechts mit Ausfallschritt und Abrollen erreicht.

Schulung der koordinativen Grundlagen und einer guten Beweglichkeit in die Aufwärmphase eingebaut werden.

- Verschiedene Formen des Laufens, Sprintens und schnellen Reagierens.
- Entlang von Bodenmarkierungen können Nachstellschritte ausgeführt werden. Die Schrittlänge ist sehr kurz zu wählen, so daß das Nachziehbein schnell herangezogen werden kann und der vordere Fuß nur kurzzeitig allein Bodenkontakt hat.
- »Fechten«: 2 Spieler stehen sich mit entgegengestreckten Fangarmen gegenüber. Mit Hilfe von Nachstell- und Ausfallschritten soll versucht werden, die Hand des Gegenüber zu treffen bzw. seinen Angriffen auszuweichen.
- Dehngymnastik für die Beinmuskulatur (Aduktoren!) durch Ausfallschritte, z. B. nach Musik oder auf Zeichen.
- »Fallen«: Ein Spieler geht in den tiefen Ausfallschritt, ein vor ihm stehender Partner zieht dessen Fanghand weit und tief nach vorn, so daß der ›Fänger‹ über den Rücken abrollt und rutscht (Üben auf glattem Boden!). Dieselbe Übung kann ohne Partner auf einer gleitfähigen Matte ausgeführt werden, wobei die Matte möglichst weit gleiten soll. (Zum Erlernen des Ausfallschrittes mit Abrollen muß zuerst die Angst vor dem Fallen abgebaut werden).

Fehler

- Beim Ausfallschritt steht das falsche Bein vorn, so daß der Oberkörper beim Fangen vom Netz abgewandt ist.
- Vor dem Abrollen beim Fangen eines kurz geworfenen Ringes setzt das Knie auf den Boden auf (Verletzungsgefahr, da der Ausfallschritt nicht lang genug war).
- Die Fallhöhe beim Abrollen ist zu groß, da sich der Spieler nicht tief genug über das vordere Knie hinaus vorbewegt.
- Die freie Hand stützt sich beim Abrollen ab (Verletzungsgefahr!), wodurch eine Bauchlandung erfolgt.

Fangen

Hat sich ein Spieler mit den situationsgemäßen Lauftechniken in die Fangposition begeben, beginnt die unmittelbare Vorbereitung für die Ringsicherung. Hierbei muß man unterscheiden, ob es gilt, einen lang oder einen kurz geworfenen Ring zu fangen. Dementsprechend gibt es Fangtechniken hinter und vor dem Körper (15).

Soll ein hoch und lang geworfener Ring gefangen werden, wählt der Fänger eine Position, von der aus er den Ring weit hinter dem Körper fangen kann, um möglichst nah am Netz zu bleiben. Dazu führt er den Arm nach hinten, in dieselbe Bewegungsrichtung wie die des Ringes. Durch eine Annäherung von Ring und Hand wird ein sicheres Fangen erreicht (16). (Zum Fangen sind die Hand und die gesamte Fangseite des Körpers in Bewegung, um sich gleichmäßig der Ringgeschwindigkeit und -richtung anzupassen.) Ein kraftsparendes Fangen ist möglich, wenn durch ein Zurücksetzen des Fußes der Fanghandseite keine Körperverwringung im Hüft- und Schulterbereich erfolgt. Außerdem wird durch eine gut koordinierte Hand- und Gesamtkörperbewegung die Bewegungsenergie des Ringes gut abgefangen. Am leichtesten ist es, wenn man den Ring am unteren Abschnitt fängt und ihn

15

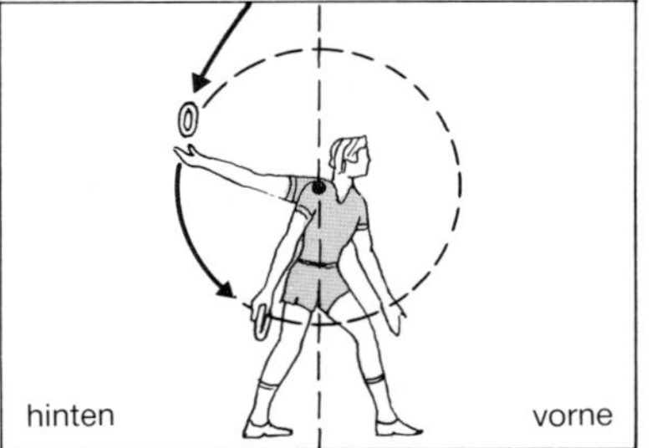

16

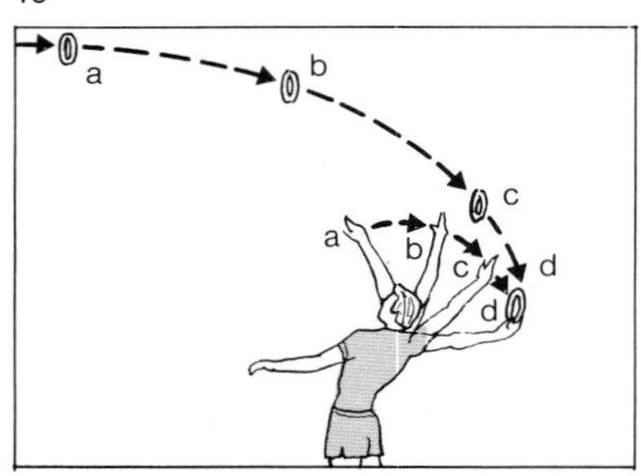

17

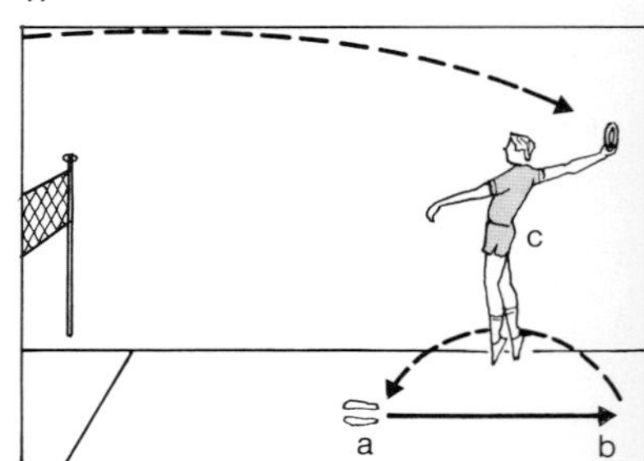

7 Fangen von lang geworfenen Ringen hinter dem Körper an der Fanghandseite.

zwischen Daumen und Zeigefinger festhält.
Wenn man noch mehr Raum beim Fangen hinter dem Körper zum Netz hin gewinnen will, kann man von der Fangposition (vgl. Abb. 17, Punkt b) dem anfliegenden Ring entgegenspringen und ihn in der Luft fangen. Kann das Fangen gleichförmig mit dem Werfen verbunden werden, ist dieser Raumgewinn erlaubt (Bildreihe 7).
Der Ring wird nicht nur auf der Fanghandseite gespielt, deshalb muß man entweder das Fangen mit jeder Hand beherrschen oder mit dem geschulten Arm an beiden Körperseiten den Ring kontrolliert aufnehmen können (Bildreihe 8). Spieler, die nur auf einer Seite sicher fangen, müssen mehr laufen, um die Fangposition einzunehmen.
Die Technik des Fangens vor dem Körper wird bei kurz oder flach geworfenen Ringen, also bei Angriffen des Gegners, gefordert, wobei es zumeist nicht notwendig ist, sich um einen Raumgewinn zum Netz zu bemühen (18).
Eine ausgeprägte Annäherung von Hand und Ring, wie beim Fangen hinter dem Körper, ist aus Zeitgründen zumeist nicht möglich, wes-

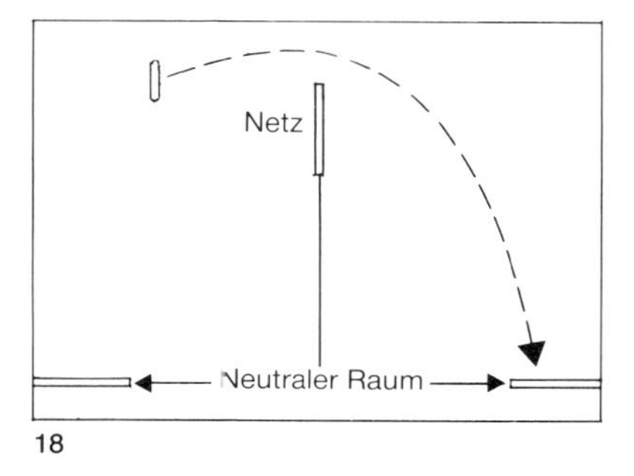

18

8 Fangen von lang geworfenen Ringen hinter dem Körper an der der Fanghand abgewendeten Seite.

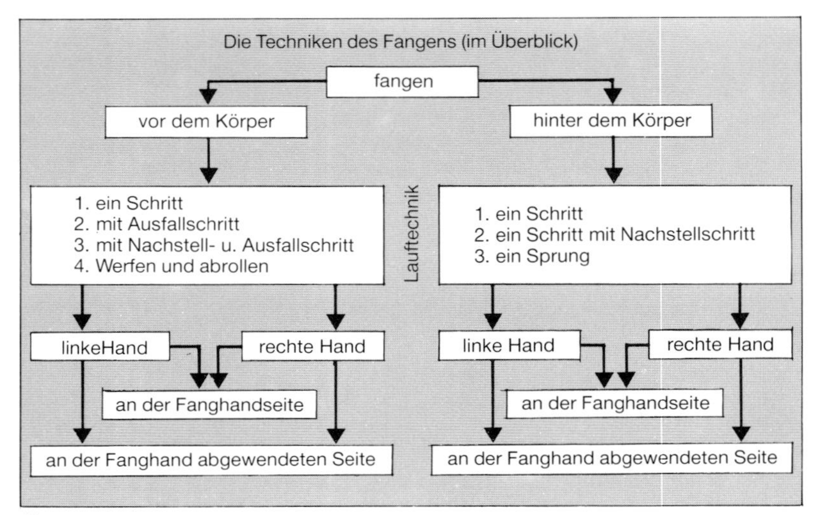

19

halb auch häufiger Fangfehler auftreten. Je nach der verbleibenden Zeit zum Fangen und der geplanten folgenden Spielaktion greift man den Ring von oben oder von unten; häufig wird auch in den Ring hineingegriffen (Bild 9a–d).
Das Ziel jeder Fangaktion ist es, den Ring sicher unter Kontrolle zu bringen und für alle weiteren Spielhandlungen verfügbar zu machen. Dazu gehört vor allem eine möglichst zu jeder Zeit frontale Stellung zum Netz, um das Verhalten des Gegners beobachten zu können und gleichermaßen gut an alle Stellen des gegnerischen Feldes werfen zu können (19).

Übung

Fangen hinter dem Körper

- Den Ring gerade hochwerfen, einen Schritt vortreten und den herabfallenden Ring mit dem ganzen Körper abfedernd auffangen.
- Zwei Spieler werfen sich den Ring etwa einen Meter hoch hinter den Körper zu. Der gefangene Ring soll ohne Änderung der Geschwindigkeit weitergespielt werden. Standbein zuerst an einer markierten Stelle fixieren! Mitspieler beim Fangen beobachten!
  Kontrolle: Fänger nennt die vom Mitspieler kurz angezeigte Anzahl der Finger.
  Variation: Fangen auf beiden Seiten.
- Der Mitspieler wirft gleichmäßig lange und hohe Ringe, der Übende versucht durch Anspringen Raum zu gewinnen.
  Wer schafft es, den Ring noch im Sprung zurückzuwerfen?

Fehler

– Der Ring wird vor oder über dem

Die Griffarten beim Fangen vor dem Körper

9a oben – außen

9b unten – außen

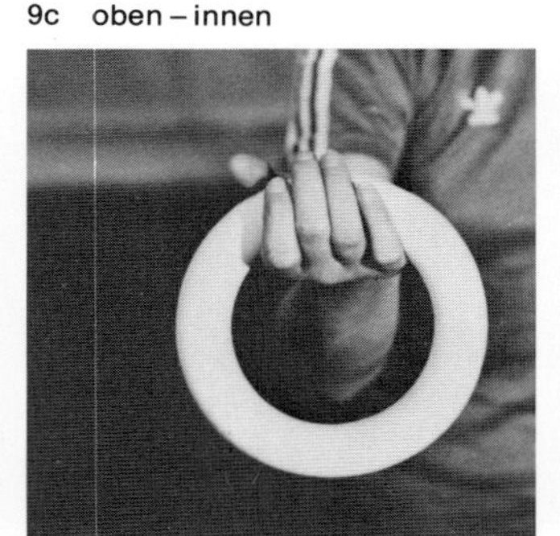

9c oben – innen

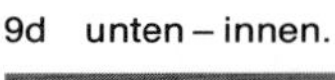

9d unten – innen.

Kopf gefangen, wodurch Raum verschenkt wird.
- Beim Fangen sind der Fangarm starr gestreckt und die Finger verkrampft, so daß der Ring wieder aus der Hand springt.
- Der Oberkörper wird zum Fangen nach hinten gelehnt, anstatt die Fangseite um die Standbeinseite des Körpers zu drehen, wodurch man Kraft spart und einen sichereren Stand behält.

Fangen vor dem Körper

- Selbst angeworfene Ringe (später vom Partner zugespielt) werden mit verschiedenen Griffarten vor dem Körper gefangen, wobei der gesamte Körper an der Aktion beteiligt ist (Knie-, Schulter- und Armeinsatz!).
- Kurz zugespielte Ringe werden vom Übenden, der sich nach jeder Aktion schnell wieder auf die Ausgangsposition begibt, gefangen und hoch zurückgeworfen. Ring
  - erlaufen
  - mit Ausfallschritt,
  - mit Nachstell- und Ausfallschritt
  - mit Abrollen erreichen
  - Variation: unregelmäßiges Zuspiel des Partners.
- Auf der Fängerseite stehen zwei Spieler hintereinander. Der vordere darf durch einen Nachstellschritt den kurz geworfenen Ring vom Hintermann abschirmen (Arme liegen am Körper an), der Fänger soll im Fallen um den Vorderspieler herumgreifen und den Ring fangen.

Fehler

- Dem Ring wird entgegengegriffen oder das Fangen erfolgt nur mit Hilfe der Armbewegung, wodurch der Ring häufig aus der Hand springt.
- Beim Ausfallschritt mit Abrollen wird das falsche Bein vorgesetzt, wodurch der Fänger in den neutralen Raum rollt.

Führen

Das Spiel ohne Ringkontakt ist mit dem Fangen, d. h. mit der Berührung von Ring und Hand, beendet. Die jetzt folgende Phase des Führens dient der weiteren Sicherung des Spielgerätes und endet mit dem Abwurf (20).
Ebenso wie der Übergang vom Fangen zum Führen ist auch der Übergang vom Führen zum Werfen fließend, denn beim Ringtennis liegen Phasenverschmelzungen zwischen Fangen, Führen und Werfen vor; *jede Bewegung besteht aus einer Anschwung- (1), Haupt- (2) und Ausklangphase (3) (21, 22).*
Das Abfangen des Schwunges (Fangen, Phase 3) ist verschmolzen mit einem Anschwung (Führen, Phase 1), der die Energie für die notwendige Plazierung von Ring

20

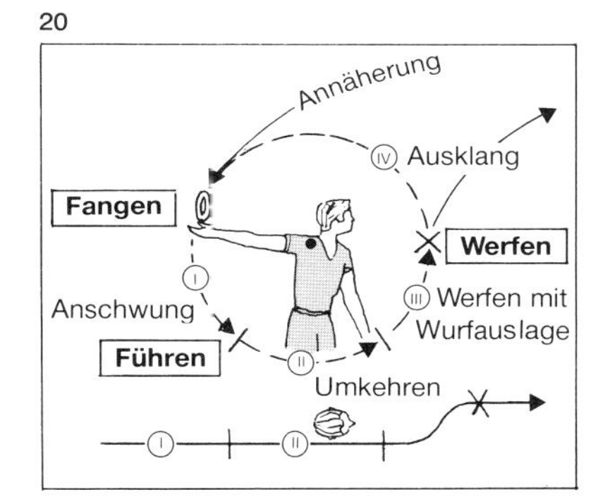

	1. Anschwungphase	2. Hauptphase	3. Ausklangphase
Fangen	Annäherung	Hand-Ring-Kontakt	Schwung abfangen
Führen	Schwung geben	Drehungen von Hand-Ring	Schwung abfangen
Werfen	Schwung geben	Ringabwurf	Schwung abfangen

21 Die Bewegungsphasen der isoliert betrachteten Grundsituationen im Ringtennis.

22 Der Bewegungsablauf mit Ringkontakt durch Phasenverschmelzung.

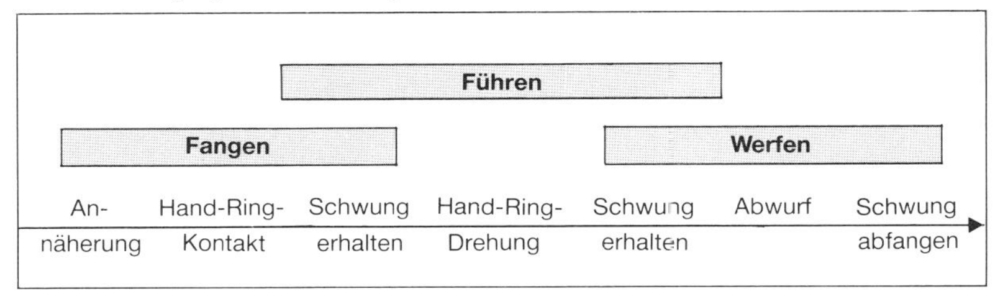

und Arm bereitstellen soll. Die in Abb. 20 mit ›Werfen mit Wurfauslage‹ bezeichnete Phase ist für das Führen der Ausklang (Schwung nehmen), da es jedoch mit dem Werfen verschmolzen ist, wird der Schwung erhalten, somit findet der Anschwung für das Werfen statt. Der Ausklang (IV in Abb. 20) ist demnach das Abfangen des Schwunges, der in den vorhergehenden Phasen entstanden ist. Das Umkehren (II) ist für das Führen die Hauptphase, zusätzlich wird durch die Vorbereitung der Körper- und Ringstellung die Durchführung des Abwurfes ermöglicht.
Das Führen hat zusammengefaßt demnach die Funktionen

- Schwung für das Werfen bereitzustellen, indem
  a) vorhandener Schwung ausgenutzt wird und
  b) neuer entsteht;
- Ring- und Körperstellung für den Wurf vorzubereiten, wodurch
- Fangen und Werfen gleichförmig verbunden werden (Phasenverschmelzung).

In dieser Grundsituation unterscheidet man zwei **Führtechniken**: den Armkreis vor und den Armkreis neben dem Körper.

23 Der Armkreis vor dem Körper aus der Sicht des Spielers.

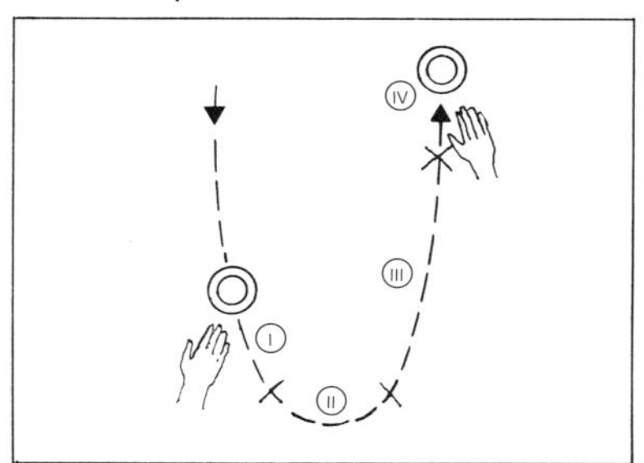

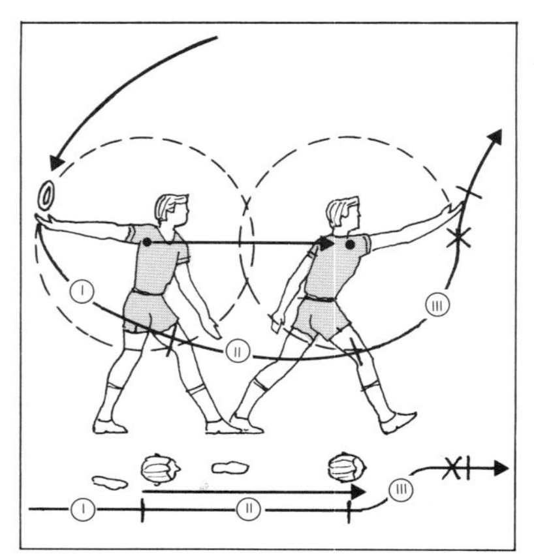

24

25

Ein kurz geworfener Ring wird vor dem Körper gefangen und durch einen **Armkreis vor dem Körper** wieder zum Abwurf gebracht. Der Armkreis ist eine abgerundete Ab- und Aufwärtsbewegung (23) parallel oder senkrecht zur Körperbreitenachse ausgeführt.
Ein lang geworfener Ring wird hinter dem Körper gefangen und durch einen **Armkreis neben dem Körper** wieder zum Abwurf gebracht (vgl. Abb. 24). Da Raumgewinne zum Netz Vorteile bringen, wird durch diese Technik ein Weg von zwei Armlängen und einem Schritt (Vorbringen der Fang-Wurf-Seite) gewonnen.
Regel: Dieser Raumgewinn ist nur so lange erlaubt, wie das Schwungbein noch in der Luft ist. Der Ring muß vor dem Bodenkontakt des Beines abgeworfen sein (vgl. S. 94).
Der Armkreis kann auf der linken Körperseite ausgeführt werden (vgl. Fangen links – Fotoreihe 8 S. 101) oder auf der rechten, jeweils vom Wurf des Gegners und der selbst gewählten bzw. erreichten Fangposition abhängig. Beim Armkreis auf der rechten Körperseite kommt in der Umkehrphase (II) eine 180°-Drehung des Ringes hinzu, wenn das Spielgerät vor der Körpermitte (vgl. Grund- und Tellerwurf, S. 106 ff.) wieder abgespielt werden soll. Diese Drehung geschieht aus anatomischen Gründen von ganz allein, sofern man nicht verkrampft (25).
Je nach Wurfabsicht können zwei Ausführungen des Armkreises neben dem Körper erfolgen: der große und der kleine Armkreis.
Beim **großen Armkreis** (vgl. Abb. 20) beschreibt der Ring einen gleichmäßig runden Kreisabschnitt, da um den Drehpunkt ›Schulter‹ mit geradem Arm rotiert wird. Auf diese Weise kann sehr kraftsparend gespielt werden, da schon bei gelokkerter Armmuskulatur ein starker Schwung erzeugt wird.

26

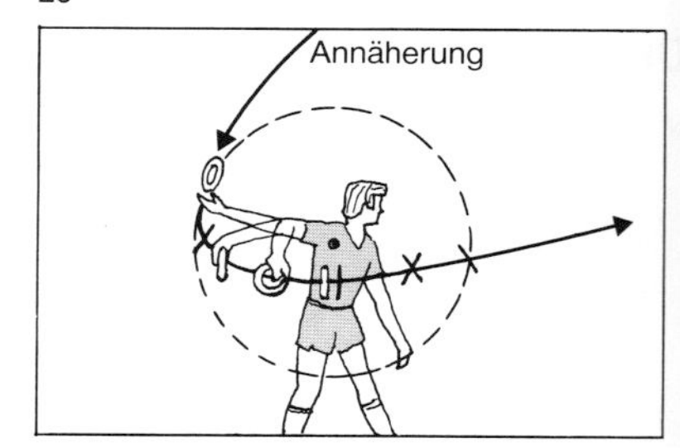

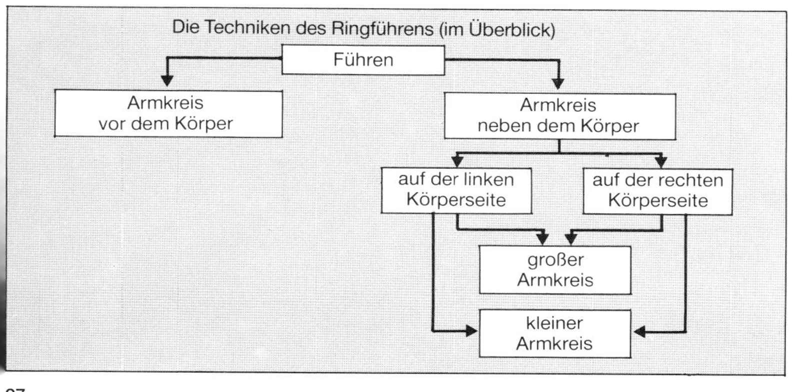

27

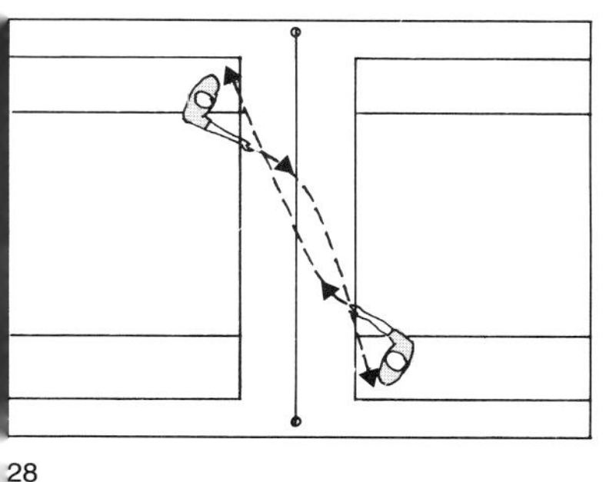

28

29

Beim **kleinen Armkreis** (26) wird zusätzlich beim Anschwung (I) im Ellenbogengelenk gebeugt, wodurch die Kreisbahn verlassen wird, entsprechend entsteht weniger Schwung (27).

Übung

- 2 Spieler stehen sich am Netz gegenüber. Wird der kurz geworfene Ring links vor dem Körper gefangen, führt man ihn wie in Abb. 23 zum Abwurf. Rechts annehmen und an der linken Seite abwerfen ist schwerer! (Bei Linkshändern umgekehrt)
- 2 Spieler, die sich diagonal am Netz gegenüberstehen, werfen sich einen Ring flach über das Netz ins Spielfeldaus zu. Gefangen wird abwechselnd durch Greifen in den Ring und und von außen an den Ring. Kreisbewegung! (28)
- 2 Spieler stehen sich im Feld (Ausgangsposition) gegenüber und werfen sich den Ring hoch, etwa einen Meter hinter den Körper, zu. Die Bodenkontakte des Schwungbeines beim Fangen und nach dem Abwurf werden markiert. Mit dem Zurücksetzen des Schwungbeines soll der Ring gefangen werden und vor dem Aufsetzen vorn nach Ausführung des großen Armkreises wieder abgeworfen sein.
  Variation: Armkreise auf beiden Seiten ausführen. Auch mit der anderen Hand fangen.
- Neben den beiden Spielern stehen hüfthohe Kästen (oder Partner im Bockstand), so daß sie den kleinen Armkreis ausführen müssen (Übung birgt große Wurfschwierigkeiten für Anfänger!)

Fehler

- Der vor dem Körper gefangene Ring wird zurückgeführt und dann vorgespielt. Im Spiel wird das als »verzögert« (= zwei Bewegungsrichtungen = Täuschung) vom Schiedsrichter abgepfiffen (29).
- Der lang geworfene Ring wird nach dem Fangen hinter dem Körper angehalten (Sichern des Ringes); erst dann wird der Armkreis fortgesetzt, »Verzögerung«!
- Die Körperfangseite wird zum Fangen langer Würfe nicht zurückgebracht, wodurch Raumgewinn und Schwung verschenkt wird.
- Der Körpereinsatz (Fangseite nach vorn bringen) erfolgt erst nach dem Abwurf, so daß der Wurf nur »aus dem Arm« erfolgt.

Werfen

Die ausführlich dargestellte Grundsituation »Führen« dient eigentlich nur dem Zweck, den Ring optimal abwerfen zu können. Durch die Techniken des Fangens und Führens wird die Art des Werfens vor-

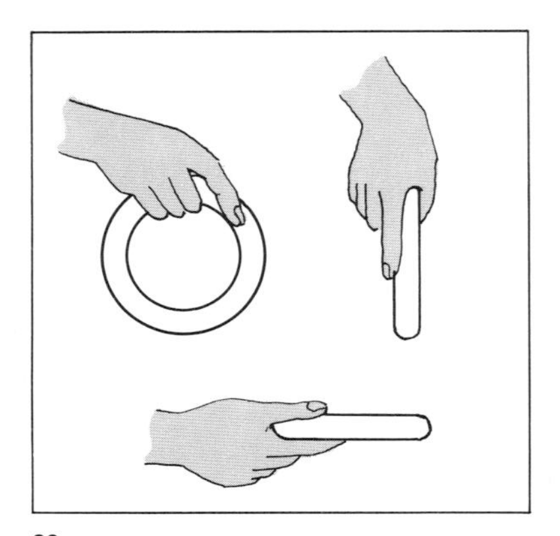

30

bestimmt, obwohl häufig aus taktischen Gründen andere Kombinationen gewählt werden. Zur Variationsmöglichkeit des Werfens gehören auch die drei **Ringstellungen**: parallel zur Körperlängsachse, senkrecht zur Körperquerachse, flach zum Boden (30).
Beim Werfen treten zwei Schwierigkeiten auf:

1. Der Ring darf nicht wackeln (Regel: »Wackelring«!).
2. Die Würfe sollen zielgenau sein. Beides kann nur mit einer guten Technik erreicht werden.

Der Ring fliegt z. B. erst dann ruhig und ohne zu kippen, wenn man ihn rotieren läßt, jedoch wird er dann zumeist sehr ungenau. Bei jeder Wurfart muß man deshalb darauf achten, daß der letzte Impuls, der auf den Ring übertragen wird, nicht aus einer Schleuderbewegung – etwa um das Handgelenk als Drehpunkt (Abb. 31 D) – erfolgt, sondern der Ring sollte möglichst geradlinig auf seiner einmal eingeschlagenen Bewegungsbahn fortbewegt werden. Die Rotation erzeugt man dann durch ein Drehen des Ringes um seinen Mittelpunkt (Abb. 31 M = D), wobei Hand-, Ellenbogen- und Schultergelenk so eingesetzt werden müssen, daß sich der Arm um den Ring herum bewegt. Das falsche Ausführen wird besonders bei kurz geworfenen Ringen problematisch, da die Würfe dann zumeist »von oben« (Wurffehler!) kommen.
Für die Zielgenauigkeit sind weiterhin ein sicherer Stand und eine entsprechende **Wurfstellung** entscheidend. Man spricht von einer für alle Wurfarten charakteristischen Wurfauslage, die durchlaufen wird (keine Unterbrechung). Der Körper ist dabei im Gleichgewicht und der Ring befindet sich kurz vor dem Abwurf vor dem Körper. Hinzu kommt eine entsprechend günstige **Wurfposition** im Feld, die man durch geschicktes Fangen und Führen erreicht hat.
Die vier **Grundtechniken des Werfens** sollen im folgenden dargestellt werden: Grund-, Drall-, Teller- und Passierwurf.
Der **Grundwurf** ist durch einen großen Armkreis, eine nur geringe Rotation des Ringes und den Abwurf vor der Körpermitte gekennzeich-

10 Wurfauslage beim Grundwurf.

net. Der beim Anschwung (I) und Umkehren (II) locker gestreckte Arm wird in der III. Phase vor dem Körper durch Beugen im Ellenbogengelenk vor die Körpermitte geführt. Da im Schultergelenk weiter gedreht wird, entsteht keine »eckige« Bewegung. Der Knick in der Bewegungsbahn des Ringes beim Führen (vgl. Abb. 20, 24, jeweils unten), der die Geradlinigkeit der Flugbahn und damit auch die Wurfgenauigkeit beeinträchtigt, kann durch flexiblen Einsatz des ganzen Körpers verringert werden, oder

31

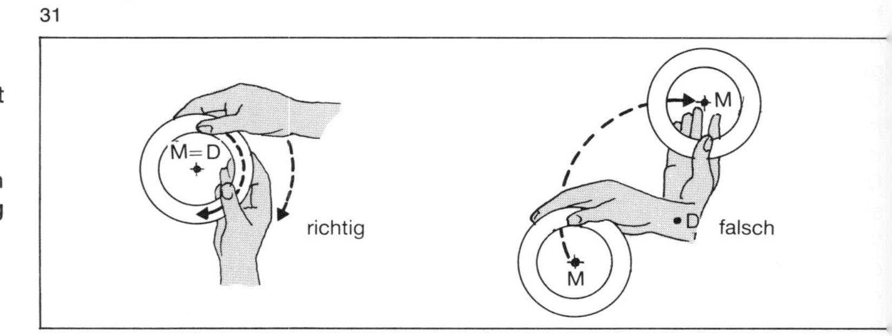

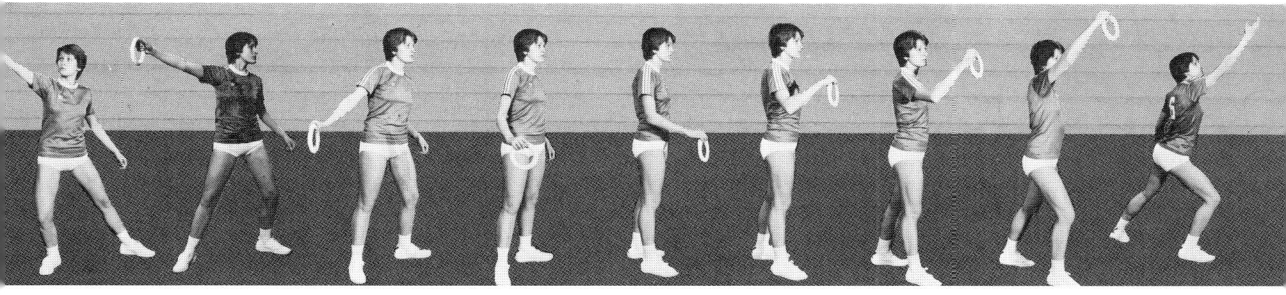

11 Der Grundwurf lang auf der rechten Seite,

durch einen **Innenhandwurf** (Gegner sieht beim Abwurf die Handinnenfläche), der aus anatomischen Bewegungsmöglichkeiten des Armes neben dem Körper abgeworfen wird. Für Anfänger ist der Außenhand-Grundwurf vorteilhafter, da Würfe von der Körpermitte aus sehr viel genauer ausgeführt werden können.
Der Grundwurf kann kurz plaziert werden, indem die dem Ring Rotation gebende Abwärtsbewegung verstärkt wird. Wichtig ist, daß die Hand den Ring nicht nach unten zieht (»von oben«) und der Ring sich nicht um die Hand bewegt (vgl. Abb. 31). Der lang und der kurz geworfene Grundwurf sind in ihrer Vorbereitung bis in die Wurfauslage (Bild 10) völlig identisch, erst die Ringführung unmittelbar vor dem Abwurf entscheidet über die endgültige Flugbahnkurve, wodurch bei guter Technik der Gegenspieler jeweils mit beiden Varianten rechnen muß (Bildreihe 11).
Der **Drallwurf** wird am ökonomischsten durch einen kleinen Armkreis vorbereitet und zeichnet sich durch eine besonders starke Rotation und eine Wurfauslage neben dem Kopf aus (Bild 12). Die Abwurfkraft wird

... und kurz auf der rechten Seite.

12 Wurfauslage des Drallwurfes.

aus einem kurzen Anschwung (I), einer etwa waagrecht gerichteten Umkehrphase (II) und dem Auflösen einer durch diese Vorbereitung entstandenen Dreiecksspannung im Wurfarm gewonnen (32, 33).
Wichtig! Die Wurfauslage mit der Arm-Dreiecksspannung darf nicht zu einem Halten des Ringes an der Schulter führen (»verzögert«), sondern ist eine dynamisch zu durchlaufende Körperstellung. Die durch den Schwung des Führens erzeugte Vorspannung der Armmuskulatur wird locker und natürlich nach vorn-oben hin aufgelöst, wodurch der Arm den Ring automatisch um 180° dreht und eine flachere Flugbahn als beim Grundwurf zustande kommt. Nach der Wurfauslage und

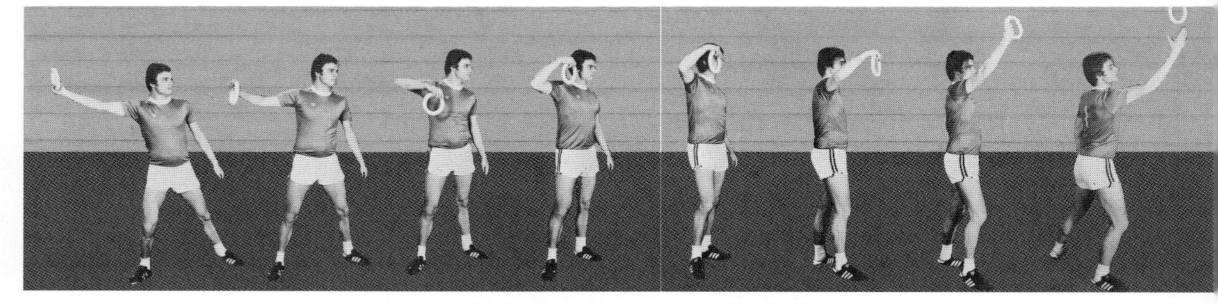

13 Der Drallwurf lang auf der rechten Seite,

. . . und kurz auf der rechten Seite.

32

33

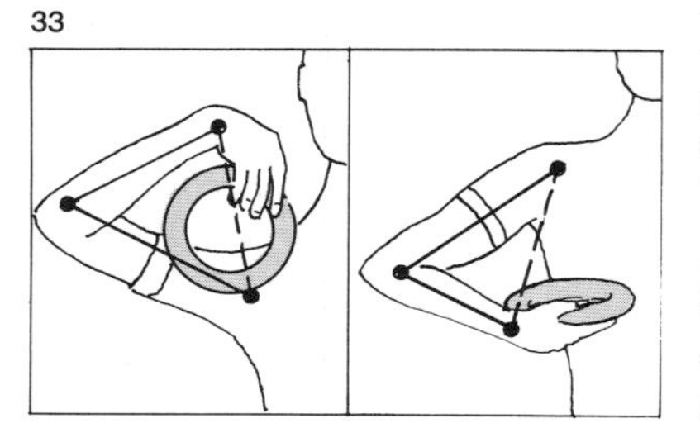

der Steuerung mit dem Oberkörper erfolgt eine Korrektur der bis dahin geradlinigen Bewegungsbahn des Ringes in die Wurfrichtung (vgl. Abb. 32, Aufsicht). Der Drallwurf kann nur mit erheblich höherem Kraftaufwand und großer Geschicklichkeit als Innenhandwurf realisiert werden.
Durch die Forderung nach gleichförmiger Ringführung ist die Drallwurftechnik für Anfänger weitaus schwieriger zu erlernen als der Grundwurf.
Wie beim Grundwurf wird der »kurze« Drallwurf durch eine stärkere Abwärtsbewegung erzeugt. Wichtig für den lang und kurz geworfenen Ring ist wieder die identische Ringführung bis zur Wurfauslage, um den Gegner über die Spielabsichten im Unklaren zu lassen (Bildreihe 13).

Der **Tellerwurf** hat seinen Namen von seiner Fluglage parallel zum Boden erhalten. Er ist durch einen kleinen Armkreis, eine zumeist starke Rotation und eine Muskelvorspannung im Wurfarm während der Wurfauslage (Bild 14), ähnlich wie beim Drallwurf, gekennzeichnet (34).
In der Umkehrphase (II) bekommt der Ring seine flache Stellung und wird geradlinig zum Abwurf gebracht. Dieser lange, geradlinige Beschleunigungsweg erlaubt hart geworfene Ringe, die jedoch nur flach über das Netz fliegen, dem-

15 Der Tellerwurf lang als Außenhandwurf auf der rechten Seite,

. . . kurz als Außenhandwurf auf der rechten Seite.

14 Die Wurfauslage beim Tellerwurf.

35

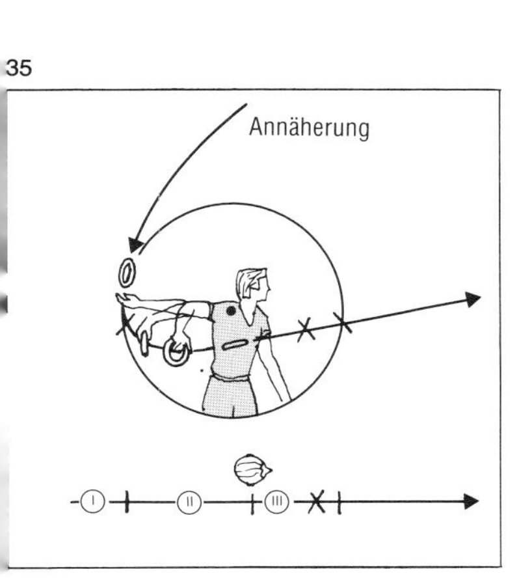

nach dem Gegner eine Fangposition nahe am Netz ermöglichen.
Da beim Abwurf leicht die Gefahr besteht, den Ring nach unten abzuwerfen (»von oben«), sollte das Ringführen knapp unter der Netzkante erfolgen (35).
Wie beim Drallwurf besteht der Ausklang (IV) aus einer Rückbewegung des Armes zum Körper. Für den kurz plazierten Tellerwurf führt diese Bewegung zur stärkeren Rotation des Ringes, wodurch die Vorwärtsbewegung abgebremst wird (Bildreihe 15).

Der **Passierwurf** hat seinen Namen – im Gegensatz zu den anderen Würfen – aus seiner taktischen Funktion erhalten; er wird flach oder hoch entlang den Seitenlinien oder diagonal gespielt. Er ist durch einen großen Armkreis (weit vom Körper entfernt) und einer entsprechend tiefen Wurfauslage gekennzeichnet (Bild 16).
Die Ringführung des hohen Passierwurfs unterscheidet sich vom Grundwurf durch eine stärkere Beugung des Ellenbogengelenks in der Umkehrphase (II) und durch die vollständig gerade Ringbeschleunigung (36). Die Wurfausführung beim flachen Passierring erfolgt durch starkes Beugen im Ellenbogengelenk aus einem kleinen Arm-

17 Der flache Passierring auf der rechten Seite,

. . . und hoch auf der rechten Seite.

kreis (37). In der Umkehrphase (II) kann eine parallele oder senkrechte Ringstellung gewählt werden (Bildreihe 17).
Die Schwierigkeit des Wurfes besteht zum einen in der körperfernen Ringführung und zum anderen im Abwurf. Da beim Abwurf keine Armdrehung wie beim Drall- und Tellerwurf erfolgt, erhält der Ring keine bzw. kaum Rotation, wodurch er zumeist sehr unruhig fliegt. Der Flug kann nur dann stabil gestaltet werden, wenn der Ring sehr lange, präzise in der Abwurfstellung beschleunigt wird und die

16 Die Wurfauslage beim Passierring.

36

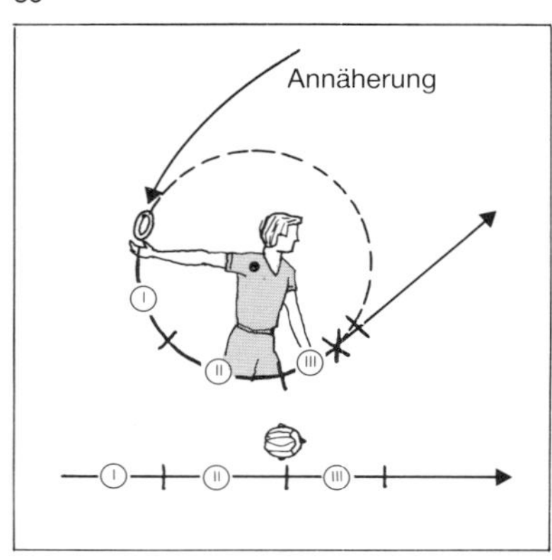

37

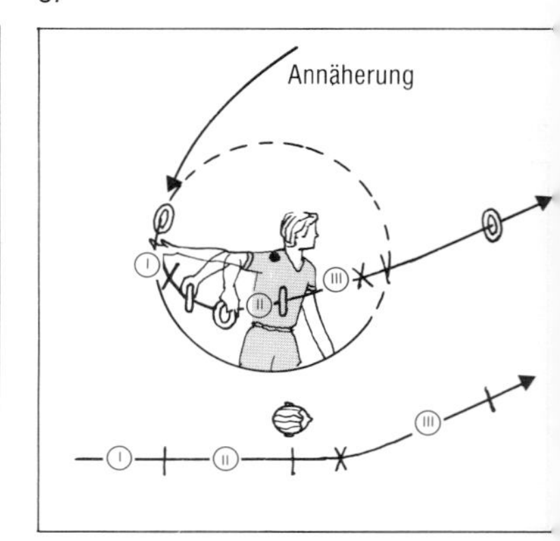

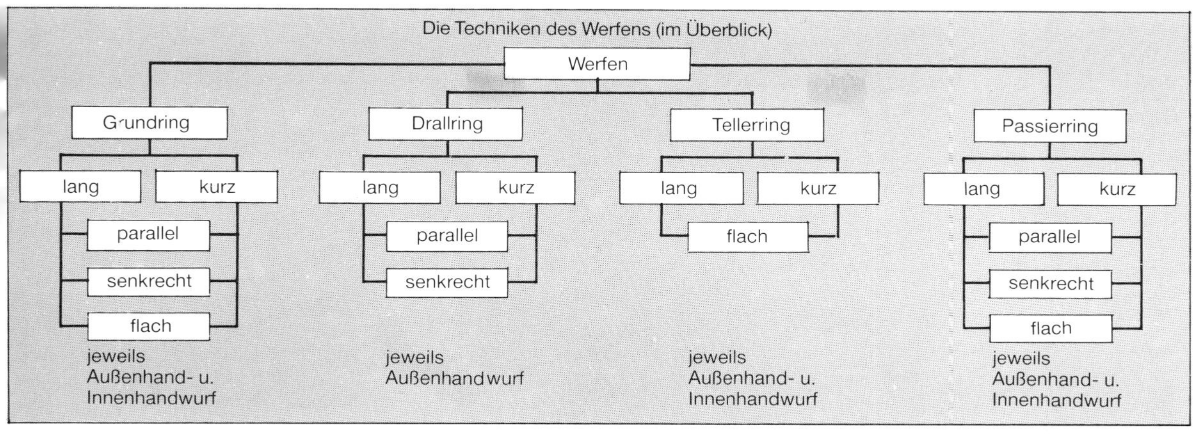

38

Abwurfkraft trotz der Griffhaltung am oberen Abschnitt auf den ganzen Ring übertragen werden kann. Bei paralleler Ringstellung läßt sich das am leichtesten durch eine leichte Vorlage des Ringunterteils erreichen (38).

Übung

Grundwurf

- Der Ring wird in paralleler Stellung vor dem Körper hoch geworfen, so daß man möglichst lange hindurchsehen kann.
- Zwei Spieler stehen am Netz und werfen sich den Ring flach und sofort hinter dem Netz absinkend zu.
  Variation: In den vorderen diagonalen Feldecken stehen (vgl. 28, S. 105). Den Gegenspieler innerhalb der Seitenbegrenzungen jagen.
- Aus dem Liegen, Hocken, Knien flach und kurz über das Netz werfen, dabei den Ring möglichst hoch führen (39).
- Der Übende steht in der Fangstellung, der Ring liegt zwischen seinen Füßen. Durch Abknicken des Oberkörpers und ein Beugen der Knie wird der Ring erfaßt und aus der Aufwärtsbewegung kurz über das Netz gespielt (40).
  Versuche ein schnappendes Geräusch beim Abwurf durch kräftigen Druck von Daumen und Zeigefinger zu erzeugen!
- Dem Fänger werden halblange, hohe Grundwürfe, die er im Sprung fängt und kurz zurückwirft, zugespielt.
  Variation: Der Mitspieler spielt weiter nach hinten.
  Die Ecken werden als Zielscheibe hergerichtet.
- Zwei Spieler – im Abstand von 5 Metern – spielen sich hohe Grundwürfe zu. Der Abstand wird vergrößert!
  Variation: Der eine Spieler springt an, um Raum zu gewinnen. Das Zuspiel erfolgt variabel. Wurfziel sind die hinteren Feldecken bzw. ein dort markierter Bereich.
- **Aufgaben** werden geübt: Hinter

39

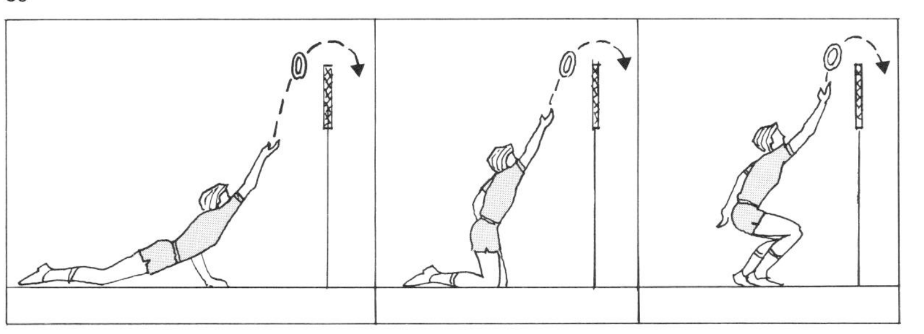

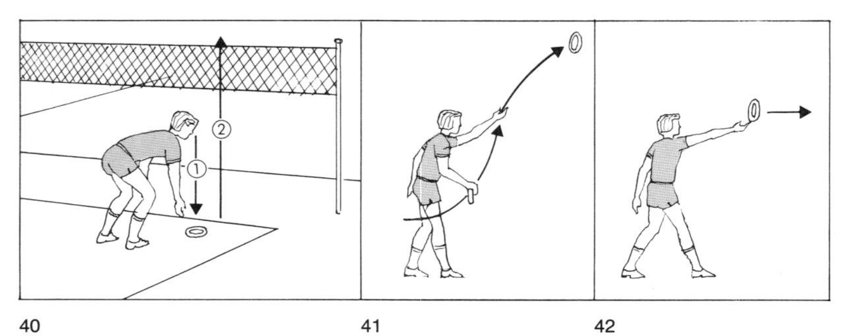

40 41 42

dem Feld stehend werden abwechselnd Aufgaben geworfen. Die hinteren markierten Feldbereiche sind zu treffen (41).

Fehler

- Der Ring wackelt trotz Rotation zu Beginn des Fluges, weil
  - zu kurz geführt wird, der Abwurf vor der Arm- und Körperstreckung erfolgt;
  - kurz vor dem Abwurf die Bewegungsrichtung des Armes/des Körpers verändert wird;
  - der Ring beim Abwurf nicht richtig gehalten wird;
  - der Ring sich beim Abwurf um die Hand bewegt (geschleudert wird);
  - zu Beginn der Wurfphase der Ellenbogen nicht genügend gebeugt wird (kein Unterarmeinsatz erfolgt).
- Der Ring fliegt weit, aber zu flach, da
  - der Unterarmeinsatz zu schwach ist;
  - der Ring zu früh die Hand verläßt (zu tiefer Abwurf).
- Die Würfe sind zu ungenau und der Spieler ermüdet sehr schnell, da
  - nicht der gesamte Körper zum Werfen eingesetzt wird;
  - der Körpereinsatz nicht koordiniert erfolgt;
  - die Abstimmung von Körpereinsatz und Ringführung fehlt.

Drallwurf

- Der Ring wird aus 2 m Abstand kräftig in genau paralleler Stellung gegen eine feste, glatte Wand geworfen. Der abprallende Ring wird wieder aufgefangen (42).
- Der Mitspieler wirft gleichmäßig lange Grundwürfe, die der Fänger als Drallwurf zurückspielt. Variation: Der Ring wird im Sprung gefangen und später ungleichmäßig geworfen.
- Ein Mitspieler wirft dem Partner am Netz Grundwürfe hoch zu, dieser wirft kurze Drallwürfe zurück. Variation: Wurflänge, Seitenlinien treffen.
- Zielwerfen auf hohe Ziele mit dem Drallwurf, z. B. in Basketballkorb, nach Brettberührung, direkt, als Mannschaftswettkampf (43).
- Die Spieler von zwei Mannschaften stehen abwechselnd nebeneinander und in zwei Reihen sich gegenüber. Durch Drallwürfe wird der Ring im Zick-Zackkurs schnell durchgespielt. Der letzte Fänger läuft mit dem Ring wieder nach vorn (44).

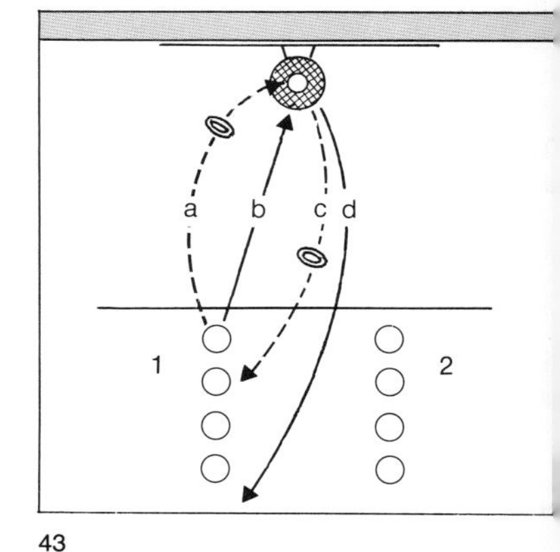

43

44

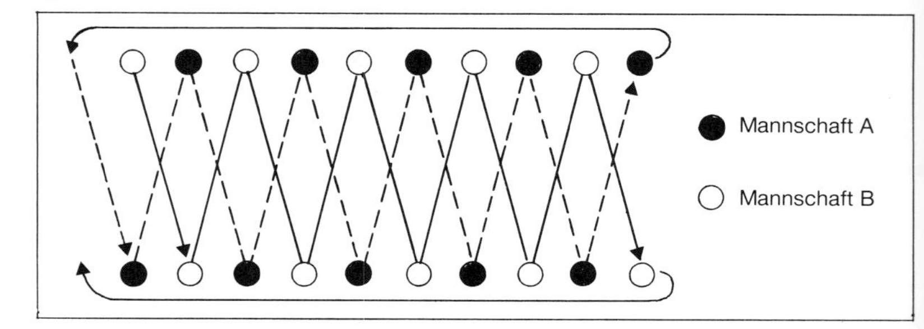

Fehler

- Der Ring wackelt oder fliegt unruhig, da
  - er zu wenig rotiert;
  - die Dreiecksspannung zu gering ist (hoher Ellenbogen!);
  - der Ring in der Wurf- und Umkehrphase nicht die gleiche Stellung beibehält.
- Kurz geworfene Ringe kommen »von oben«, weil
  - verkrampft geworfen wird;
  - der Ring zu spät die Hand verläßt (die Hand dreht nicht mehr den Ring im Abwurf um seinen Mittelpunkt, sondern zieht ihn nach unten).
- Der Ring wird in der Wurfauslage gehalten (»verzögert«), da er zu nah an die Schulter bzw. den Oberkörper herangeführt wird.

Tellerwurf

- Zwei Spieler stehen sich, jeweils rechts von einer Linie, gegenüber. Sie spielen sich den Ring hart geworfen entlang der Linie zu. Abstand zuerst sehr groß wählen. Werfen aus dem Armkreis links; beim Armkreis rechts muß man sich zum Abwurf weit nach vorn legen.
- Der Ring wird flach über einen brusthohen Kasten geworfen und dahinter von einem Mitspieler aufgefangen. Jeder Werfer läuft seinem Ring hinterher und übernimmt die neue Position. Auf Schnelligkeit im Wettkampf gegen andere spielen (45).
- Zwei Spieler werfen sich flache Tellerwürfe zu, ein dritter versucht sie abzufangen. Der jeweilige Fänger darf durch Ausweichen nach links und rechts Anspielmöglichkeiten schaffen (46).

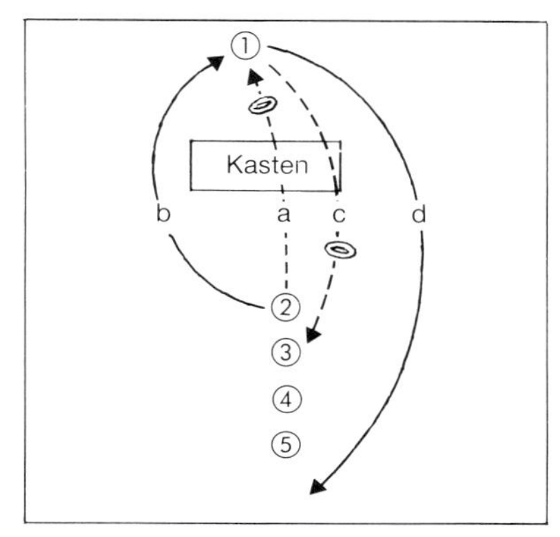

45

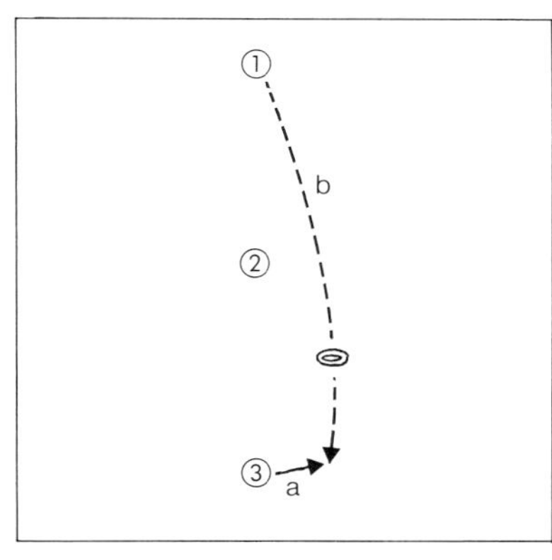

46

- Drei Spieler stehen in einem kleinen Dreieck. Der Arm zielt den Ring auf den linken Partner, durch ein kräftiges Andrehen aus dem Handgelenk wird er aber nach rechts gespielt.
- Der Tellerwurf wird kurz und lang durch einen schmalen Wurfspalt geworfen.

Fehler

- Der Ring fliegt nicht flach wie ein Teller, da beim Abwurf der Körper noch in Rücklage ist und die Armgelenkigkeit nicht ausreicht.
- Der Ring wird vom Gegner leicht gefangen da er
  - aus Angst vor »Auswürfen« zu vorsichtig geworfen wird;
  - zu wenig rotiert.
- Der Ring fliegt ins »Aus« oder ins Netz, da er
  - zu tief unter der Netzkante abgeworfen wird;
  - die Ringführung nicht waagerecht erfolgt.
- Der Ring wird in der Wurfauslage gehalten, da nicht das Spielgerät relativ zum Körper vorwärtsbewegt wird, sondern der gesamte Körper mit dem Ring.

Passierwurf

- Zwei Spieler stehen hintereinander, der angeworfene Ring wird vom Hinterspieler gefangen und mit weit vom Körper entfernter Armführung am Vordermann vorbei zum Zuspieler zurückgeworfen.
- Drei Spieler mit zwei Ringen; A und B werfen hohe Grundwürfe; C wirft flache und hohe Passierwürfe zurück. Den Körper frontal zu A und B halten (47).

47

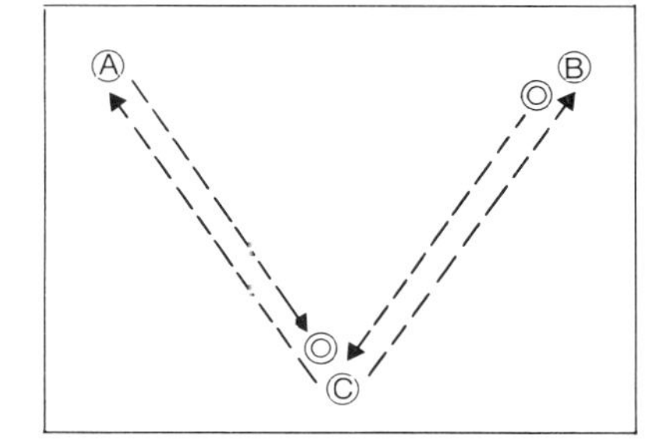

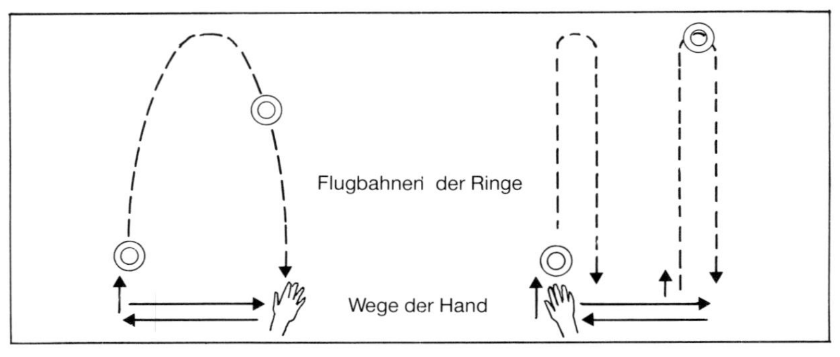

48

Variation: Ein Fänger kann im Abstand von 3 Metern versuchen, die Wurfrichtung zu erkennen und die Würfe abzufangen.

Fehler

- Der Ring kippt im Flug, da
  - er nicht geradlinig beschleunigt wird;
  - er keine Rotation erhält;
  - er im Abwurf zu locker zwischen den Fingern gehalten wird;
  - er zu spät losgelassen wird;
  - nicht der gesamte Körper die Bewegung unterstützt.

Geschicklichkeitsübungen

- Mit verschiedenen Würfen und Ringstellungen Ziele durchwerfen oder treffen.
- Zwei Ringe werden mit einer Hand in Bewegung gehalten:
  a) im Kreis vor dem Körper
  b) jeder an seiner Stelle (48).
- Mit zwei Ringen werden kurze Würfe an den Seitenlinien ausgeführt. Die Fänger gelangen mit großen Ausfallschritten in die Fangposition und müssen ihr Spielen koordinieren (Blickkontakt zu Ring und Mitspieler!) (49).

Taktische Grundlagen und ihre Vermittlung

Aus taktischer Sicht kann man den Spielsinn des Ringtennis als »Kampf um die Spielfeldmitte« bestimmen.
Die Ausgangsposition (= spieltaktische Feldmitte) gilt es nach jeder Aktion schnell und der möglichen Folgeaktion entsprechend wieder einzunehmen, denn aus ihr heraus bestehen die besten Chancen, Punktverluste zu vermeiden und Punktgewinne zu erzielen. Der Gegner wird bemüht sein, seinen Gegenüber aus der günstigen Position zu verdrängen, d. h. sein Stellungsspiel zu schwächen. Im Doppel und Mixed stehen die Spieler näher an den Seitenlinien als im Einzel, da das Feld nicht doppelt so groß ist. In der Regel ist jeder Spieler für seine Feldhälfte zuständig (50).
Die Zuständigkeit und damit die Ausgangspositionen verschieben sich, wenn eine **taktische Funktionsteilung** vorgenommen wird: **dominanter** und **defensiver Spieler.** Der dominante Partner erhält mehr Spielraum, wenn es möglich ist, das Spiel stärker von einem Spieler steuern zu lassen. Der defensive Spieler unterstützt die verfolgte Taktik und versucht, den Partner besser ins Spiel kommen zu lassen. Die Kooperation im Doppel und Mixed, gerade bei Stellungsspiel und Fangen, ist spielentscheidend. Das bedeutet, daß beide Spieler die Ausgangsposition der Situation entsprechend wählen müssen (51).
Im Spiel gibt es drei **taktische Grundsituationen**, in denen jeweils die Intentionen der Parteien entge-

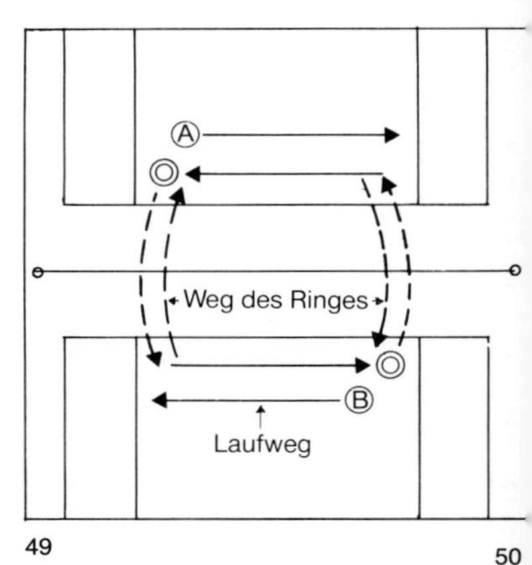

49

50

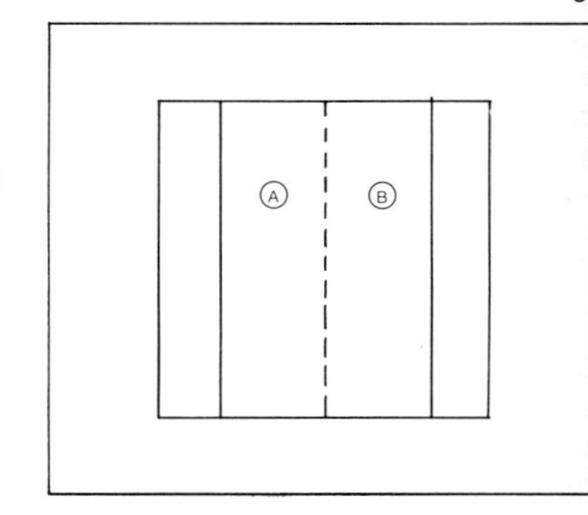

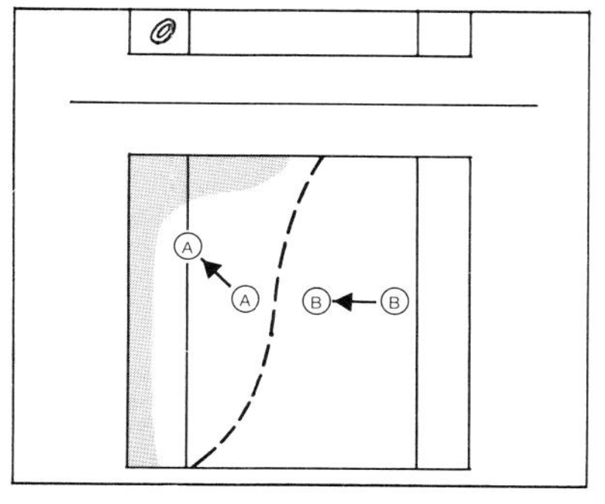

51

gengesetzt sind (52). Dafür stehen den Spielern drei entsprechende taktische Maßnahmen zur Verfügung: Angriffs-, Verteidigungs- und Druckspiel.

Das **Angriffsspiel** ist eine Spielweise mit dem Ziel, einen Punktgewinn schnell zu erlangen, wobei hauptsächlich die folgenden Technikelemente eingesetzt werden:
- Drallwürfe, viele Teller- und kurze Würfe;
- kleine Armkreise, schnelle Führbewegungen;
- fangen im Sprung und weit hinter dem Körper.

Diese Spielweise wird notwendig, wenn ein schnelles Aufholen von Punkten bei einem Rückstand gegen Spielende erfolgen soll oder ein hoher Sieg erspielt werden muß. Die Voraussetzungen für ein gutes Angriffsspiel sind:
- die technische Beherrschung der Angriffswürfe;
- eine überlegte Durchführung;
- eine gute Kondition.

Das **Verteidigungsspiel** zielt darauf, einen Punktverlust zu verhindern. Dabei sind folgende Techniken notwendig:
- Grundwürfe, viele lange Würfe;
- große Armkreise, langsame und kraftsparende Bewegungen;
- geschicktes und sicheres Stellungsspiel bei kraftsparender Fangtechnik.

Diese Spielweise wird angewendet, um die eigenen Kräfte für spätere Aktionen zu schonen, einen Punktestand zu halten oder um gegen einen technisch überlegenen Gegner zu spielen. Voraussetzungen für das Verteidigungsspiel sind:
- konstant gute Durchführung der Grundwürfe;
- körperliches und geistiges Durchhaltevermögen;
- Fähigkeit des Konterns.

Das **Druckspiel** zielt entweder darauf, dem Gegner die Kondition zu nehmen oder seine Spieltaktik zu zerstören. Vor allem folgende Techniken werden verwandt:
- Drall- und Passierwürfe, vorwiegend lang geworfene Ringe;
- zumeist schnelles Ringführen durch kleine Armkreise;
- es wird weit hinter dem Körper gefangen, wobei sowohl im Stand als auch im Sprung wechselnd gefangen wird.

Das Druckspiel wird auch angewendet, um durch konditionelle Belastung des Gegners dessen Schwachstellen zu erkunden oder für die zweite Halbzeit bzw. für das weitere Turnier zu schwächen. Notwendige Voraussetzungen sind:
- sichere Beherrschung des Drallwurfes;
- hohe nervliche Belastbarkeit, um auch bei hohen Punkterückständen das Konzept beizubehalten;
- eine sehr gute Kondition, dabei besonders Sprungkraft und -schnelligkeit.

Übung

Die Spieltaktik wird in Schwerpunktspielen geübt, d. h., Veränderung der Spielregeln verlangt den Einsatz bestimmter Elemente.
Das Abwehren wird erleichtert und das Angreifen erschwert, indem
- das Netz höher befestigt wird;
- jeder x-te Wurf ein Angriff sein muß;
- nur an bestimmten Stellen des Feldes Punkte erzielt werden können;
- das Anspringen zum Fangen verboten wird;
- der Abwehrspieler einen Punktevorsprung bekommt;
- die Wurfarten für den Angreifer vorgeschrieben sind.

Das Abwehren wird erschwert und das Angreifen erleichtert, indem
- das Kontern für den Verteidiger verboten wird;

52 Die taktischen Grundsituationen

Taktische Grundsituation		A	B
I	Punkte erzielen	greift an	verteidigt
II	Punkte kurzfristig vorbereiten	spielt Punktgelegenheiten heraus	schirmt Spielfeld ab
III	Punkte langfristig vorbereiten	baut das Spiel auf	stört den Spielaufbau

- das Spielfeld vergrößert wird, z. B. Doppelfeld;
- die Wurfarten vorgeschrieben werden;
- der Verteidiger zugerufene Spielfehler begehen muß (zu kurz spielen, zu früh aus Ausgangsstellung herausgehen, Stellungsfehler begehen usw.).

Fehler

- Das eigene Konzept ist nicht auf den Gegner abgestimmt, da er z. B. vorher nicht gezielt beobachtet wurde.
- Die Taktik wird aus konditionellen oder nervlichen Gründen nicht durchgehalten bzw. die technischen Fertigkeiten sind ungenügend.
- Partner geht nicht auf die Taktik ein oder kann sie nicht realisieren.
- Die Platz- und Ringwahl sind den eigenen Fähigkeiten und den Umweltverhältnissen nicht entsprechend gewesen.
- Das eigene Konzept kann nicht schnell genug der Taktik des Gegners angepaßt werden.

2

Schleuderball

Spielgedanke und Grundregeln

Das Schleuderballspiel ist ein Mannschafts-Treibballspiel. Die Aufgabe besteht darin, daß die Spieler einer Mannschaft (je 8) einen Schleuderball über die Torlinie des Gegners werfen und das eigene Tor gegen Angriffe des Gegners schützen. Diese Aufgabe darf nur durch **Schleudern** bzw. nach dem Fangen durch **Schocken** (Werfen aus dem Stand) gelöst werden. Fliegt oder rollt der Ball über die Torlinie und berührt hinter ihr den Boden, ist ein Tor erzielt.

Gewinner ist, wer die meisten Tore erzielt hat.
Das Spiel beginnt mit Schleudern von der Anwurflinie aus (Spieler Nr. 1). Von der Stelle aus, an der der Ball am Boden zur Ruhe kommt, wird er vom ersten Spieler der Gegenmannschaft zurückgeschleudert. Fängt der Gegner den ersten Schleuderwurf, so schockt ihn der Fänger zurück. Wird auch dieser Ball gefangen, so wirft ihn der Fänger zurück (2. Schockwurf). Bei erneutem Fangen ist noch ein 3. Schockwurf gestattet. Wird auch dieser Wurf wiederum gefangen, so ist er ungültig (1a–c).
Das nächste Schleudern erfolgt von der Stelle aus, an der der Ball zur Ruhe kam bzw. gefangen wurde.
Der zu Boden gefallene Ball darf aufgehalten, aber nicht zurückgestoßen werden.
Fliegt oder rollt der Ball innerhalb der verlängerten Seitenlinien über die Torlinie, ist ein Tor erzielt.
Wird er aber hinter der Torlinie gefangen, wird weitergespielt, wenn nach dem Fangen der Ball ins Spielfeld geschockt wird. Ist jedoch der zurückgeworfene Ball der 3. Schockball, der vom Gegner gefangen wird, so ist ebenfalls ein Tor erzielt, da der 3. gefangene Schockwurf ungültig ist.
Fliegt der geschleuderte Ball hinter

1a

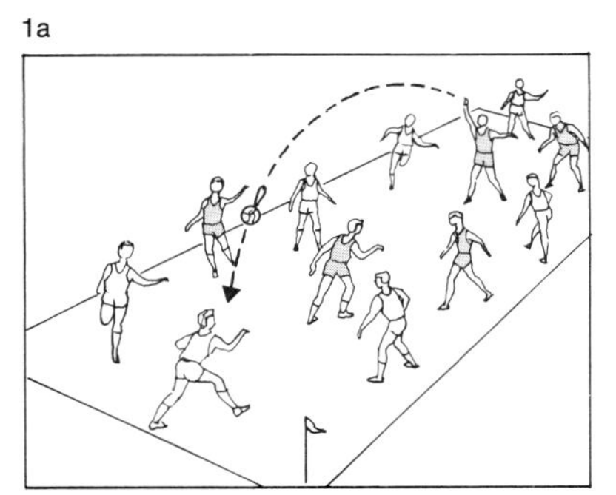

1b

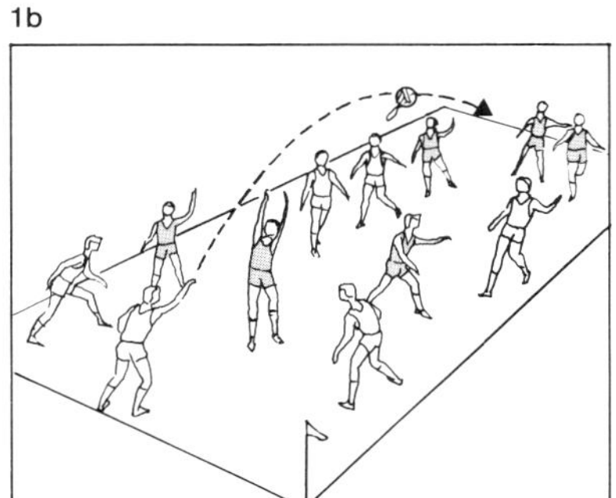

1c

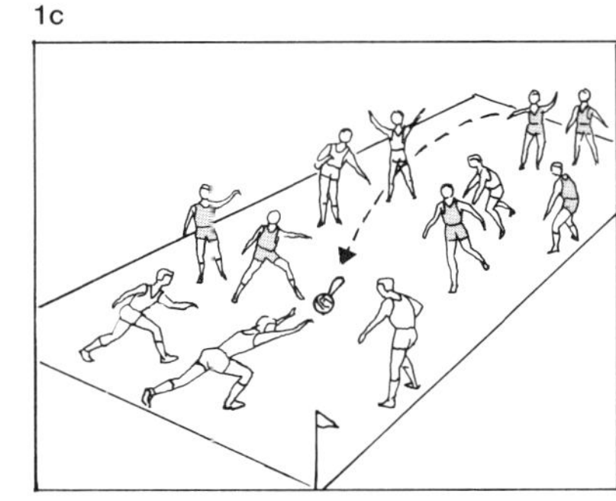

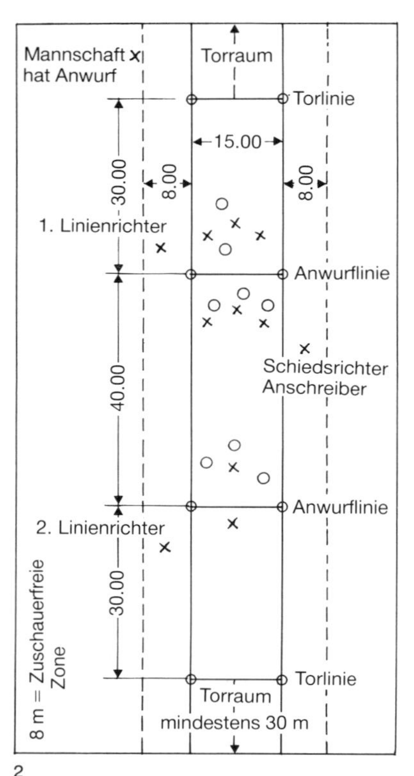

2

der Torlinie über die verlängerte Seitenlinie hinaus, wird er von der Stelle, wo er die verlängerte Seitenlinie gekreuzt hat, weitergespielt.

Spielfeld und Geräte

Das Feld hat eine Gesamtlänge von 160 m für Männer, Jugend A und B (Jugend C bis E 140 m; Jugend F 120 m) und eine Breite von 15 m (bzw. 12 m). Der Abstand von Torlinie zu Torlinie beträgt 100 m (bzw. 90 und 70 m). Zur Spielfeldmarkierung werden 8 Stangen mit einer Höhe von 1,50 m benötigt (2).
Als Spielgerät wird ein Lederschleuderball mit einer Schlaufenlänge von 28 cm benutzt, der je nach Altersklasse unterschiedliches Gewicht besitzt (Männer I, II, III = 1,5 kg; Jugend A, B = 1 kg; Jugend C, D = 800 g; Jugend E, F = 600 g).

Die Mannschaft

Zur Mannschaft gehören 8 Spieler und 1 Auswechselspieler. Pro Spiel darf nur einmal ein Spieler ausgewechselt werden, der dann in gleicher Reihenfolge, wie der für ihn ausgeschiedene Spieler, schleudern muß. Im gleichen Spiel darf der ausgewechselte Spieler nicht wieder in die Mannschaft genommen werden.

Spieldauer

Die Spielzeit beträgt für Männer I 2 x 20 Minuten; für Männer II, III und Jugend A–C 2 x 15 Minuten; für Jugend D–F 2 x 10 Minuten.
Die Pause nach der 1. Halbzeit beträgt für alle Altersklassen 5 Minuten.

Körperkontakt

Es ist verboten, den Gegner am Fangen, Werfen oder Laufen zu hindern. Solange der Werfer den Ball in der Hand hält, darf der Gegner nur bis auf 3 m an ihn herankommen.

Entstehung und Entwicklung

Für die Entwicklung der Spielbewegung in Preußen bedeutet der Goßlersche Spielerlaß vom 27. 12. 1882 die Möglichkeit zu einer breiteren Entwicklung. Am 21. 5. 1891 erfolgte die Gründung des Zentralausschusses der Volks- und Jugendspiele. In diese Zeit fällt auch die Entstehung des Schleuderballspiels. Als auf den Deutschen Turnfesten in Dresden 1885 und München 1889 die Turnspiele durch den Akademischen Turnbund vorgeführt wurden, machte dort das Schleuderballwerfen des Berliner Akademischen Turnvereins einen besonderen Eindruck.
Im Schloßpark »Schönholz«, in der Nähe Berlins, muß man eine der Wiegen der Spielbewegung sehen. Dort fanden sich die Berliner Anfang der neunziger Jahre zusammen, um u. a. auch ein Schleuderballspiel zu spielen. Als Wurfgerät benutzte man einen Ball mit einem festen runden Lederbügel, der sich über den halben Durchmesser des Balles spannte.
Das Deutsche Turnfest 1898 in Hamburg war für die Entwicklung des Schleuderballspiels von besonderer Bedeutung. Das Schleuderballwerfen wurde in großem Umfang durchgeführt (466 Werfer!). Hier traten auch die Werfer aus Butjadingen (Nord-Oldenburg) mit friesischer Wurfart erfolgreich an, sie belegten die ersten Plätze. Auf dem Deutschen Turnfest 1913 in Leipzig wurde mit dem damals üblichen 2 kg Schleuderball eine Weite von 57,40 m erzielt.
Man versuchte auf verschiedene

Weise das Schleuderballspiel als Treibballspiel zu verbreiten, so im Regelwerk des Zentralausschusses mit Dreisprung nach Fang des geschleuderten Balles; in Berlin durch Vorprellen des Balles; in Österreich mit dem 3,5 kg, dann 2 kg schweren Schleuderball. Die Spielfeldbreite betrug in allen Fällen 30 m.
Alle diese Versuche führten nicht zu größeren Erfolgen, erst die von Wilhelm BRAUNGARDT – dem langjährigen Spielwart der Deutschen Turnerschaft – empfohlene »Oldenburgische Spielweise«, die vom Zentralausschuß 1906 übernommen wurde, führte zum Durchbruch. Dieses Regelwerk, das in den Grundzügen noch heute gültig ist, führte den friesischen Schleuderballwurf als den am besten geeigneten Wurf ein und legte das Spielfeld auf 100 m Länge und 15 m Breite, das Ballgewicht auf 1,5 kg fest.
Nach dem 1. Weltkrieg wurden sogar Deutsche Meisterschaften durchgeführt. Da aber das Spiel in den folgenden Jahren nicht in mindestens 4 Kreisen der Deutschen Turnerschaft betrieben wurde, sich aber im Norden Deutschlands gut entwickelte, wurden nur noch Kreismeisterschaften ausgetragen. Das Schleuderballspiel gehörte bis zum 2. Weltkrieg in Niedersachsen zu den stark verbreiteten Spielen. Auch nach dem Krieg wurde das Spiel sofort wieder aufgenommen und entwickelte sich im Raum Oldenburg/Ostfriesland besonders gut. Durch die Einrichtung weiterer Jugendklassen konnten neue Mannschaften gebildet werden. Die Anpassung der Spielregeln an die Entwicklung des Spiels sowie die Einführung geringerer Ballgewichte für die Jugend begünstigten die Verbreitung des Spiels. So nahm es zunächst einen großen Aufschwung in Niedersachsen. Doch trat Mitte der 50er Jahre ein Rückschritt ein, der aber durch Schulrundenspiele und Jugendturniere aufgefangen wurde.
Die Ausbreitung über Niedersachsen hinaus ist allerdings bisher nicht gelungen, wenn auch die Lehrarbeit des Deutschen Turnerbundes bis in die Niederlande ausgedehnt wurde.

Technische Grundlagen und ihre Vermittlung

Die technischen Elemente des Schleuderballspiels ergeben sich aus der Grundstruktur der Spielsituation:
Wuchtig geschleuderte Würfe von 50–70 m Weite müssen vom Gegner gefangen werden; anschließend müssen zur Erzielung von Raumgewinn die Bälle aus dem Stand über 30 m weit geschockt werden.
Dieser Wechsel von weit geschleuderten Wurfbällen und geschockten Würfen aus dem Stand, daneben die zum Hochwurf zwingende Mauer der Abwehrspieler (siehe Bild S. 118), die kräftigen Fänger und das schnelle Hin und Her des Spiels, besonders im Kampf um die Torlinie, charakterisieren das Schleuderballspiel als dynamisches Sportspiel, bei dem mannschaftliche Geschlossenheit erforderlich ist.
Um Schleuderball spielen zu können, kommt es zunächst darauf an, drei grundlegende technische Elemente zu erlernen
- das Schleudern
- das Schocken
- das Fangen.

Schleudern

Beim leichtathletischen Einzelwettkampf des Schleuderball-Werfens werden zwei verschiedene Wurftechniken angewendet, der Drehwurf (ähnlich dem Diskuswurf) und der Friesische Wurf. Beide Techniken führen zu guten Leistungen. Beim Schleuderballspiel wird jedoch fast ausschließlich der Friesische Wurf benutzt, weil dieser durch den vertikalen Armschwung und die vorwärts gerichtete Bewegung auf dem nur 15 m breiten Spielfeld eine genügend große Richtungsgenauigkeit ermöglicht.
Beim Friesischen Wurf beginnt man mit dem Anlauf mindestens 15 m vom Abwurfpunkt entfernt; die ersten 6–8 m werden gegangen, dann wird zum Sprunglauf beschleunigt; der Wurfarm kreist dabei mindestens zweimal vertikal von hinten nach vorn. Sprung und Armschwung sind so zu koordinieren, daß der Wurfarm den tiefsten Punkt erreicht, wenn der Fuß der Wurfarmseite aufsetzt. Ist eine genügend große Beschleunigung des Balles durch Vertikalkreisen erzeugt, geht der Werfer durch einen Stemmschritt in die Abwurfposition. Der Stemmschritt erfolgt durch einen kurzen Doppelhupf auf dem Fuß der Wurfarmseite und ein weites Vorsetzen des entgegengesetzten Beines. Unterstützt wird die Einleitung des Stemmschrittes

3

durch ein betontes Aufwärtsbewegen des Wurfarmes. Aus der Stemmstellung wird der Ball von unten heraus unter Vorwärtsdrehen der Hüfte in einem Winkel von ca. 45° fortgeschleudert (3).

Beachte:

- Stemmschritt zunächst ohne Ball üben.
- Beim Üben mit Ball zuerst nur geringer Krafteinsatz, keine Distanzwürfe.
- Je nach Fingerkraft Dreifingerhaltung (Zeige-, Mittel-, Ringfinger) oder Zweifingerhaltung (ohne Ringfinger).
- Zuerst ohne, dann mit Anlauf schleudern.

Übung

- Paarweise gegenüber aufstellen; Ball zuschleudern und fangen im Wechsel; Entfernung langsam vergrößern.
- Schleuderwürfe in eine abgegrenzte Gasse von ca. 10 m Breite.
- Werfer stehen im Abstand der durchschnittlich von ihnen erreichten Wurfweite vor einer Grenzlinie (z. B. Torauslinie eines Fußballfeldes) und versuchen, den Ball über die Linie zu schleudern.
- Mehrere Werfer stehen nebeneinander auf der Torauslinie eines Fußballfeldes und schleudern auf ein Startzeichen ihren Ball möglichst weit in das Feld, laufen hinterher und schleudern den Ball so oft weiter, bis er die entgegengesetzte Torauslinie als Wendemarke überschritten hat; dann wieder zurückwerfen. Sieger ist, wer zuerst wieder die Ausgangslinie erreicht hat.

Schocken

Nach dem Fangen wird der Ball mit dem Wurfarm weit zurückgeführt bis zur vollständigen Streckung im Ellenbogengelenk; die Wurfhand drückt den Ball gegen den Unterarm (Bild 1). Mit dem Zurückführen des Balles wird auch das Bein der Wurfarmseite zurückgenommen und gebeugt (Fußspitze zeigt senkrecht zur Wurfrichtung); der Körperschwerpunkt wird auf dieses Bein zurückverlagert; die Hüfte der Wurfarmseite ist ebenfalls zurückgedreht. Aus dieser Stemmstellung wird durch Strecken des hinteren Beines, Vordrehen der zurückgenommenen Hüfte, Vorbringen des Schwerpunktes über das vordere Bein (Standbein) und Vorschleudern des Wurfarmes der Ball beschleunigt.

Weite Wurfauslage und langes Durchziehen des Armes bis zur vollständigen Streckung des Standbeines und der Hüfte ermöglichen einen langen Beschleunigungsweg des Balles und damit eine große Wurfweite (4).

Neben dem Schockwurf finden auch der Kernwurf (vgl. Handball) und der beidhändige Überkopfwurf (vgl. Einwurf beim Fußballspiel) Anwendung, vor allem dann, wenn in der gegnerischen Abwehr eine Lücke entdeckt wird, die durch eine schnelle Reaktion ausgenutzt werden könnte. Beachte: Nach dem Fangen des Balles ist ein Raumgewinn nicht gestattet. Ein Bein muß als Standbein daher immer Bodenkontakt behalten. Die Benutzung der Schlaufe ist beim Werfen aus dem Stand nicht erlaubt.

1

4

5

Übung

- Paarweise gegenüber aufstellen; im Wechsel Ball zuschocken und fangen.
- Zielwerfen in einen Kreis von ca. 3 m Durchmesser aus einer Entfernung von 15–30 m (je nach Leistungsfähigkeit).
- 2 Gruppen (je 2 Werfer) stehen sich im Abstand von 15–20 m gegenüber, werfen den Ball im Schockwurf bzw. versuchen zu fangen. Für je 10 gefangene Bälle in einer Gruppe gibt es einen Punkt.
- 2 Gruppen (je 2–3 Werfer) stehen sich in Reihenaufstellung gegenüber und schocken den Ball. Zum Fangen darf nicht zurückgelaufen werden; wird der vordere Spieler überspielt, muß er den hinter ihm stehenden den Ball überlassen, indem er in die Hocke oder seitlich ausweicht.
- Völkerball, Tigerball, Burgball mit dem Schleuderball (Spielbeschreibungen siehe DÖBLER 1976, S. 226, 242, 249).
- Tigerball, Burgball, Völkerball mit dem Schleuderball ohne Benutzen der Schlaufe.

Fangen

Bedingt durch das relativ große Gewicht und die Wucht des Balles ist es notwendig, daß die Energie des Wurfes durch den ganzen Körper aufgefangen wird, dabei darf der Ball nicht auf den Oberkörper prellen. Der Fänger erwartet deshalb in leicht gebeugter Haltung und lokkerer Schrittstellung den Ball, die Hände werden in Hüfthöhe nach vorne geführt, die Handflächen zeigen nach oben. Durch zunehmende Beugung von Hüft-, Ellenbogen- und Handgelenken wird ein Trichter (Grube) aus einem oder beiden Oberschenkeln, beiden Armen und dem Oberkörper gebildet, in die der Ball ›aufgesogen‹ wird (5, Bild 2, 3). Der Fänger muß immer versuchen, frontal hinter den Ball zu kommen. Er sollte nie den Ball seitlich vom Körper oder über dem Kopf fangen, sondern dann dem von hinten aufrückenden Mitspieler den Fang überlassen.

Übung

Als Übungsformen sind die im Zusammenhang mit dem Erlernen des Schockwurfes aufgeführten verwendbar.

2

3

Taktische Grundlagen und ihre Vermittlung

Das Schleuderballspiel wird geprägt von einem schnellen Wechsel zwischen Werfen und Fangen. Als taktische Grundelemente ergeben sich daher einerseits ein möglichst schnelles Ansetzen zum Schleuderwurf noch bevor sich die Gegenmannschaft richtig formiert hat. Der Spieler, der mit Schleudern an der Reihe ist, muß möglichst schnell zur Abwurfstelle laufen und den Ball durch die Mitspieler zugespielt bekommen. Andererseits ergibt sich für beide Mannschaften ständig die Notwendigkeit, je nach Spielsituation bestimmte Positionen auf dem Spielfeld einzunehmen, um in optimale Fang- und Wurfpositionen zu kommen.
Vor dem Schleudern laufen die anderen Spieler vor den Werfer, um einen vom Gegner gegebenenfalls zurückgeschockten Ball fangen zu können. Ein Spieler bleibt zur Sicherung immer zurück.
Die gegnerische Mannschaft verteilt sich in einer Tiefe von 30–40 m so über das Spielfeld, daß der gesamte Raum abgedeckt ist. Dabei ergibt sich folgende Aufgabenteilung:
Die **Vorderspieler** (zumeist 3) bilden in ca. 3 m Entfernung vom Gegner ein Dreieck, dessen Spitze zum Gegner zeigt. Sie verhindern flaches Vorwerfen durch den Gegner und fangen möglichst die geschockten Bälle, um sie wieder vorzuwerfen (vgl. Bild S. 118).
Die **Mittelfeldspieler** decken den mittleren Teil des Feldes, um Schockbälle des Gegners, die durch die Vorderspieler nicht abgewehrt wurden, zu fangen.
Die **Hinterspieler** haben die Aufgabe, die weit geworfenen Bälle zu fangen, um dann durch geschicktes Zurückschocken Raum zu gewinnen. Einer der beiden Hinterspieler bleibt stets so weit zurück, daß er nicht überworfen werden kann.
Die **Spielregel** gestattet nur dreimaliges Schocken des geschleuderten Balles, wenn dieser gefangen wurde. Deshalb wird der 1. Schockwurf kurz und scharf geworfen, wenn die Vorderspieler des Gegners eine Lücke lassen. Ist das nicht der Fall, wird der 1. Wurf weit geworfen, um viel Raum zu gewinnen. Der 2. Wurf wird möglichst weit zurückgeworfen (als Verteidigungswurf). Der 3. Wurf wird dann gewöhnlich kurz und scharf geworfen, um unbedingt Raum zu gewinnen. Nur bei schlecht gedecktem Feld und wenn dadurch zu erwarten ist, daß der Ball nicht gefangen wird, sollte auch hier ein weiter Wurf erfolgen.
Das Gefühl für eine situationsangemessene Raumaufteilung in Abstimmung mit allen Mannschaftsmitgliedern sowie ein sicherer Blick für Fehler und Lücken des Gegners läßt sich nur über Spielerfahrung gewinnen. *Häufiges Spielen ist daher der beste Weg, um die taktischen Grundlagen des Schleuderballspiels zu erlernen.* Dabei bedarf es aber auch immer wieder der Beobachtung und Korrektur durch den ÜL und Trainer.

Literatur

DÖBLER, E./H. DÖBLER: Kleine Spiele. Berlin 1976

HELMS, H.: Schleuderball – Heimatspiel und turnerisches Kampfspiel. In: Festschrift Deutsche Turnspielmeisterschaften 1951. Bremen 1951, 15–16.

HELMS, H.: Schleuderball – einfach gespielt. In: Niedersachsenturner (1958), 6, 9.

HELMS, H.: Das Schleuderballspiel – auch ein Turnspiel! In: Jahrbuch der Turnkunst 1972. Celle 1972, 66–67.

HELMS, H.: Schleuderballwurf und Schleuderballspiel. In: AUGUSTIN M./F. JOHANNSEN.: Vom Boßeln, Klootschießen und Bowl-playing. St. Peter Ording 1978, 86–90.

SCHNEIDER, B.-M.: Schleuderballspiele. In: Der Turnwart (1981) 2, 37–38. (Beilage zu Deutsches Turnen 126 (1981) 3)

ZIMMERMANN, B.: Spielt mehr Schleuderball. In: Leibesübungen und körperliche Erziehung. 53 (1934) 21, 423–425.

Anhang: Organisationsstruktur der Spiele im DTB

Führungsgremien

Der DTB gliedert sich unter fachlichen Gesichtspunkten in die drei Fachbereiche Spitzensport, Breitensport und Spiele. Der Fachbereichsausschuß Spiele ist Führungsgremium für den gesamten Fachbereich Spiele. Ihm gehören der Bundesspielwart (Vorsitz), der Bundesjugendspielwart sowie die Bundesfachwarte und Bundesobleute der wettkampforientierten Spiele an. Der Bundesspielwart ist Mitglied im Präsidium. Dieser und die Bundesfachwarte Spiele gehören dem Hauptausschuß an.
Die Fachgebiete Faustball, Korbball, Prellball und Ringtennis werden von einem Bundesfachausschuß mit dem Bundesfachwart als Vorsitzendem geleitet. Ferner gehören diesem Beauftragte für Breitensport, Ausbildung, Wettkampfwesen, Schiedsrichterwesen, Öffentlichkeitsarbeit sowie der von der Jugend zu wählende jeweilige Bundesjugendfachwart an. Die Anzahl der Ausschußmitglieder weist Abweichungen auf. Im Fachgebiet Faustball kommen der Aktivensprecher und der Trainersprecher hinzu.

Für Korfball und Schleuderball werden sämtliche Aufgaben vom Bundesobmann ausgeführt.

Wettkampfbetrieb

Der ganzjährige regelmäßige Spielbetrieb ist eine wesentliche Voraussetzung für alle wettkampforientierten Spiele. Die Durchführung erfordert neben offiziellen Spielregeln feste Ordnungen. Diese, aus der Praxis entwickelten Ordnungen haben sich bewährt und haben Impulse für andere Fachbereichs- und Fachgebietsordnungen gegeben.
Die erste Bundesspielordnung wurde im März 1973 vom Hauptausschuß des DTB verabschiedet. Maßgebend sind die Bestimmungen der Turnordnung (und zwar Rahmenordnung, Ordnung des Fachbereichs Spiele, Spielerpaßordnung, Schiedsrichterordnung) in der jeweils gültigen Fassung.
Im Fachbereich Spiele vertritt der DTB
national:
Faustball ▪ Korbball ▪ Korfball ▪ Prellball ▪ Ringtennis ▪ Schleuderball,
international:
Faustball ▪ Korfball ▪ Prellball.

Für den Wettkampfbetrieb auf allen Ebenen gelten folgende *Altersklassen:*
Spielberechtigt ist, wer im laufenden Jahr vollendet:

die Lebensjahre	in der Altersklasse	
9 und 10 Jahre	E-Jugend	männlich/weiblich
11 und 12 Jahre	D-Jugend	männlich/weiblich
13 und 14 Jahre	C-Jugend	männlich/weiblich
15 und 16 Jahre	B-Jugend	männlich/weiblich
17 und 18 Jahre	A-Jugend	männlich/weiblich
19 und mehr Jahre	I	Männer/Frauen
30 und mehr Jahre	II	Männer/Frauen
40 und mehr Jahre	III	Männer/Frauen
50 und mehr Jahre	IV	Männer

Das Mindestalter zur Teilnahme an Bundesveranstaltungen beträgt 12 Jahre.

Meisterschaftswettkämpfe

Meisterschaftswettkämpfe werden bis zur Bundesebene durchgeführt, sofern mindestens fünf Landesturnverbände daran beteiligt sind als

Mannschaftswettbewerbe	Einzelwettbewerbe
Faustball	
Korbball	
Korfball	
Prellball	
Ringtennis	Ringtennis
Schleuderball	

Ergänzt werden diese Meisterschaftswettkämpfe durch ein dichtes Netz bundesoffener Turniere.
Auf Kreis-, Gau- und Landesebene werden die Wettkämpfe in gleicher oder ähnlicher Struktur durchgeführt.

		Faustball		Korbball		Korfball		Prellball		Fingtennis		Schleuderball	
		Feld	Halle	Feld	Halle	Feld	Halle	Feld	Halle	Feld	Halle	Feld	Halle
Dt. Meister	Männer I	$\times^{1}$	$\times^{1}$			×	×		$\times^{2}$	×	$\times^{3}$	×	
	Frauen I	$\times^{1}$	×	$\times^{4}$	$\times^{4}$	×	×		$\times^{2}$	×	$\times^{3}$		
Dt. Jugend-meister	männliche Jugend A/B	×	×			×	×		×	×	$\times^{3}$	×	
	weibliche Jugend A/B	×	×	$\times^{4}$	$\times^{4}$	×	×		×	×	$\times^{3}$		
Dt. Schüler-meister	männliche Jugend C/D	×	×			×	×		×	×		×	
	weibliche Jugend C/D	×	×	$\times^{4}$	$\times^{4}$	×	×		×	×		×	
Dt. Senioren-meister	Männer II	×	×						×	×			
	Frauen II	×							×	×			
	Männer III	×	×						×	×			
	Frauen III								×	×			
	Männer IV	×	×							×			
	Mannschaftsmeisterschaft	M	M	M	M	M	M		M		M	M	
	Einzelmeisterschaft									E			
	höchste Spielklasse je ... Mannschaften	10	10						10		8		
	zweigeteilte Bundesliga der Männer	$\times^{1}$	$\times^{1}$						×		$\times^{3}$		
	zweigeteilte Bundesliga der Frauen	$\times^{1}$							×		$\times^{3}$		
	viergeteilte Regionalliga der Männer	×	×			bis Verbandsliga			×		$\times^{3}$	bis Landesliga	
	viergeteilte Regionalliga der Frauen								×		$\times^{3}$		
	zweigeteilte Jugendliga auf Bundesebene										$\times^{3}$		
	Deutschlandpokal der Auswahl-Mannschaften der Landesturnverbände	Männer I Frauen I männl. Jugend A/B		Frauen I weibl. Jugend A/B				männl. Jugend A/B/C/D weibl. Jugend A/B/C/D					

Auf Deutschen Meisterschaften sind startberechtigt:
$\times^{1}$ = die ersten drei Mannschaften der Bundesligagruppen Nord und Süd
$\times^{2}$ = die ersten fünf Mannschaften der Bundesligagruppen
$\times^{3}$ = die ersten zwei Mannschaften der Bundesligagruppen
$\times^{4}$ = die Landesmeister

Kontaktadresse

Deutscher Turner-Bund
– Referat Breitensport –

Otto-Fleck-Schneise 8
6000 Frankfurt/M-71
Tel.: 069/6 70 80 01

- Lieferung gültiger Ordnungen
- Anschriften der Verantwortlichen in den Fachgebieten
- Liefernachweis für Spielgerät und Arbeitshilfen
- Anfragen aller Art.

Internationale Wettkämpfe

Der DTB beteiligt sich an folgenden internationalen Wettkämpfen:

	Länderkämpfe	Europameisterschaften	Weltmeisterschaften
Faustball	×	×	×
Korfball	×	×	×
Prellball	×		
Ringtennis	×		